qmul rhzyal Tayal？

開山打林？

逆寫北臺灣客庄形成史

羅烈師——主編

羅烈師、陳龍田、梁廷毓、
劉柳書琴、羅文君、Iban Nokan
——著

目錄

代 序

美麗的客庄，原先是原住民的土地……

從小我生長在客家與賽夏族人複合聚居的苗栗縣獅潭鄉，外公與賽夏族長老是結拜兄弟，也讓我對原住民的接觸比一般人早而深入。臺三線沿線上有許多的客家人和原住民共居在同一聚落，彼此相濡以沫，有著共同的刻苦生活經驗，也有血淚交織的對立情結，諸如「無頭祖公」的民間傳說、故事，以及客家庄漢番衝突碑文的記載，即是其留下的印記。

多年前讀到前清臺東直隸州代理知州、胡適之父的胡傳先生所撰《臺灣日記與稟啟》中敘述「民殺番，即屠而賣其肉，每肉一兩值錢二十文，買者爭先恐後，頃刻而盡」時，極為驚詫，遂感於許多關於原住民及客家開發史的篇章，常以漢人角度及思維著墨，觀念偏頗，形成族群界線，造成誤解，甚至對立，以致「你的族群開發史，就是我的族群被侵略史」。為重新理解過去歷史的原貌，弭平族群間的芥蒂，我深感應該更為誠實、謙平地面對族群關係，於是在 109 年邀請原客學者合作推動「向原住民族致敬：逆寫北臺灣客家開發史」學術計畫，期以歷史正義及轉型正義為旨，建構「原住民—客家」互為主體的史觀。

本書即是以逆寫 (write back) 為態度，嘗試重建跨族群臺灣歷史記憶所共譜的「𠊎个歷史」，由國立陽明交通大學客家文化學院邀集原、客學者群

合作籌組研究團隊，共同撰寫出六篇北臺灣客庄形成史之專論。延續著過去三十多年來，臺灣民主化運動所推展的多元文化、原漢和諧精神，本書欲以對於歷史不同面向的理解，來面對如何重新解讀原客關係的新時代挑戰，顯然是個非常嚴肅而且艱鉅的任務。

這是一場原客展開新對話的文化運動，期望得以推展至全臺灣，藉此建構整體良性的互動及永續發展的族群關係。謹以此共勉：

恩兜共下打拼！

Sa'icelen no mita ！

客家委員會主任委員

楊長鎮 謹誌

導 論 ━━━━━━━━━━━━━━━━━━━━━

2020 初夏，偶然接到唸了哲學又從政的高中老友電話，問筆者作了半輩子的客家研究，有什麼新構想嗎？老友成長於苗栗獅潭，有豐富的原客經驗；筆者祖先來臺後，入關西，遷新埔，最後才到出身地湖口，而離開關西則是因為第二代長子遇泰雅出草而成了「無頭祖公」。於是原客關係下的臺灣客家開發史，成為兩個客家人的談話重點，而「逆寫」（write back）兩字順勢跳了出來，至今倏忽兩年。

逆寫

「逆寫」是後殖民文學理論的語彙，語出 Bill Ashcroft 等三位澳洲學者在 1989 年合著出版的《逆寫帝國：後殖民文學的理論與實踐》（The Empire Writes Back: Theory and Practice in Post-Colonial Literatures）一書。後殖民文學主要是指二次大戰後，脫離殖民而獨立國家的文學，被殖民國作家以殖民帝國的語言，但以自身國家為敘事主體，書寫其歷史文化，而與殖民國對抗。因此，後殖民作家既糾纏在跨文化的權力關係中，也不得不深切反思自身所使用的殖民國語言。《逆寫帝國》一書就此在理論與實踐的層次，提出語言

層次上的棄用、挪用、混用、注解或變種等；還有修辭層次上的譬喻、借代及交互語言等；以及文學理論層次的詮釋、沉默、真實性、他者性或邊緣性等「逆寫」策略（Ashcroft et al., 1998）。

　　研究者從這個逆寫角度討論布農族首篇長篇小說《玉山魂》，該書作者霍斯陸曼・伐伐（Husluma・Vava，漢名：王新民，1958-2007）原為小學老師，1996 年棄職投入原住民文學創作，2006 年出版《玉山魂》，隔年獲得臺灣文學獎長篇小說金典獎。小說以布農族少年「烏瑪斯」為故事的主人翁，透過烏瑪斯的成長經驗、生活歷練、所見所聞、心靈思考及與大地萬物的接觸等等，從中介紹布農族社群與社群之間的血緣關係、布農族狩獵農耕與大自然之間相依相存的情感、玉山山脈周邊山川縱谷、四季美景的變化、傳統宗教及祭典節慶等生命之旅。帶領讀者進入古樸的部落世界，讓讀者與部落族人共同呼吸、共同歡笑、共同哀傷，從而成為族人的朋友；並深刻認識到布農族人之勤勞、節儉、刻苦、勇敢、剛毅及友愛的民族圖像（霍斯陸曼・伐伐，2003）。由於原住民族母語與漢語之間有著文化鴻溝，在運用漢語的過程中，難以避免漢人文化的思維與邏輯影響，當作家不得不使用漢語為書寫工具時，就必須面對逆寫的問題。研究者發現，伐伐雖然挪用漢語為寫作語言，但卻以「注解」及「交互語言」（interlanguage）的逆寫策略，呈現與記錄自身族群文化，從而彰顯原住民族的主體性（高旋淨，2013）。因此，伐伐是以《玉山的生命精靈》、《那年我們祭拜祖靈》、《中央山脈的守護者──布農族》、《黥片》，乃至於最後一本著作《玉山魂》，打造一個以玉山民族為主體的文學國度，或說伐伐以文字發起了聖域詮釋權的文學運動（乜寇，2008）。

既然後殖民文學理論所提出之逆寫觀念，著力於語言或者說書寫文字之討論，但是其本質是「被殖民者」之主體建構，就像《玉山魂》是伐伐的布農主體建構；那麼，筆者身為客家，重新思索臺灣客家開發史，意謂著什麼呢？是類比於原住民族的客家主體性建構嗎？顯然不是。因為原客關係中的權力天秤係倒向客家，客家以漢人身分，在這開發史中占據著主體位置，無所謂逆寫。對於客家研究者而言，應該要反思的是在這客家為主體的開發史論述中，如何定位原住民族。[1]

　　於是筆者與友人邀集同好，歷經幾次工作坊及研討會及邀稿，收納以下六篇文章，作為初步的逆寫成果。除筆者外，作者包含 Iban Nokan 與劉柳書琴，以及梁廷毓、羅文君與陳龍田等六位人類學、民族學、歷史學與藝術學等學術專長之客家、泰雅、布農學者及博碩士生。其主題包含三面向：方志與碑記等歷史書寫、集體記憶之建構，以及空間界域維持。前者有兩篇，討論應予逆寫的客家書寫文本；後二者共四篇則從泰雅集體記憶與空間聚落，思索逆寫的取向。

歷史

　　前兩篇文章蒐集既有之鄉鎮市區客庄方志與碑記類地方書寫，作為逆寫之主要討論文本對象。筆者〈北臺灣原客鄉鎮志的原住民族書寫分析與建

1　反之，對於原住民身分的研究者而言，則是經由逆寫而爭回主體的過程中，如何擺放搶奪土地資源的客家／漢人。

議〉一文，整理了北臺灣 15 部客庄鄉鎮志著眼於原住民族書寫，發現可依其篇幅詳略，區分成「專篇或專章」、「專節」、「主題略及或欠缺」等三種型態；其中又以在歷史篇拓墾章中，專節描述原住民族與客家漢人衝突的鄉鎮市志，占最多數。同時，整體鄉鎮市志之原住民族書寫，還顯現了相當程度的地域性趨勢：原住民族與客家複合行政區，亦即客家與原住民族直接相臨或境內有原住民聚落者，其鄉鎮志之原住民族書寫篇幅略多，且有專篇或專章；其他客家文化重點發展區則幾乎只在拓墾史中，以敵對者的形象，書寫原住民族。

方志書寫的整體架構大致上承襲自中華帝國傳統方志體例，視地方住民為「民」，或者如當代視之為「公民」，「族群」並非撰述之對象，亦即客家文化重點發展區之方志的「客家性」也往往不是修志的重點。換言之，這種趨勢與現象我們不妨稱之為「漢人中心主義」，且以「開發」而納入治理版圖為本質。換言之，客庄方志之原住民族書寫呈現集體失憶現象，亦即曾經在本地區生活的原住民族部落已經被遺忘；如果沒被遺忘則呈現「污名化」的形象，且僅存於歷史記憶中。

筆者進一步以北埔鄉為主的大隘三鄉（再及寶山與峨眉）為例，盤點其原住民族書寫，並參考北埔相關研究成果，提出史蹟保存與史觀重構兩項建議。前者係針對目前修志之篇章架構現況下，應該在既有的歷史篇、文化篇、人物篇等，增加原住民族書寫的篇幅。後者則建議應該有賽夏族專篇，同時整體鄉志應採取互為主體的史觀。鄉鎮區市等地方志之重修有其地方行政之慣例，該文建議政府主管機關可將去污名化、去漢人開發史觀、原客互為主體及專篇書寫等，以「準則式」的修志規範，納入未來各地方政府修志之計畫中。最後，鄉鎮區層級的地方志由於以鄉鎮區所轄行政區域為範圍，其原

住民族書寫勢必有所局限，因此縣志或直轄市志的規模應該較能發揮。

第二篇文章為陳龍田〈北臺灣原客關係相關公開文字資料蒐集介紹與分析〉，該文依據幾項公開資料庫及 GIS 平台，建置網站，並分別從內容、形式、地點及語文等面向，分析北臺灣原客地區的傳統碑記或當代地景展示之原客關係書寫。

其一，從內容方面分析，這些碑記資料的用字頻繁出現「醜類、兇蕃、凶蕃及蠻人」等負面貶抑辭彙，表達了特定時空背景下，當地客庄的心情。

其二，依設置地點分析，絕大多數人口較密集的平地或近山的廟宇中所見碑記，對於早期平埔或山地原住民族形象偏多負面的陳述，且多半與衝突以及後續官府的解決有關。反之，在部落或是登山步道中則較容易見到關於原住民族較為平實或多元的描述，內容多是以現代化的白話文書寫方式來描述與日人的互動或衝突。這二者之書寫內容與資料出現位置可謂交集無多，這可以視為官方長期採用原漢分治下，無可避免的結果。

其三，從形式方面分析，平地的書寫成品通常鐫刻在石板等堅硬材質上，且放置於如廟中或亭內等有遮蓋的地方，設置之後，直到建築空間整修，才可能新作或增作。反之，許多跟原住民族相關書寫成果往往以大圖輸出轉印的方式，置於戶外林野展板，遭受風吹雨淋，即便是在室內以展覽方式呈現，除非是常設展，不然可能會有配合展期更替的問題。二者相比，後者不易保存；甚至我們透過網路上不同時間登山客的紀錄，就可以發現某些展板已經身首分離，亟待修補。這種非永久材料之展示方式，未來也很難被當作古物保存，成為正式的書寫。

最後，依使用之語文分析，目前少數以原住民族相關事務為主題的碑文，已採用中文與當地原住民族語並置的方式，例如新北市三峽的忠魂碑、

新北市烏來的高砂義勇紀念園區，分別由政府與民間團體推動設立；苗栗縣後龍鎮也曾因應推動文化復振，而在街道上多處張貼平埔族語的教學卡片。

記憶

　　關於族群之間的衝突歷史，方志或碑記等客家地方書寫呈現了漢人中心主義且開發史的立場。早期方志中，原住民族多以拓墾史的負面形象出現，之後隨客家地方社會之建立，原住民族就被淡忘、消失在地方史中。直到最近，原客複合行政區的方志才出現獨立篇章的「民族誌式」原住民族書寫，但是方志其餘篇章，則仍改變無多。亦即客庄對於曾有的原漢互動歷史，呈現集體遺忘的狀態。梁廷毓與劉柳書琴以田野訪談或報刊媒體訊息，討論此一記憶的雙重性以及殖民國家在其中所扮演的角色。

　　桃園市與新竹縣的大溪區、復興區、關西鎮、橫山鄉、尖石鄉、五峰鄉境內，是客家與原住民族接壤的地帶。清治時期，原住民族聚落包含今關西鎮的馬武督社、橫山鄉的馬福社、橫跨尖石與橫山鄉的麥樹仁社、馬胎社，以及活動於橫山鄉大山背與五峰鄉境內的十八孩兒社等等。梁廷毓〈桃園、新竹沿山地區泰雅部落的原漢族群互動記憶〉一文，以部落耆老的口述資料，討論原客之間的互動記憶。該文置重點於追訪桃園市復興區的三民、長興，新竹縣的馬武督、麥樹仁、桃山等地泰雅耆老對獵首的記憶及其在當代族人詮釋中的意涵。

　　當代泰雅耆老對於獵首有著兩種不同的態度，其一，族人對漢人有著不滿與仇恨；其二，違背泰雅 *gaga* 精神，恐受詛咒而 *yaqih qbuli*（斷後、香

火不好）。雖然在耆老的口述中明確表達了「漢人侵逼」，致使原住民族群起反抗將之殺除，而當檢視今日部落的命運或個人意外和境遇時，卻未必從政治、經濟等社會條件來批判主流漢人社會所造成的結構性問題，也可能從昔日獵首儀式與族群衝突中的殺人行為，認為祖先的行為違背了泰雅的 gaga 律則。換言之，當代部落耆老們以今日的道德價值，衡量先人的行為，並透過對 gaga 的理解，以之解釋今日部落與族人的境遇，於是形成兩個相互矛盾的詮釋，持續並存的複雜現象。

劉柳書琴〈梅嘎蒗社的苦難：櫻花林下的內橫屏山隘勇線抵抗記憶〉也在前述梁文研究範圍內，即尖石前山，從油羅溪源頭沿六畜山、拉號山、尖石山、加拉排山、麥樹仁山、外橫屏山、向天湖山、內橫屏山、油羅山，迤邐到上坪溪流域。自清中葉以來，這是泰雅族、賽夏族、道卡斯與客家人及少數福佬人的接壤之地。原漢多個族群，以頭前溪兩大支流以及海拔一千米上下的一群中級山，形成自然疆界，各踞一方又交錯往來，形成環山最前線的多族群畛域。然而，在 1895 年臺灣被割讓，到 1915 年理蕃政策結束前的整整 20 年，這片環山前沿之境，因為殖民武力與同化治理激起的社會轉型，暫息了舊有的原漢多角互動。日本產官學團體成為主導社會結構與族群關係的最大勢力，並支配到文化層面，形成原、日二元對應的結構。劉柳書琴聚焦內橫屏山區，旁及向天湖山、油羅山、麥巴來山區，進行尖石前山隘勇線抵抗記憶的挖掘，發現殖民初期日本軍警討伐掃蕩的記憶，在此地泰雅族村落中已經淡薄。

為了理解這種集體記憶變遷的過程，該文藉由《臺灣日日新報》之相關報導，梳理官方打造「內橫屏觀櫻」的背景與過程，分析內橫屏觀櫻符號的意義賦予與擴散效益，從而理解官廳以「勝景旅行」解構「血染之地」的記

憶政治操作。該文更進一步分析《臺灣日日新報》討伐記事，嘗試穿透討伐隊的發文，從勝利者的餘光中，拼湊當地梅嘎蒗群的抵抗姿影，更藉此關注橫亙十餘年的武力征服過程，對當地人集體記憶造成的影響。

劉柳書琴認為這一追索不只是描繪當地人破碎記憶與混雜地方感，理解尖石鄉櫻花意象與記憶形成的框架。在實踐層次上，她也認為原住民族的社區發展，除了與自然環境、基礎建設、價值創造有關，集體記憶也影響了居民的認同、共識與共同行動，因此集體記憶的分析，不只是文史盤整，亦是地方創生與實驗教育的基石。

空間

羅文君的故事也落在前述梁與劉柳兩文的地區內，即現在習慣稱為尖石鄉嘉樂村的「旮旯牌」。1921 年，日本資本家早川鐵冶（1865-?）向總督府取得原住民族界內的土地，從事造林與農作等開發活動。隨後數年，早川與其代理者招募大量客家漢人入山開墾，以土地使用權交換其勞動力，藉此克服蕃地事業的種種困難。旮旯牌即在此林野的資本主義化過程中逐步成形，將早川的事業地打造成一片漢人集居地域。戰後，由於居民遲遲無法取得土地所有權，導致旮旯牌的瓦解。因此，羅文君將故事稱為〈由縫隙出發的歷史：旮旯牌聚落的形成與離散〉。

相較於清治政府的邊區治理，日治政府及國民政府初期的山林治理，對於平地人移入山地具有更強的約束力，同時將山林資源收歸國有並進行更大規模、更具組織的開採，此種情況下形成的移居聚落勢必將比清治時期的拓

墾聚落更被外在環境所宰制。旮旯牌本身不只是帝國與地方行政單位進行山林治理時所界定出來的邊區，與國家以及資本主義相伴而生；亦是事業經營者與佃人創造的異域。移民們處在山地治理與森林經營的多重政策間隙之內，一方面渴望「界域」所暗示的流動性甚至策略性營生的可能，另一方面卻在多重治理系統的圍限中，難以脫身。更仔細地來看，旮旯牌作為跨越蕃界並在營生之餘滿足資本家需求的漢人群體，既不在國家之外，也不是山地治理直接要處理或攏絡的對象，同時也不是成形後相對穩定、能被動員而與國家互動抗衡的社群。從略顯鬆散的居所、成員們各行其是的日常生活到最終宿命性地流失，除了每年固定的祭祀活動，以及兩次無力回天的抗爭以外，似難再見到旮旯牌作為集體被有效動員的時刻。換言之，位在邊境的旮旯牌既缺乏立場及手段能據之與國家相對，其成員亦少有透過跨境進行積累的主動性；似是偶然流入縫隙中的沙礫，雖然塑出了群體的外形卻終難穩固。

離開梁、劉柳與羅三人所討論的頭前溪上游，沿大漢溪北上到三峽。*Iban Nokan* 之〈原住民族領土權、空間政治與轉型正義：以 *Tayal[Bngciq]*（泰雅族大豹社群）為例〉，討論領土（territory）、空間政治與轉型正義三者間之關係。*Tayal[Bngciq]* 領土的大部分在日本統治 1920 至 1930 年代，先後從臺北州海山郡未設街庄的「蕃地」，逐次被劃歸為三峽庄的行政區域內，失去了「蕃地」的特殊地位。戰後，更被劃歸由三峽庄改制而成的臺北縣三峽鎮（今新北市三峽區），而未劃為獨立的「山地鄉」或併入鄰近「山地鄉」。*Iban* 以這一個案，討論原住民族問題中最核心、最實質、也最複雜的土地問題，其中不僅涉及歷史、主權與人權，更和國家主權與原住民族主權以及族際關係纏繞、糾結。

Iban 主張原住民族部落現在以及過去生活的土地範圍空間，是部落維繫生存的命脈所在，也同時是原住民族生活智慧的實踐場所，應該視之為原住民族的領土。而在當代國際人權法關於原住民族權利的法律框架內，原住民族不僅要求對其領土、土地和自然資源享有所有權和使用權，對於被占領和破壞的領土、土地和自然資源，則要求歸還或享有從國家政府獲得賠償的權利。因此，應依循《聯合國原住民族權利宣言》所肯認的原住民族土地權利，要求國家歸還臺灣各原住民族歷來擁有、占有或以其他方式使用或獲得的領土、土地和自然資源；對於歸還確有困難者，則給予公正、合理和公平補償。

　　Iban 認為，唯有合理劃分原住民族行政區域，才能落實原住民族自治政策以及原住民族地區之發展。有關自治區行政區域之劃分、調整，應由中央主管原住民族事務機關、各民族代表及自治籌備團體共同規劃。而其範圍至少應含括大正 9 年（1920）臺灣總督府重新調整行政區劃時的「未置街庄蕃地」七百二十四蕃社，以及原屬蕃地但後來因行政區域調整而陸續被劃入街庄區域內者，始能符應《聯合國原住民族權利宣言》的規定以及轉型正義／空間正義的精神與原則。

結語

　　本書之出版自然是為了總結這一趟學術同好們以北臺灣為範圍的客家開發史的初步思索歷程，起初擬依學術習慣，命名為《領域、記憶與族群書寫：逆寫北臺灣客家開發史論文集》，然而充滿漢人中心主義的「開發」一詞，

正是應該逆寫的概念，顯然不妥。經與 Iban Nokan 討論後，採泰雅語與客語並列的方式，最後定名為《*qmul rhzyal Tayal*？開山打林？》，意即華語「搶奪泰雅土地？還是開發山林？」

這是一部關於土地控制權的轉移歷史，行動者大至世界體系下的傳統王朝、殖民帝國或當代國家等不同形式的政權統治者，中經具有武力的聯合拓墾組織、非武力的跨國公司或部落村社家族等，小到掙扎求存的個人。此刻，國家對土地的控制具體化為鄉鎮市區等行政區域，而北臺灣原住民族與客家接壤的行政區域包含以鄉（區）命名的原住民族行政區、原客複合行政區、以及客家文化重點發展區。

回歸本書「客家『開發』史」的討論，*Iban Nokan* 以三峽大豹社為例，闡述它從「蕃地」變成漢人街庄的過程；而依 *Iban* 所主張原住民族領土觀念來思考，我們需要一部高於／等於憲法層次的鉅觀視野，重新逆寫前述客家重點發展區之各客庄形成的歷史；實際上，筆者與陳龍田也相同地針對大隘三鄉（北埔、峨眉與寶山）之方志書寫，勾勒了賽夏被驅趕且部分仍留駐該地區的過程。然而這一書寫必定十分複雜，因為資本主義過去與現在、未來也不會停止對之敲打與搖撼；而我們從羅文君的旮旯牌，就看到客庄飛地如何在敲打搖撼的隙縫中，細砂般出入流瀉。

劉柳書琴與梁廷毓在原客交界聚落，翻撿了集體記憶形塑的過程，發現殖民者用初春賞櫻遮掩了血染的曾經；傷痛之餘，仍尋問著當地將如何挪用這象徵，轉而彰顯泰雅主體。這疑問應該也會穿山越谷，相同地提醒客庄。

2021 年初冬，交清兩校三系所合辦內橫屏山走讀，在最後一站的客家上坪聚落前，師生臨溪群集，我立石東指：

如果大霸尖山是蛋黃

今天我們輕輕

敲了蛋殼幾下

　　身為半輩子的客家研究者，這兩年來思索原客互為主體的北臺灣史，應該也只是輕輕敲了幾下。

參考書目

Ashcroft, Bill, Gareth Griffiths and Helen Tiffin，1998[1989]，《逆寫帝國：後殖民文學的理論與實踐》。高雄：駱駝。

乜寇，2008，〈永遠的玉山魂〉。發表於《東谷沙飛的文學與思維》，UDN 部落格，https://blog.udn.com/tongkusaveq/1578621，取用日期：2022/4/30。

高旋淨，2013，〈臺灣原住民文學的逆寫策略：以小說《玉山魂》為例〉。刊於《臺灣原住民族研究》，6(4)：119-146。

霍斯陸曼‧伐伐，2003，〈長篇小說創作發表專案：玉山魂序曲〉。刊於《國藝會補助成果檔案庫》，https://archive.ncafroc.org.tw/novel/work/4028880e6c0914f0016c091554060074，取用日期：2022/4/30。

_____，2006，《玉山魂》。新北：印刻。

北臺灣原客鄉鎮志的
原住民族書寫分析與建議

羅烈師、陳龍田[1]

摘要

　　本文以「原住民族書寫」為視角，檢視北臺灣 15 部客庄鄉鎮志，獲致以下兩點發現：首先，其整體書寫相當程度地顯現了地域性趨勢。原住民族與客家複合行政區，亦即客家與原住民族直接相鄰或境內有原住民族聚落者，其鄉鎮志之原住民族書寫篇幅略多，且有專篇或專章；其他客庄則幾乎只在拓墾史中，以敵對者的形象書寫原住民族。其次，無論複合區或客家文化重點發展區，其方志的整體架構乃承襲自中華帝國傳統方志之體例，是「漢人中心主義式」的書寫，且以「開發」而納入治理版圖為本質。本文進一步以大隘三鄉為例，完整盤點其原住民族書寫，並參考北埔相關研究成果，提出未來修志的兩項建議：史蹟保存與史觀重構。前者係基於目前修志

1　本文為「逆寫北臺灣客家開發史計畫」的部分成果，由第一作者負責全文架構及完稿，第二作者撰寫各方志之原住民族書寫概況。羅烈師為國立陽明交通大學客家文化學院人文社會學系副教授、陳龍田為國立陽明交通大學客家文化學院國際客家研究中心專任助理。

之篇章架構現況下，應該在既有的歷史篇、文化篇、人物篇等，增加原住民族書寫為篇幅。後者則建議應該有原住民族專篇，整體鄉志亦應採取互為主體的史觀。

關鍵詞：原住民族書寫、方志、客家文化重點發展區、漢人中心主義、互為主體

一、前言

　　本文以北臺灣原客交界之客家鄉鎮志為對象，分析其原住民族書寫的概況，並提出未來續修志書時的建議。這些鄉鎮區志包含桃園市之《大溪鎮志》（2014）、《龍潭鄉志》（2013、2014）；新竹縣之《關西鎮志》（2018）、《芎林鄉志》（2004）、《竹東鎮志・歷史篇》（2005）、《北埔鄉志》（2005）；《寶山鄉志》（2006）、《峨眉鄉志》（2014）；苗栗縣之《三灣鄉志》（2005）、《南庄鄉志》（2009）、《獅潭鄉志》（1998）、《大湖鄉誌》（1999）、《卓蘭鎮志》（2014）；以及臺中市之《新社鄉志》（1998）、《續修東勢鎮志》（2010）；至於新竹縣橫山鄉目前尚無鄉志，無法討論。

　　本文發現北臺灣客庄方志呈現了以漢人為中心的開發史觀，成書較早之方志，其原住民族不是被忽略遺忘，就是以負面形象在拓墾歷史篇章中出現；晚近的作品則對原住民族語多悲憫，甚至專篇近乎「民族誌式」討論，然而其志書史觀仍不脫漢人開發主義視角。因此，未來續修這些方志時，以原客互為主體，重構地方之歷史記憶成為關鍵。

　　以下依其原住民族書寫之篇幅，分為三類簡述各地方志之原住民族書寫概況；其次以賽夏遷徙史關係最密切的大隘三鄉為例，深一層檢視方志原住民族書寫的前因後果，並據此「史蹟保存」與「史觀重構」的原客互為主體敘事建議；最後歸納北臺灣客庄方志原住民族書寫之整體趨勢，並提出未來修志之準則式建議。

二、客庄原住民族書寫概況

　　北臺灣 15 部原客沿線客家鄉鎮市區志書之原住民族書寫，從其篇幅可以區分為三類，即專篇或專章、專節、主題略及欠缺原住民族主題等，以下分別說明之。

（一）專篇或專章

　　地方志中有原住民族專篇或專章者，包含《關西鎮志》、《南庄鄉志》、《獅潭鄉志》等三部。

1.《關西鎮志》（2018）

　　《關西鎮志》出版於 2018 年，全書分上、中、下三冊，共 13 篇 1,653 頁。上冊第參篇為原住民族專章；除專篇外，其他各篇亦有原住民族相關書寫，說明如下。

　　第參篇【原住民篇】共八章，88 頁，由泰雅族人徐榮春博士撰寫。導論即前兩章簡述臺灣原住民族歷史及關西地區歷史記載之原住民族群；其次分兩部分，分別敘述泰雅族與道卡斯族，第三至六章為泰雅族，關西之泰雅族屬於馬武督社，各章分別說明其歷史、聚落與地名、傳統文化特徵以及當代馬武督社之社會經濟。第七與八章先介紹關西之平埔族，也就是道卡斯竹塹社的歷史，最後敘述當代竹塹社的社會、語言與文化發展。此一撰述方式大致上屬於「民族誌式」的體例與規格，且注意到了當代原住民族之生活現況，擺脫了大部分鄉鎮市志僅僅視原住民族為開發史之背景與角色的困局。

第貳篇【歷史篇】簡介關西鎮歷代政府之政務推行與產業發展歷史，前兩章涉及原住民族。第一章〈日治時期以前關西地區的歷史發展〉，主要說明竹塹社人與漢人在開墾上的關係，聚焦於設隘與收租等，以及清代官方政策；第二章〈日治時期〉則從「理蕃政策」開始談起。

第肆篇【政事篇】第一章〈17 世紀新竹地區行政〉，概述荷蘭東印度公司與鄭氏治臺時期的治理，涉及當時的竹塹社人；第五章〈戶政制度〉第一節「地方戶政沿革」提及荷治時期原住民族戶數統計；第六章〈警政與消防〉第一節「清代地方治安」說明清代的隘防政策。

第伍篇【自治篇】第一章概述荷蘭人與鄭氏家族對原住民族的治理；第二章〈清代的地方自治〉，於第三節「鹹菜硼與石岡子街庄的建立過程」中，提及平埔族對此地開發的貢獻以及後來撫墾局的建立。

第陸篇【文化篇】第一章〈語言〉，雖提及原住民族語言在關西的分布，但並未作如客語語料般的探討。

第拾壹篇【宗教禮俗篇】第一章〈宗教組織與宗教發展〉，在詳盡地說明漢人信仰禮俗前，先簡介了泰雅族的傳統祭儀。

第拾參篇【人物與家族篇】中，介紹了衛阿貴及其家族。

2.《南庄鄉志》（2009）

《南庄鄉志》出版於 2009 年，全書分上、下冊，共 12 篇，1,219 頁。【原住民篇】見於下冊，其他各篇也有以原住民族為名的章節標題，詳如下述。

規格與形式類似前述《關西鎮志》的【原住民篇】，屬「民族誌式」風格，共七章，109 頁。各章內容包含概說、族群分布與人口現況、物質生活與傳統文化、社會組織與宗教信仰、傳統文化變遷與延續、族群祭儀變遷、

理蕃事業等。相較於《關西鎮志》【原住民篇】將泰雅與道卡斯分篇書寫，《南庄鄉志》之【原住民篇】係在各主題章中，分別敘述泰雅、賽夏與平埔，略有割裂之疑義。此外，最後一章特別敘述「理蕃事業」，雖述而不論，但也呈現了日治政策對原住民族命運的重大影響。同時，在各章中也特別注意到變遷與現況，因此可以視為民族誌式書寫，而非歷史書寫。

【總述篇】認識南庄之歷史概述，說明了清代以前原住民族遷入南庄、清朝時代漢民入墾南庄，以及日治時期南庄（日阿拐）事件。

第一篇【歷史篇】可以視為是南庄鄉原客互動史之書寫，前兩章敘述史前及原住民族社會以及漢人之移墾。第三至五章題為〈外力的入侵〉，敘述漢人入墾、清廷與日本官方的治理政策與過程，以及重大政治事件。而第六章則分別從原住民族傳說、拓墾故事、神明傳說、地名故事、時賢逸話及產業瑣談等傳說故事。

第二篇【地理篇】第四章之〈人文地理〉第三節拓墾時期物產，簡略介紹賽夏族和泰雅族的生活方式。

第三篇【政事篇】第十三章〈原住民行政〉，說明歷代各政權治理原住民族的制度。

第四篇【經濟篇】第二章〈早期山地經濟開發〉，第一節採集及狩獵詳談原住民族經濟生活型態，後面幾節樟腦、煤炭、蔗糖、茶葉、林木則偶有原住民族參與的描述。

第五篇【觀光篇】第五章〈觀光產業組織及運作〉介紹部分與原住民族相關的文化景點。

第七篇【文教篇】第二章〈教育〉之第六節「原住民族教育」，說明《原住民教育基本法》；第七節「苗栗縣原住民族部落社區大學」，則介紹大學

中的課程與願景；第三章〈文化〉第五節「珍貴文物」，簡單介紹賽夏族文物與泰雅族文物；第四章〈人民團體〉之第三節「族群文化團體」，提及原住民族社團。

第八篇【社會篇】第三章〈住民概況〉第一節「戶數、人口、戶量與密度」內有針對原裔戶數、人口數作統計與說明。第四章〈人民團體〉第三節「族群文化團體」介紹四個跟原住民族有關的協會。第七章〈社會事件〉第一節「清朝時代」、第二節「日治時期」主要介紹跟原住民族相關的事件。

第十一篇【人物篇】第三章〈原住民族〉介紹多位原住民族人物；第十二篇【影像篇】收錄部分跟原住民族訂定的契約；【附錄篇】附錄二「數據資料」、第三節「原住民族統計」做了詳細的統計表格。

整體而言，《南庄鄉志》不僅有原住民族專篇，其各章實質內容關聯於原住民族者亦多，這應該與南庄鄉之原住民族人口與生活領域多而廣有關。

3.《獅潭鄉志》（1998）

《獅潭鄉志》出版於 1998 年，全書 12 篇 386 頁。其中【住民篇】第五章為〈原住民〉專章；另外【開拓篇】第一章〈原住民時期〉，【藝術篇】第三章〈民謠戲曲〉第三節「表演」有部分原住民族相關作品。

〈原住民〉專章包含沿革、儀式與信仰、近況等三節，篇幅有五頁（頁120-124）。其內容包含賽夏族的起源、分布、姓氏、生命儀禮與歲時祭祀，以及聚落近況等，其中對於賽夏族與道卡斯竹塹社之族源關係、歷代姓氏沿革、矮靈祭以及南賽夏遷村至今獅潭百壽村的始末等主題，簡單扼要地予以陳述。專章之外，【開拓篇】第一章有原住民族時期，徵引〈下樓社西潭社給墾青山荒埔契字〉（1873）與同年馬偕的日記，說明光緒 2 年（1876）漢

人入墾前的歷史；第二章第一節主題為「獅潭山區的拓墾」，係以漢人視角描寫拓墾過程，對於「內山拓墾激起土著的強烈抵抗」著墨甚多。雖然是漢人視角，但也明確地表示，所謂「生番猖獗」根本是漢人的一面之辭。【藝術篇】〈表演〉章，有賽夏矮靈祭的祭歌、民謠與舞蹈。

以上三本地方志皆有原住民族專篇或專章，是目前臺灣鄉鎮市區之地方志中，原住民族書寫較完整者。《關西鎮志》與《南庄鄉志》皆有原住民族專篇，成書較早的《獅潭鄉志》，其〈原住民〉章雖然簡略，但也類似於專篇之定位。其中《關西鎮志》更由泰雅知識分子主筆撰寫，而這三者對於泰雅族及賽夏族有「民族誌」式較為完整的書寫。

然而，三本志書一如各地其他志書之通例，各篇分別以政事、建設、經濟、交通、教育等主題，係當代地方治理的主要事務，其書寫係以「公民」的態度面對所有鄉民，並無族群意涵。其次，原住民族專篇或專章以外的內容，在涉及歷史論述時，大多充滿客家漢人中心主義，關於地理、歷史與人口之書寫，敘事主軸是客家漢人建立地方社會的過程，泰雅與賽夏係以開發史「背景」的角色出現，因此對原客關係之本質欠缺反思。而且，這種漢人中心主義也不經意地表現在【藝術篇】、【文物篇】與【鄉賢談歷史篇】等內容中，往往沒有任何原住民族之文物或人物。

（二）專節

1.《續修東勢鎮志》（2010）

《續修東勢鎮志》於 2010 年出版，有六篇，共 647 頁，其中並未有原住民專章，但在【歷史篇】中有原住民專節。【歷史篇】第二章〈東勢歷史

發展與漢人社會結構〉之第二節「原住民口傳與文字歷史的模糊地帶」，用了兩頁的簡短篇幅介紹早期原住民族泰雅族，以及目前居住在南投埔里，但部分遷徙自東勢的平埔族噶哈巫人。

【歷史篇】第四章〈官方政策與地方發展〉之第二節「政府對原住民的管控」，說明清領時期與日治時期的設隘情況。第七章〈歷史文獻〉之第一節「古文書」有蒐羅跟原住民族簽訂契約的相關材料；第二節「碑記」也有蒐集幾篇跟原住民族相關的碑文；第四節「民間傳說」收錄一篇漢人嚇唬原住民族的傳說故事。【社會篇】第三章〈人口〉之第四節，以兩張表格呈現山地原住民與平地原住民的人口比例。

2.《龍潭鄉志》（2014）

《龍潭鄉志》初版於 2013 年出版，2014 年有增編版，兩者章節編排大致相同，皆分上、下冊，共九篇，2013 年版本上冊書寫至第四篇，其餘篇章編排於下冊，2014 年版本上冊收錄至建設篇，其餘篇章由下冊收錄，頁數也略有不同，2013 年版本共 875 頁，2014 年版本共 971 頁，兩者最大的差異應是人物篇的內容與篇幅。其中並未有原住民專章，但有原住民專節，以下討論以 2014 年版本為主、2013 年版本為輔。

【族群篇】第一章〈族群結構及其遞變〉，說明龍潭歷史以來的族群，包含原住民族、客閩漢人以及新住民，並討論其族群關係。其中第一節「漢人移墾前的先住民族」中先簡略介紹原住民族的相關定義，接著說明有平埔族的霄裡社與竹塹社，以及泰雅族大嵙崁群及馬里闊灣群「馬武督」社群。第三節「原漢族群關係與互動」中則是提及平埔族時強調合作與拓墾關係，論及泰雅族時則是衝突與治理關係。《龍潭鄉志》【族群篇】之設想應該是

脫胎自一般方志常見的【人口篇】或【住民篇】，雖然整體內容仍以漢人祖籍、姓氏與宗族等為主，但在眾方志中，列舉「族群」之名，可謂創舉。

【史地篇】第二章〈龍潭鄉拓墾史〉從漢人與平埔族霄裡社合作拓墾的角度詳細說明，並相對於遭遇到泰雅族時的衝突關係。另外就是 2013 年【人物篇】中介紹知母六及兩位後代蕭姓族人；在 2014 年的版本中，則是將蕭家寫成霄裡社墾首世族，增添了幾名蕭家族人，不過內容也有包含許多設隘防泰雅族侵擾的面向，比較近代的名人描述多與其原住民族身分無關。

3.《竹東鎮志》（2005）

《竹東鎮志》各篇出版年分不一，全書分成多冊，分別是【地理篇】11 章 263 頁、【歷史篇】六章 210 頁、【文化篇】七章 394 頁、【政事篇】十章 361 頁、【經濟篇】五章 563 頁、【社會篇】九章 426 頁。其中未有原住民專章，但在【歷史篇】與【社會篇】各有原住民專節，其他各篇亦有原住民族相關內容。

《竹東鎮志‧歷史篇》第二章〈客家人入墾前的橡棋林（ㄋㄚ）〉之第一節「恩俚介老頭家──我們的老頭家」敘述道卡斯族竹塹社的歷史與開發過程，以及談到一點點對於賽夏族的由來推測。如其標題「我們的老頭家」，其內容雖然著重在開墾的部分，但不忘強調「平埔族文化絕對是臺灣文化中的一股原動力……在我們固有傳統的華人文化中注入了新的生命力」等語，篇幅約六頁。

【社會篇】的第九章為〈原住民族群〉，重點在於討論竹東鎮的原住民族人數，在消費、工作及生活環境外，原漢通婚也是增加互動的重要因素。但無論是工作還是通婚等因素，部落人口的外流數，跟都市原住民族的成長

呈正比，而移居竹東的原住民族人數，在民國 86 年就已經超過兩千人。民國 93 年，光是竹東上舘國小就有 170 多名原住民族學生，遠比尖石、五峰任一所學校還多，竹東國小的學童也有十分之一是原住民族，跟上舘國小相差無幾。從該章所附表格可以看出，竹東在 5 至 14 歲的人數比 0 至 4 歲多，但尖石、五峰的狀況則反之（呂玉瑕、王崧山，2011：412-417）。

　　【地理篇】第九章〈聚落〉第一節「概說」、第二節「清領時期」、第三節「日治時期」，雖略提原住民族，不過都是描述衝突，原住民族是漢人或日人的對抗者。【歷史篇】第三章〈清代──樹杞林的拓墾〉，從漢人或客家人角度提及面對原住民族的狀況，尤其是第二節「拓墾的特色與族群的互動」中更是如此，其中有小標題說明宗教信仰與土地開拓的關係，內容主要說明客家族群的信仰與土地的關係。【文化篇】第三章〈宗教〉之第一節「清代以前的宗教」、第二節「清代竹東的宗教」，先講平埔原住民族的信仰，再談客家漢人因應防守原住民而生的信仰。第六章〈諺語傳說〉則有兩三篇跟客家人與原住民族相處有關的傳說故事。【政事篇】第八章第一節「概說」有隘勇制度的說明。

　　竹東鎮與橫山鄉分別是五峰鄉與尖石鄉的門戶，也就是賽夏與泰雅與客家漢人交流最多的地區，因此這兩本方志應該是討論原客關係的重要場合。目前《竹東鎮志》各篇章雖有不少內容涉及原住民族書寫，但略顯零散，尚欠缺結構性的安排；而橫山鄉則尚未編撰方志。

4.《北埔鄉志》（2005）

　　《北埔鄉志》出版於 2005 年，全書分成上、下冊，上冊有六篇，分別是大事紀、歷史篇、地理篇、政事篇、經濟篇、建設篇；下冊有六篇，分別

是教育篇、社會篇、宗教禮俗篇、人物篇、文化篇、名勝古蹟與休閒觀光篇，共 1,351 頁。其中未有原住民專章，但有原住民專節，各篇有部分內容皆提及與原住民族相關的議題。【歷史篇】第一章〈早期的歷史〉第二節「本鄉的原住民」；第二章〈漢人的移墾〉與第三章〈姜秀鑾家族與北埔〉，從漢人角度略提；【政事篇】第一章〈行政沿革〉第一節「概述」、第五章〈地政〉第二節「賽夏族的土地習慣」、第七章〈警政〉第一節「清代的治安」略提，第二節「日治時代的警政」略提；〈人物篇〉有趙明政。

　　【歷史篇】第一章〈早期的歷史〉第二節「本鄉的原住民」先說明北埔鄉原住民族的分布，可以視為本節的總論，接著介紹賽夏族，簡單介紹其稱呼與遷徙，最後說明竹塹社的移入，篇幅約有八頁。第五章〈地政〉第二節「賽夏族的土地習慣」用一頁半的篇幅提及賽夏族的獵場、農耕與私有權問題。第二章〈漢人的移墾〉與第三章〈姜秀鑾家族與北埔〉都可明顯看出從漢人的角度去說明拓墾時跟原住民族發生的衝突；【政事篇】第一章〈行政沿革〉第一節「概述」略為提及竹塹社的人口情況；第五章〈地政〉第三節「清代的地政」則是簡單說明因應漢人大量使用原住民族土地所訂定的政策。第七章〈警政〉第一節「清代的治安」與第二節「日治時代的警政」都有談到設隘與防範原住民族的各項施政。【人物篇】中在提起諸多拓墾重要人物時，描述了與原住民族之間的對抗，賽夏頭目趙明政則因北埔事件而入傳。

5.《三灣鄉志》（2005）

　　《三灣鄉志》出版於 2005 年，全書有 14 篇，924 頁，其中未有原住民專章，但有原住民專節，且有許多內容皆提及與原住民族相關的議題。【歷史篇】第一章〈緒論〉、第二章〈史前及原住民社會〉、第三章〈漢人入墾〉、

第四章〈傳說故事〉等，多從漢人角度略提。【地理篇】第三章〈人文地理〉第二節「土地拓墾概況」，從漢人角度略提。【人物篇】第一章〈人物傳〉之第二節「移墾人物」，從漢人角度略提。

【歷史篇】第一章〈緒論〉說明作者企圖突破政治、政權、族群的限制，探討不同時代人們所留下的各種影響，而以下行文也注意到原漢雙方史觀的問題。第二章〈史前及原住民社會〉有 16 頁，先介紹臺灣的史前遺址，接著概略介紹原住民族以及苗栗縣轄境的原住民族，再來分別介紹賽夏族與道卡斯族。第三章〈漢人入墾〉的部分雖從漢人的角度出發，不過並不強調與原住民族衝突的部分；第四章〈傳說故事〉大部分是漢人視角的開發傳說，也收錄了漢人奸巧的故事。

【地理篇】第三章〈人文地理〉第二節「土地拓墾概況」，偏向從治理的角度來說明漢墾區、保留區、隘墾區。【人物篇】第一章〈人物傳〉第一節「政治人物」第二項武職當中有提到蕭聯芳，第二節「移墾人物」裡多講述漢人的開闢，不過將日阿拐包含其中。【影像篇】第六章有收集一些與平埔族訂定的契約，其他大致是與開墾有關的契約。

6.《大湖鄉志》（1999）

《大湖鄉志》出版於 1999 年，全書有 13 篇，856 頁，其中未有原住民專章，但有原住民專節，雖有許多內容提及與原住民族相關的議題，不過卻以漢人或日人的角度為主。

【開拓篇】第一章〈史前時期〉（原住民時期）之第四節「小矮人」說明臺灣各地原住民族皆有小矮人傳說，第五節「賽夏族」概要性地介紹賽夏族的分布、習俗與部落組織。第六節「泰雅族」書寫內容架構如前述賽夏族，

並佐以幾張圖片。

【開拓篇】第二章〈漢人的入墾〉、第三章〈墾地紛爭與連庄接隘〉、第四章〈廣泰成墾號與大湖之開發〉、第五章〈清末拓墾時期之番害與靖撫〉，標題已顯示係從漢人的角度觀看大湖拓墾史，書寫漢人與原住民族對抗的歷史。第六章〈地名沿革〉有幾個地名或是有原住民族語的源頭，或是地名本身的由來與原住民族相關，也有許多是跟原住民族衝突的故事。【政事篇】第八章〈警政〉第二節「民防」說明清代與日治時代許多隘防的相關問題。【抗日事件篇】第一章〈馬拉邦戰事〉雖有提及漢人和原住民族組成義勇軍一同抗日，但整體來說還是說明泰雅族的抗日過程較詳細。

7.《卓蘭鎮志》（2014）

《卓蘭鎮志》於 2014 年出版，分為上、中、下三冊，有 15 篇，共 1,326 頁，其中未有原住民專章，但有原住民專節，且有許多內容皆提及與原住民族相關的議題。【歷史篇】第二章〈原住民族社會〉，第三章到第八章從漢人角度略提；第十一章〈傳說故事〉為原住民族傳說。【社會篇】第一章〈族群分佈與語系〉第一節「族群分佈」，第六章〈社會事件〉第一節「客家泰雅激戰」。【影像篇】隘墾古文書。【附錄篇】附錄二〈數據資料〉第三節「原住民族統計」。

【歷史篇】的〈概說〉裡面就有先概略說明漢人與原住民族的互動關係，第二章〈原住民族社會〉介紹巴宰族以及泰雅族，篇幅共五頁。第三章到第八章從漢人開發的角度探討與原住民族之間的衝突，到了第九章〈由罩蘭到卓蘭——日治時期的社會變遷〉之第一節「綏靖時期（1895-1915）——前期武官總督時期」主要描述原住民族與日本人征戰的歷史。第十一章〈傳說

故事〉第一節為「原住民族傳說」，收錄巴宰族與泰雅族各自的相關起源以及與漢人相處的故事。

【地理篇】第二章〈人文地理〉第一節「地域社會形成」與第二節「境域沿革」簡單說明客家漢族開墾時與原住民族間的衝突問題，第四節「人文發展」的描述原則同前。【社會篇】第一章〈族群分佈與語系〉第一節「族群分佈」，分別書寫客家、閩南及原住民族的分布狀況。第六章〈社會事件〉第一節「客家泰雅激戰」與第二節「湘軍撫番事件」都是在講原漢衝突的歷史，說明雙方死傷慘重。【影像篇】有部分古文書涉及開拓等與原住民族相關的內容。【附錄篇】附錄二〈數據資料〉第三節「原住民族統計」有相關的統計資料。

8.《大溪鎮志》（2014）

《大溪鎮志》初版於 2014 年出版，分為三冊：大溪鎮志地理篇、歷史篇、政治篇，共 514 頁；大溪鎮志經濟篇、社會篇，共 631 頁；大溪鎮志文教篇、人物篇、近五年重要紀事附錄，共 673 頁。

【歷史篇】第一章〈史前遺址與原住民活動〉分成三節，第一節「史前遺址」、第二節「高山族原住民」、第三節「平埔族原住民」，共 22 頁；第二章〈漢人的移墾〉則從漢人的角度來描述大溪開墾的歷史，有部分篇幅說明平埔族蕭家的世系，第四章〈舊地名沿革與意義〉第一節「街庄地名沿革與意義」介紹大嵙崁的地名由來；【政治篇】第一章〈政事概況〉第一節「地方行政沿革」主要說明清代以前、清代、日治時代的治理原住民族政策。第二章〈上級政府分支機構〉主要介紹清代跟日治時期針對原住民族的重要政治機關，比如說大嵙崁撫墾總局、大嵙崁撫墾總局署、大嵙崁辦務署、各

個隘寮監督所等等。

【社會篇】第三章〈本鎮人口〉第二節「人口組成」內有一張統計表統計當時的原住民族人口。【文教篇】第二章〈藝文活動〉第一節「文學」有一張大溪俗諺說明表，列出幾條漢人拿原住民族舉例的負面俗諺。第四章〈宗教信仰〉第五節「慶典習俗」簡短介紹豐年祭。【人物篇】第一章〈政治人物〉有介紹一名原住民族人物何拉挪干。

這種方志書寫基本上就是漢人中心主義，提及原住民族的部分多屬漢人開墾的相關內容，除第一冊【歷史篇】、【政治篇】較多提及原住民族的內容，另兩冊跟原住民族有關的描述比例較低。

以上八本地方志並沒有原住民族「專篇」或「專章」書寫，但有專節，可見並未完全忽略原住民族。但是這樣的內容都出現在漢人開墾的相關內容中，例如《龍潭鄉志》提及平埔族霄裡社或《竹東鎮志》提及道卡斯竹塹社，或者對於泰雅與賽夏的描寫都是漢人入墾、募集隘丁與原住民族纏鬥，最後將原住民族驅入東方山區，其他介紹重點便放在漢人及各姓氏的拓墾上。對於原住民族之生活、社會與文化等，皆欠缺相關內容。又例如《三灣鄉志》中，並無原住民專章，僅有原住民專節，且有相當篇幅談論寫作視角問題，可見並未完全忽略原住民族。這種方志書寫基本上就是漢人中心主義，有提及原住民族的部分多屬客家人開墾的相關內容，雖有針對賽夏族與平埔族的說明，也已注意到敘事角度的問題，但是仍然缺乏更完整的原住民族敘述，比方說在生活習慣和民間禮俗等章節，應可書寫原住民族相關內容。

換言之，一如前節有專篇或專章之原住民族書寫者，這些志書基本上是以「一般公民」的觀點編寫絕大部分篇章，並不區別族群。然而，涉及歷史論述時，又往往充滿客家漢人中心主義，對原客關係之本質欠缺反思。而且，

這種漢人中心主義也不經意地表現在跟開拓有關的歷史敘事、人物、文物、地名等相關資料之收錄中。

（三）主題略及或欠缺原住民族主題

1.《寶山鄉志》（2006）

　　《寶山鄉志》出版於 2006 年，原本預計分為文化、歷史、地理、社會、經濟、政事、人物及科學園區等八篇，不過目前僅出版了【文化篇】及【歷史篇】兩本。【歷史篇】第二章〈寶山的拓殖〉第一節「草萊初墾時期」的第一小節為史前時代與原住民主體時代，廣泛且簡要地徵引考古學及歷史學文獻，說明北臺灣及竹塹地區之「合番仔」原住民族，與寶山鄉本身的直接關聯性不多。在【文化篇】第三章〈寶山藝文〉第四節「寶山民間傳說」中有一篇談論宿命的故事，描述一位隘勇在泰雅族和日本人戰鬥現場的遭遇。整體而言，《寶山鄉志》的原住民族書寫十分貧乏。

2.《新社鄉志》（1998）

　　《新社鄉志》僅在【開發史篇】第一章〈先民遺跡〉約略提到後面口述歷史會提到新社鄉民拓墾與居住情形，有原住民族分布跟內徙的簡短說明。

3.《峨眉鄉志》（2014）

　　《峨眉鄉志》【歷史篇】第二章〈峨眉史略〉之第二與三節分別為「賽夏悲歌」與「血汗山河」，【政事篇】在清代行政區域之淡水廳南興庄，提及道光 15 年金廣福擊退土著事，【地政篇】之清代地政提及沈葆楨「開山

撫番」事，皆呈現了當前臺灣鄉鎮區志原住民族書寫的一般樣貌。

4.《芎林鄉志》（2004）

《芎林鄉志》僅於【歷史篇】第一章〈開發沿革〉第一節「墾拓之前」
約略有提及。

芎林、寶山、峨眉與新社等行政區的方志除了拓墾史事外，幾乎完全沒
有原住民族之相關書寫，而這四行政區與原住民族鄉區亦未接壤，區內原住
民族人口亦少，反映在方志就是原住民族歷史已經不存在於官方建構的地方
歷史記憶中。

整體而言，關西鎮、南庄鄉與獅潭鄉係三部有原住民族專篇或專章之方
志，而三者也正好同時是客家文化重點發展區與原住民族鄉鎮的複合區，其
中又以晚近成書的《關西鎮志》最為典型，係在方志的規格下，容納了「民
族誌式」的原住民族書寫。其次，最多方志將原住民族以「族群篇」之形式，
書寫鄉鎮區內的原住民族，2014 年出版的《龍潭鄉志》可謂典型，從族群
互動的角度，說明及討論漢人、平埔霄裡社與竹塹社，以及泰雅之大嵙崁及
馬武督社群等，在鄉內之族群結構與遞變。最後，原住民族書寫較少的方志
通常都是在以客家漢人拓墾史為敘事觀點的【歷史篇】提及原住民族，其中
可以《峨眉鄉志》為典型，係在峨眉史略中，以〈賽夏悲歌〉書寫賽夏族在
客家漢人拓墾史中所受到的不公平對待，雖然語多同情，但是整體書寫內容
仍然不足。

三、大隘三鄉與賽夏

　　綜合上述討論，客庄方志大致上呈現漢人為中心的發展史觀，雖與歷代志書在研究方法與內涵等差異不可以千里計，但是就其官方修志之動機與目的而言，仍可謂一脈相承，即如《北埔鄉志》之凡例所言：

> 北埔本無史，自清代中葉漢人以武裝拓墾方式啟土以來，昔日為內山隘防及產業之奧區，也曾是竹東地區的首善之區，今則再度崛起為全臺休閒觀光重鎮，本鄉豈可無史，不然將成北埔人最大之缺憾。故本鄉志之編纂，在於編組對北埔素有研究之學者專家及各界人士，以史學方法為主軸，並結合方志學、地理學、經濟學、政治學、社會學、人類學、宗教學、教育學、文學……等領域之專業知識，以跨學科整合之區域研究及發展理論（Development Theories）的研究方法，且兼顧學術性、通俗性、史料性、教育性、實用性與趣味性六大功能。（范明煥，2005：VIII）

　　在這樣漢人開發史觀的敘事主軸下，原住民族書寫通常安排在歷史篇的開發初期，其實質內容之詳略，各志雖有差異，但皆難以成為討論之中心。相對於此，有專篇或專章原住民族書寫之關西、南庄與獅潭等三部方志，則呈現了以原住民族為主之專篇或專章，嘗試突破既有漢人中心觀點之架構。三者之中，較早出版的《獅潭鄉志》為專章而篇幅較小，較近期出版的《關西鄉志》專篇則幾乎是民族誌式的書寫了。換言之，客庄方志的原住民族書寫雖然受限於漢人中心的發展史觀，但也顯示了「夾帶」民族誌式之原住民

族書寫的趨勢。這樣的趨勢，亦即在民族誌與方志之間力求平衡，固然顯示客庄方志之原住民族書寫的強化，但其實也隱約地顯現民族誌與方志二者屬於不同「文類」，而難以兼顧的事實。而本文認為此正是未來以原住民族及客家兩族群互為主體，以「逆寫」客庄歷史的核心問題。本節以下以大隘三鄉為例，綜合檢視三本鄉志「開發史」中所涉及的賽夏遷徙史，進一步思考這一核心問題，藉此提出逆寫的策略與樣貌。

北埔、寶山與峨眉三本鄉志分別完成於 2005、2006 與 2014 年，《北埔鄉志》【歷史篇】第一章〈早期的歷史〉之第二節「本鄉的原住民」，是全志原住民族書寫之篇幅與內容最多處，本節主要為賽夏族與道卡斯竹塹社之分布與遷徙史，以作為接下來【歷史篇】各章〈漢人的移墾〉以及〈姜秀鑾家族與北埔〉等的歷史背景，自然是漢人視角的開發史觀。不過本節也徵引了歷史學、考古學與民族學的文獻，對於賽夏族的族源有所討論；再搭配前節〈史前時代〉，雖不足以視之為賽夏族之「民族誌」，但至少勾勒了賽夏族早期歷史的面貌。其他還有【政事篇】〈行政沿革〉與〈警政〉略有著墨原住民族，實際上也是【歷史篇】開發史觀的相關敘述。另外，【政事篇】〈地政章〉提及賽夏族的土地習慣，【人物篇】則有趙明政之事蹟介紹。

《寶山鄉志》僅【歷史篇】十分簡略地提及金廣福開發前之原住民族與漢人互動的情況，可以說是《北埔鄉志》相關論述的簡要版。相對地，成書晚近的《峨眉鄉志》則在【歷史篇】第二章〈峨眉史〉略以十小節，以十分同情的筆調，從「史前覓蹤」到最後「面向未來」，勾勒了峨眉簡史，其中第二與三節分別為「賽夏悲歌」與「血汗山河」敘述漢人入墾賽夏遭驅逐的歷史，內文徵引波越重之、郭芝亭、吳學明及吳育臻等研究成果，說明此一衝突殺戮的過程。對這一歷史，鄉志的態度是：

賽夏族被迫不斷的遷徙，甚至四散流離，是一個殘酷的現實。不論漢人、原住民都必須為生存而衝突、戰鬥，在弱肉強食的世界中，很難去評斷誰是誰非。站在漢人的立場，拓墾的過程固然備極艱辛；但是站在賽夏族原住民的立場，在武力的威脅下，被迫撤離世代賴以生存的土地，並且一而再、再而三的不斷退卻，甚至落得流離失所的過程，卻不啻是一段段令人聞之惻然的生命悲歌。（王郭章，2014：48）

　　儘管態度同情，但《峨眉鄉志》全志除了史略隨後的〈大隘驚變〉敘述北埔事件而提及賽夏領袖趙明政外，完全沒有其他原住民族書寫，這也就是漢人為中心的開發史觀及志書篇章架構所造成的結果。

　　大隘三鄉鄉志這樣的書寫樣貌，基本上就是中國方志源遠流長的傳統，也就是編戶齊民以納入版圖；表現在清代是教化，表現在日治以來則是文明。北埔這一書寫傳統始於姜振驤的《北埔開闢紀》，又更完整地呈現在《（北埔）鄉土誌》中。依《臺灣文獻解題》之〈〔昭和〕（北埔）鄉土誌〉條所提及，昭和八年（1933）北埔聯庄舉行開闢百年紀念大祭典，當時姜振驤等輯成《北埔開闢記》一冊。內容包含開闢百年祭典序、大隘北埔開闢記、時代過渡記、北埔教育記、先考及先兄列傳、開基義友墓記、詠周姜開闢史、姜秀鑾父子略歷、北埔歷年記歷、北埔峨眉寶山三莊戶口表。作為「開闢記」，這樣以漢人為敘事中心的開發史觀是必然的；然而，方志的史觀也是如此。北埔鄉最早的方志為島袋完義之《（北埔）鄉土誌》，本誌由北埔公學校編輯，應係校長島袋完義總其事，學校教職員共同完成。全書包含土地、保健狀態、風俗習慣學校教育、社會教育及教化事業、產業、經濟、農具及

肥料、產業組合、交通運輸、官公署及各種團體等 11 篇章，並加附記（錄），從篇章可知「文明、進步與教化」是修志的史觀。原住民族短暫地出現在第一章〈土地〉首節「鄉土之沿革」，角色則是開發事業的阻力與戰爭對象。

討論至此，我們必須面對的議題是：如何在已經沒有賽夏聚落的大隘三鄉客庄，書寫曾經存有的原住民族歷史？對於前述關西、南庄與獅潭而言，由於客家與原住民族的雙重行政區域身分，以專篇專章處理原住民族書寫尚可著力，但其他客家庄應該如何書寫呢？本文的建議有二：其一為史蹟保存，其二為史觀重構，以下持續以北埔為例加以說明。

關於北埔鄉之賽夏與客家的關係，歷來研究者都注意到除了衝突以外的合作或和睦相處，其事蹟包含金廣福贈與富興庄、南埔、南坑尾林地；姜榮華妻胡圓妹向金廣福贖回內大坪與長坪土地交還賽夏族人，並獲回贈九芎坪土地；金廣福隘丁中，原住民族占比接近四成；以及 1907 年北埔事件中，蔡清琳與賽夏頭目他羅尤馬奧（趙明政）等人的共同對抗日人；以及賽夏與客家之通婚等（吳學明，2000：123-124；楊鏡汀，2006）。對於這些事蹟的詮釋，研究者大致上也都立論於漢人為中心的開發史觀，例如：

> 可見，自始至終金廣福對土著政策是恩威互濟的，漢番關係並不是一直處於敵對狀態，金廣福入墾後固然大部分土著被迫撤離本區，但一部分留住者則逐漸漢化，番害逐漸消弭。故就整體的演變而言，金廣福隘墾的防番工作確是相當成功的。（吳學明，2000：124）

《北埔鄉志》（2005）採錄了這些史蹟，同時也沿用了相同的詮釋觀點，

在【歷史篇】中，僅以拓墾過程之背景及阻力，描述了賽夏人群；更因為北埔鄉內已無賽夏聚落，故在【歷史篇】第二章〈漢人的移墾〉第二節「住民與族群關係」中，討論絕大多數客家人群的惠州、嘉應州與潮州比例，在最後表列 1930 年北埔庄粵籍人口超過九千，而閩籍與原住民族皆不足百人。

從史蹟保存的角度，《北埔鄉志》（2005）【政事篇】第五章第二節之「賽夏族的土地習慣」就是一個很好的個案，保留了北埔鄉土地所有權及其制度轉移的早期歷史。【歷史篇】已保存了不少賽夏史蹟，而其中胡氏贖地回贈賽夏族人所關聯到的內大坪、長坪與九芎坪，以及連帶提及的大南坑等，最值得注意。這群賽夏族人直到 1930 年代的戶口調查資料中，仍至少有四戶 37 人（范明煥，2005：86），實有必要沿北埔通往苗栗縣南庄鄉東河地區之鄉道竹 37 沿線聚落，亦即外坪村，展開聚落史與家族史的調查，以理解這個定居在客家庄賽夏聚落的長期變遷。【歷史篇】尚可增埔者，第四章〈北埔鄉舊地名〉中，特別是南埔、大湖、大林、南坑與外坪等南五村，從賽夏語的角度，應該尚有可能調查出相應的自然或人文景觀名稱。【人物篇】方面，目前賽夏族僅有趙明政一人，應該可以從歷史篇之相關史蹟中，爬梳出值得書寫的賽夏人物，例如趙明政的長女 Ciwas a taro' 與李姓客家人通婚，後因泰雅出草而遇害，引發兩族衝突事件（參見楊鏡汀，2006：557-559）。【文化篇】方面，可以用《文化資產保存法》的概念，從古蹟、文化景觀及口述傳統等面向，採訪尚存的北埔賽夏史蹟，例如南埔的番婆坑與隔河峨眉鄉中興村都曾發生激烈的客家與賽夏族戰鬥事件。

以上似乎有點瑣碎的討論與建議，係在目前方志篇章架構中，思考可以強化原住民族書寫的做法，而更全面且結構性的原住民族書寫則涉及「史觀」。對於北埔鄉等客家庄而言，「客家聚落的形成及其樣貌」是鄉志的敘

事主軸，那麼在這敘事主軸之中，「如何定位賽夏族」是為史觀之關鍵。先前漢人開發史觀下，原住民族常為負面與衝突的形象，稍微細緻的資料則引入正面及合作的面貌，但仍然屬於客家漢人的拓墾開發思維，賽夏並未成為敘事中心。那麼，這種兼顧「客家聚落形成」以及「賽夏作為敘事中心」的「互為主體式」的客庄方志之原住民族書寫如何達成呢？

像北埔這樣客家社會的形成，是建立在傷害賽夏社會的基礎上，二者的衝突與相互傷害是同時發生的，但客家漢人是加害者，賽夏則為受害者，這應該是方志敘事的主旋律。如果只知頌讚客家開發之功勞與緬懷前人的篳路藍縷，固然錯誤；但視客家為寇讎，其實也不經意地挪用了相同的開發史觀。客家與賽夏於 19 世紀前期在北埔的遭遇，可以視為是臺灣在世界體系力量作用的歷程之一。當面臨急遽社會變遷時，客家與賽夏各自族內的不同人群或聚落，對變遷的態度並非全然一致，而且在激烈衝突的背後，仍然存在長期的商品與禮物交換關係，這一互動關係不應被忽略，也不宜簡化為原住民族擔任隘丁或通婚等事件而已。換言之，對於賽夏原住民而言，面對「文明」而引致的社會變遷及文化傳承，才是北埔等鄉志真正的母題；吾人應該觀察其長時段的結構與趨勢，不必過度擴大特定時空下單一事件的影響。[2]

在這樣的思維下，本文主張像北埔鄉這樣的客庄鄉志以「客家社會之形成與變遷」作為敘事主軸外，其原住民族（賽夏）書寫應該注意以下兩點：

其一為獨立成篇的必要性。此專篇的內容應該至少包含遷徙史、聚落與人群、族群關係、史蹟保存、現況與省思；此專篇並非民族誌式的寫作，而是以鄉鎮為範圍的書寫。

2　此處所提結構、趨勢與事件，概念來自年鑑學派布勞岱爾（2019）。

其二為整體鄉志「原客互為主體」的史觀。北埔三鄉成為客家庄已是事實，因此客家書寫必須也不得不成為敘事主軸，然而考量原客互為主體的史觀，其客家書寫中，仍應妥善定位原住民族。雖然如前所述，藉由獨立成篇已經突顯了原住民族書寫，但最須留意的是，如果賽夏獨立成篇之後，其他整體方志仍落入漢人中心開發史觀，如此互為主體的可能性就完全消失了。在客家開發史的敘事中，對當時的客家人而言，原住民族確實被視為是開發的障礙或威脅等負面形象；但對於方志之撰寫者而言，不可落入相同意識型態而不自知。同時，全志如文化、禮俗、人物等各篇也應適度納入原住民族之篇幅。

四、結論與建議

本文著眼於原住民族書寫，整理了北臺灣 15 部客庄鄉鎮志，依其篇幅詳略區分成「專篇或專章」、「專節」、「主題略及或欠缺」等三種型態，而其中又以歷史篇拓墾章中，專節描述原住民族與客家漢人衝突者占最多數。整體而言，北臺灣原客鄉鎮地方志之原住民族書寫顯現相當程度的地域性趨勢。原住民族與客家複合行政區，亦即客家與原住民族直接相鄰或境內有原住民族聚落者，其鄉鎮志之原住民族書寫篇幅略多，且有專篇或專章。相對而言，客家文化重點發展區則幾乎只在拓墾史中，以敵對者的形象書寫原住民族（參見表 1）。其次，無論複合區或客家文化重點發展區，其方志之書寫的整體架構大致上乃承襲自中華帝國傳統方志之體例，視地方住民為「民」，或者如當代視之為「公民」，「族群」並未被視為社會行動的主體

（亦參見表1），亦即客家文化重點發展區之方志的「客家性」往往不是修志的重點。換言之，這種趨勢與現象我們不妨稱之為「漢人中心主義」，且以「開發」而納入治理版圖為本質。

◆ 表1 原客交界客家地方志之原住民族書寫趨勢

客家文化重點發展區	原客複合區	原住民族行政區
拓墾史之敵對者	專篇或專章	略
公民而無關族群的史觀		略

　　就「逆寫北臺灣客家開發史」之視角觀察，目前客家文化重點發展區方志之原住民族書寫呈現集體失憶現象，亦即曾經在本地區生活的原住民族部落已經被遺忘；如果沒被遺忘則呈現「污名化」的形象，且僅存於早期歷史之書寫中。因此未來修志至少有兩個議題須重新思考，其一為去污名化，其二為以互為主體的敘事方式書寫原漢關係。原漢關係應該包含衝突、商品與禮物交換、通婚及文化交流等，據此改寫「漢人開發史」之觀點；同時，就原住民族敘事中心而言，其重點應該是原住民族本身歷史的保存與文化的傳承。去污名化容易達成，但除非互為主體地重新建構歷史記憶，否則只是名義上把「番、蕃」改成「原住民族」，實質上並未改變史觀，則意義不大。

　　為此，本文進一步以北埔鄉為主的大隘三鄉（再及寶山與峨眉）為例，完整盤點其原住民族書寫，並參考北埔相關研究成果，提出史蹟保存與史觀重構兩項建議。前者係針對目前修志之篇章架構下，應該在既有的歷史篇、文化篇、人物篇等，增加原住民族書寫為篇幅。後者則建議應該有賽夏族專篇，同時整體鄉志應採取互為主體的史觀。

鄉鎮區市等地方志之重修有其地方行政之慣例，建議政府主管機關可將去污名化、去漢人開發史觀、原客互為主體及專篇書寫等，以「準則式」的修志規範，納入未來各地方政府修志之計畫中。

　　最後，鄉鎮區層級的地方志由於以鄉鎮區所轄行政區域為範圍，其原住民族書寫勢必有所局限，因此縣志或直轄市志的規模應該較能發揮，這也是未來學術同好可共同展開者。

參考書目

大湖鄉志編纂委員會編輯，1999，《大湖鄉誌》。苗栗：大湖鄉公所。

中華綜合發展研究院應用史學研究所，2006，《新店市志》。北縣：新店市公所。

王明義總編纂，1993，《三峽鎮鎮誌》。北縣：三峽鎮公所。

王郭章等編撰，2014，《峨眉鄉志》。新竹：峨眉鄉公所。

石慶德總編纂，2010，《續修東勢鎮志》。臺中：東勢鎮公所。

布勞岱爾，2019，《15 至 18 世紀的物質文明、經濟和資本主義》。新北：廣場。

吳振漢總編纂，2004，《大溪鎮志經濟篇社會篇》。桃園：大溪鎮公所。

_____，2004，《大溪鎮志地理篇、歷史篇、政治篇》。桃園：大溪鎮公所。

_____，2004，《大溪鎮志文教篇、人物篇（附錄）》。桃園：大溪鎮公所。

施筱雲總編纂，2018，《五峰鄉志》。新竹：五峰鄉公所。

范明煥，2005，《北埔鄉志》。新竹：北埔鄉公所。

范明德總編纂，2006，《寶山鄉志》。新竹：寶山鄉公所。

泰安鄉志編纂委員會編輯，2008，《苗栗縣泰安鄉志》。苗栗：泰安鄉公所。

財團法人陳運棟文教基金會編纂，2005，《三灣鄉志》。苗栗：三灣鄉公所。

_____，2009，《南庄鄉志》。苗栗：南庄鄉公所。

＿＿＿＿，2014，《卓蘭鎮志》，苗栗：卓蘭鎮公所。

島袋完義，1996，《（北埔）鄉土誌》。新竹：宋建和。

莊興惠總編輯，2004，《芎林鄉志》。新竹：芎林鄉公所。

許家華、劉芝芳總編輯，2010，《烏來鄉志》。北縣：烏來鄉公所。

傅琪貽總編纂，2014，《桃園縣復興鄉鄉志增修》。桃園：復興鄉公所。

彭瑞金總編纂，2013，《龍潭鄉志》。桃園：龍潭鄉公所。

復興鄉志編纂委員會編輯，2000，《復興鄉志》。桃園：復興鄉公所。

曾貴龍總編撰，1998，《獅潭鄉志》。苗栗：獅潭鄉公所。

黃紹恆總編纂，2018，《關西鎮志》。新竹：關西鎮公所。

楊鏡汀，2006，〈北賽夏族與客家族的互動：以金廣福大隘為例〉。刊於林修澈編，《賽
　　夏學概論》，頁 547-560。苗栗：苗栗縣文化局。

廖隆仁總編輯，1998，《新社鄉誌》。臺中：新社鄉公所。

鄭森松，2005，《竹東鎮志歷史篇》。新竹：竹東鎮公所。

龍潭鄉志增編委員會，2014，《龍潭鄉志》。桃園：龍潭鄉公所。

羅景文主編，2014，《大溪鎮志地理篇・歷史篇・政治篇》。桃園：大溪鎮公所。

＿＿＿＿，2014，《大溪鎮志文教篇・人物篇・近五年重要紀事・附錄》。桃園：大溪
　　鎮公所。

＿＿＿＿，2014，《大溪鎮志文教篇・經濟篇・社會篇》。桃園：大溪鎮公所。

北臺灣原客關係相關公開文字
資料蒐集介紹與分析

陳龍田[1]

摘要

　　本文透過廣泛蒐集北臺灣近山地區與山地提及或描寫與原住民族相關事蹟的公眾文字資料，並針對鄉鎮志中大事記的閱讀，可以發現指涉原住民族的用語呈現出某種隨時間變化的樣態。而對於各地現存，置於公共場合的相關物件上的記載內容，若先以客家族群的角度檢視，確實包含一般所認知因開拓而產生漢人與原住民族衝突的形象。但除此之外，還有許多主題不盡相同的歷史陳述。若放大尺度，除了更加印證前述說明，還會發現文字資料中提及原住民族的用語已逐漸有所改變。細究其中與原住民族歷史自身主題有關的物件所出現的區域，似乎具有特定的群聚性，值得更多後續關注。

關鍵詞：原住民族、客家人、碑文、族群互動

1　本文作者為國立陽明交通大學客家文化學院國際客家研究中心專任助理。

一、前言

　　本研究為了行文方便與意思表達，採用一般慣稱的平埔原住民跟高山原住民的分法，並且為了如實抄錄原書寫材料，必須使用番、蕃等不甚尊重的用詞來指稱原住民族，絕無冒犯的意圖，在此先行說明。首先，筆者廣泛蒐集各處提及原漢相處的公眾文字資料，所謂公眾文字資料，專指對任何前往當地者開放，可憑自身興趣於現場閱讀的相關記載物件，這裡包含了提及原住民式地名的碑文、當地流傳跟原住民族相關的傳說或是據可考證的來源，指出這個碑文的背景故事與原住民族相關等等公開文字資料。

　　需特別說明的是，本研究僅限於討論現地尚存、明顯可見的文字資料中具體寫出原住民族的部分物件，因為若將各地的口傳故事加入探討，不但難以溯源考證，在用字遣詞上恐怕經過不同時代氛圍的修正，還需要特別查找，無法讓每一個第一次見到此物件的人立刻產生對原住民的相關印象，自然也就無從討論起這些文字物件所帶來的觀感；相同的道理也應用在圖書、報紙等文字資料上，也就是說若僅在書中提及，而現地並無相關記載時，除非有充足的補充效果，否則不會納入本研究針對公眾文字資料內容的討論中。事實上，相關議題值得另闢篇章處理。

　　本研究所蒐集與原住民族相關公眾文字資料的主要範圍為臺中市到新北市的沿山與山區鄉鎮，包含新北市的三峽區、新店區；桃園市的大溪區、龍潭區、復興區；新竹縣的關西鎮、橫山鄉、芎林鄉、竹東鎮、北埔鄉、寶山鄉、峨眉鄉、五峰鄉、三灣鄉；苗栗縣的南庄鄉、獅潭鄉、大湖鄉、泰安鄉、卓蘭鎮；臺中市的東勢區、和平區。同時也會根據歷史記載、文獻提及現地具有相關聯內容、地圖鄰近區位以滾雪球等方式採錄前述縣市轄下，其他鄉

鎮市境內現有與說明原住民有關主題的各式廟宇碑文等，各種形式且仍存在於當地的公眾文字資料。

採錄碑文的同時也比較了上述相關研究場域的近山鄉鎮志當中大事記章節的部分內容，主要蒐集的年代範圍為自大事記的開始年分蒐集至日本統治結束，並特別從中挑選與原住民相關的記事來進行討論。這些大事記除了因官方出版而帶有官方色彩外，裡面有許多由地方文史領域的專家蒐羅並查證臺灣不同時期來自官方或民間的豐富文字資料，而且多為根據時間所作出的條列形式，很適合與本研究蒐集的各種不同時期文字資料內容作簡單的對照，所以也一併採錄並在行文中呈現。

筆者蒐集各地相關聯文字資料的方式，首先是閱讀與整理何培夫的《臺灣地區現存碑碣圖誌》中的《臺北市・桃園縣篇》、《臺北縣篇》、《新竹縣市篇》、《臺中縣市・花蓮縣篇》、《苗栗縣篇》、《補遺篇》、邱秀堂《臺灣北部碑文集成》、臺灣省文獻委員會《臺灣中部碑文集成》等以實地碑文採錄為主題的書籍，將其中採錄到的有關碑文，輔以 google 街景確認，以確保碑文仍在成書時所在的位置，或是任何可以考證的地方，儘管大部分的石碑不太會移動，不過也有像現今的 228 紀念公園曾經有過碑林，後已不在現址，經筆者以電郵向臺北市單一陳情系統詢問，該處所有石碑已由國立臺灣博物館移往其庫房典藏這樣的例子。同時也利用 google 地圖的附近與相片功能，確認本研究含括地區的廟宇內外布置，若有提及原住民的文字敘述則一併蒐羅並加入本研究的探討之中。筆者也會瀏覽一些旅遊觀光景點的圖文，該篇若有攝影與提及原住民的相關文字資料時便加以收錄。另外，本研究也檢視不同研究者的有關文章，從中找尋對原住民碑文的描述，筆者認識的研究者中也有人實地去採錄相關碑文或其他樣式的文字資料，提供給本研究作統整說明。

本研究希望藉由這類型資料的廣泛蒐集，簡要整理與分析前述地區中的這些記事所要陳述的內容、用語彼此之間具有什麼樣的相似與相異性，最後扼要的說明這些文字所呈現出的意象。

二、鄉鎮志大事記中條目書寫及用語的討論

　　本文所提及的大事記內容主要是指前述北臺灣沿山地區鄉鎮志中的大事記專章，而以本研究蒐集相關地區鄉鎮志中大事記的經驗來看，一般來說，採用這種編年紀事體例的大事記章節開頭的條目常是關於荷蘭、明鄭時期的寥寥數語，到了清朝開始或因資料留存較為詳盡，條目內容豐富了許多，這個時期的官方史料提及原住民時多會直接使用番或蕃來稱呼之，比如說清廷禁侵占番地、清廷設土牛溝，禁止漢番往來、清廷再立漢番界碑，嚴禁漢民入番地等等，因此大事記的書寫者或編纂者常會先原文引用，再加以解釋；有的大事記則是額外以原住民及其族裔等用詞來描述的更加清楚，各有不同的處理方式；也因為跟隨原始典籍的習慣，有些大事記一開始便會視情況穿插使用原住民或族名來稱呼，同時在處理諸如番地、番界、番社等情境時，採用較為文言的原文照錄寫作方式，不過仍有的大事記會自始選定番或蕃的用字（苗栗縣泰安鄉公所，2008）；有的則會依據條目內容的來源屬於清領時期或日治時期，而有「番」與「蕃」用字上的差別（黃紹恆，2018；財團法人陳運棟文教基金會，2014）。

　　到了日治前期，可以看到多筆關於日本人執行與原住民相關政策的記載，到了日治末期有時會看到一筆或兩筆的簡短敘述，比方說桃園縣復興鄉

（桃園縣復興鄉公所，2014）、南庄鄉（苗栗縣南庄鄉公所，2009）、苗栗縣泰安鄉（苗栗縣泰安鄉公所，2008）皆寫到 1923 年當時的裕仁親王（即日後之昭和天皇）訪臺，指示要改稱「生蕃」、「蕃人」為「高砂族」。然後在 1935 年 6 月，有一條提到臺灣總督府公布《戶口規劃施行規則》，將「熟蕃」改稱「平埔族」，將「生蕃」改稱「高砂族」（施筱雲，2018；苗栗縣南庄鄉公所，2009；財團法人陳運棟文教基金會，2014）。有些大事記還會多寫一筆，寫進官方文書停止使用「生蕃」、「蕃人」等蔑稱，改用「高砂族」稱呼原住民族（苗栗縣南庄鄉公所，2009；苗栗縣泰安鄉公所，2008；財團法人陳運棟文教基金會，2014；楊傳國、黃永光，2013）。當然這個時期還多了些日本人用來作為地址使用的番地之描述條文，但兩者多半並無直接相關，這裡不多作討論。

到了中華民國，這類名詞的轉換要求也是偶爾可見的記事項目，部分鄉志中曾提及 1946 年時，頒行「高山族地方鄉鎮調解委員會暫不受鄉鎮調解委員會組織規程第八條之限制電」中，以「高山族」一詞代替日本「高砂族」名稱（施筱雲，2018）。但比較多鄉志寫到的是 1947 年政府通令將「高山族」改稱為「山地山胞」（財團法人陳運棟文教基金會，2014；苗栗縣南庄鄉公所，2009；苗栗縣泰安鄉公所，2008）。[2] 1948 年並重申禁用「蕃族」等名（桃園縣復興鄉公所，2014；苗栗縣南庄鄉公所，2009）。

事實上，省政府分別於 1949 年 8 月 3 日、1958 年 3 月 25 日、1958 年 9 月 26 日、1963 年 4 月 27 日四度重申不得稱呼山地同胞為「高山族」、「高砂族」、「蕃族」（葉高華，2013）。再來就是經過多人多年為原住民族正

---

2 不知何故《卓蘭鄉志》與《南庄鄉志》此處寫作：政府通令將「高砂族」改稱為「山地山胞」。

名的努力，先於 1994 年《憲法》第三次增修正名為原住民，最後於 1997 年《憲法》第四次增修將「原住民族」一詞入憲。所以到了現在，主流大眾才慢慢清楚不應再使用哪些蔑稱。

而在 2014 年出版的《復興鄉志》以及 2018 年出版的《五峰鄉志》中，我們還可以看到像復興鄉／泰雅族大事記、與本鄉原住民相關大事這樣的書寫方式，雖然說這兩個鄉都是以原住民族住民為主的鄉鎮，本應如此，但仍是一個相當具有代表性意義的記事方式。像這樣的大事記形式也可以在 2013 年由內政部雪霸國家公園管理處委託的「臺中市和平區大安溪泰雅族北勢群誌編撰委辦計畫成果報告」以及原住民族委員會從 2005 年陸續出版的原住民族重大歷史系列叢書中看到，這幾本由政府出版的書籍皆已注意到這樣的細節，值得後續鄉誌書寫者與研究者的注意。

另外，鄉志在某些方面可以說是眾多資料經過編纂者濃縮整理而成的內容，透過 tjangkus.pasaljaig（郭東雄）（2016）的說明，我們得以明白鄉志書寫裡文字使用歷史當中的原住民族圖像，他將上述文字歷史分成荷治時期（1624-1662）、明鄭清治時期（1662-1864）、日治時期（1894-1945）、國府時期（1945 迄今），並將每個時期的代表政權、實施政策、正面與負面變遷過程作了詳細的文字說明與表格，具體而微地說明鄉鎮志大事記尚未成為條列式記事前，與原住民族相關原始所採用的文字資料之描述樣態。

綜合以上內容，我們透過大事記大約可看出這些被寫出來的條目，一方面是地方上、學術上或地方文史工作者比較看重的事件，另一方面也部分演示臺灣歷史主題上常用或會使用的各年代習慣用語的逐步演進過程。事實上，大事記或鄉鎮志與廟宇及碑文具有相當程度上的連結，我們常可以看到碑文的內容作為大事記記事條目的來源，而鄉鎮的大事記在較早的年分記事

中，常會將廟宇的建立視為地方上的大事而收錄，廟宇除了本身的沿革碑文外，偶爾也會成為官府政令碑文的置放場所，三者意外成為文獻與實證的關係。因此，在筆者蒐集資料的過程中，雖沒有作正式統計，不過在本研究所涵蓋地區大事記中有蒐羅到建立年代較早的廟宇中，確實較有機會立有提及原住民與漢人衝突的相關碑文。對於地方來說，蒐集地方上的碑文也一直都是地方性文獻的書寫材料來源，例如我們從《臺灣地區現存碑碣圖誌：新竹縣市篇》中「今已遺失碑碣之碑文」的碑文裡，可察知其出處有部分引用來自於更早期的《新竹文獻會通訊》，足見這個主題的研究橫跨年代之久遠。

三、碑文的相關研究成果

前已提及碑文蒐集工作一直是臺灣各個年代的重要地方文史工作主題，王國璠（1986：3）說明自清康熙年間，福建分巡臺灣廈門兵備道高拱乾纂修臺灣府志時，便已在藝文志中收錄五則碑文，其後的續修、重修、新修等各地方志皆會遵照先例，日治時期的日本政府也有作相關調查工作；光復初期，臺灣各地分別成立文獻委員會，在相關人士的努力下，也分別出版《臺灣中部碑文集成》、《臺灣南部碑文集成》、《臺灣北部碑文集成》。1990年7月，國立中央圖書館與國立成功大學歷史學系合作，委託何培夫執行「採拓整理臺灣地區現存碑碣圖誌」，於1996年八月完成，並出版16冊的《臺灣地區現存碑碣圖誌》（何培夫，2002），將臺灣各縣市的碑碣作了非常詳盡地蒐羅與整理，何培夫在計畫執行的過程中也寫了文章，概略性介紹與分類各類型的碑文形式、主題，還有各種新型態的碑文。

王志宇（2009）則說明在前述各地碑文集成的基礎研究上，也出現許多重要論述，並列名多筆相關作品，可見學界針對此一主題的研究持續不輟。他也以何培夫主編的《臺灣地區現存碑碣圖誌》所記載的媽祖碑碣為例，認為應用神蹟感應、修建沿革、捐題記、開支記錄、喜捨香田（租）及其他等六項分類來討論，足以呈現此類碑文的特點，並認為媽祖廟的碑文特性與其他寺廟碑文的特性應無二致，從中探詢此類廟宇碑碣在村莊社會的教化作用以及官紳與廟宇管理階層跟這些碑碣的關係。本研究暫不擬對保有這些內容各異碑文的廟宇作分類，不過觀察碑文主題跟廟宇種類的關係，不失為未來的可行研究方向。

吳蕙芳（2010）則是經過多年針對基隆中元祭的資料蒐集後，發現幾個地方的碑刻資料不完整或不清楚，因此她考證幾個基隆廟宇中的碑文內容，並解釋其後的歷史故事，以對基隆後續進行文化觀光提出建議。宜蘭縣立蘭陽博物館於 2016 年時辦理縣境內的古碑清查計畫，清查 130 件古碑，同時在清查的過程中辦理推廣活動（陳進傳，2017），後來又於 2018 年完成「106 年原住民族文化資產先期調查研究與保存可行性評估計畫」（林正芳，2018），選定宜蘭縣境內關於原住民古碑作調查研究，並就不同時期與不同主題的碑文作了考證及分類。在這兩個例子之中，我們可以發現碑文上面的記事內容是在相當程度上驗證了已知的歷史事件，並可以針對其記事內容作後續應用。

除了對過去碑文的理解，在官方報告中看到（總統府原住民族歷史正義與轉型正義委員會歷史小組，2020），經過充分的文獻整理、資料蒐集、現地考察以及與當地族人共同商議後，提出幾個可能的碑文設立地點建議與相關困難分析，可以視為政府若將碑文作為轉型正義標的之未來可能發展。

透過以上的文獻，本研究可說是有相當程度上跟這些文章的觀點有所連結，唯本文是將重點聚焦在跟原住民相關的描述內容上，同時將資料的來源擴大，並試圖對蒐羅到的所有內容作初步的分類整理，尋找其中的普遍性與獨特性。總結的來說，我們可以發現有關臺灣碑文的研究經過基礎調查之後，後續仍有從碑文出發而產生的相關研究議題，也就是說針對碑文的研究議題仍在不斷發掘中，更別提未來會有設立新碑文的機會。

四、提及原住民的公眾資料與客家族群的關係

　　本研究選定的區域是北臺灣近山地區的鄉鎮，考量這些地區的共通性，我們先以從這裡既存的眾多文字資料設立者的角度起步，再去檢視所有蒐集到提及原住民族的相關文字資料，其中的描述提及與其他族群的關係，在此說明本研究以與客家族群互動的各式文字資料出發。由於稍後會詳細說明提及原住民族的文字資料用語與主題，因此在此暫不說明文字資料的用語及稱謂，主要著墨在有提及客家族群的碑文主題本身。首先，一般來說這些公開文字資料多半會將原住民族視為一個不會分割的族群，也就是說不會區別各族，僅偶爾會列名某個特定職位的人，比如說某某業戶等等，而描寫客家人的文字資料雖也呈現相似的情況，不過仍較有機會看到特定個人的名字，以下分述之。

　　首先以整體族群的角度看起，有時候會用「粵」來稱呼客家人，苗栗竹南有一廟的碑文寫到：

……昔時位於淡水廳中港堡三角店〔即現在竹南鎮新南里五谷王一號〕，乃乾隆四年，泉州人林耳順率領閩粵兩籍先民三十餘人，與當時盤踞在此地的中港社番訂約開墾中港溪流域三角店，為求地方安寧，民豐物阜，而興建本宮。主神五穀先帝係由福建省臺灣北路淡水營管中港庄左部丁伯龍公自大陸恭請來臺，由閩〔福建人〕粵〔客家人〕籍人士共同祭拜以續兩族和睦，相親相愛的傳統美德。……

碑文裡談到閩粵兩籍先民開墾時的合約問題。另一件使用「粵」來稱呼人群的碑文出現在臺中豐原的一座廟宇中，碑文如下：

……我翁仔社為土著平埔族之舊部落也，開闢以降，民番交易為諸社冠，是以漢人日進，番業日蹙，迨至乾隆丙午歲，大里木戈庄人林爽文起事，不幾日連陷縣垣，全臺震盪，而社番眾與粵義首群起奮勇赴敵，隨軍駐札大甲溪之南北面，聲勢頗壯，是役死事者亦烈，事聞上憲嘉之，就地厚卹賜葬，夫忠烈之祀，自古崇之，豈非天地正氣所由存，異為生人大節之所由立也。…

是關於原住民與粵人抵抗林爽文事件的相關記載。以族群作為書寫主軸的公眾文字資料也有一些會使用客家人來稱呼，除了上述例子外，臺中東勢也有一廟寫到：

……築寮〔位於今之匠寮巷〕三十餘戶從事軍功伐木製材、拓墾，

以廣東潮州大浦縣的客家人為主要人民。因工作區域生活範圍，日漸向外拓展，更因抽藤吊鹿，落單侵入番界，期間常與泰雅族山胞、發生流血衝突⋯⋯

文中特別指出大浦縣的客家人，而也是講述因開墾而發生的衝突。另一個例子出現在苗栗，那筆公眾資料是這樣寫的：

⋯⋯光緒 12 年間客家人陸續進入開墾，境內組織為賽夏、泰雅、客家等族群共居之社區，保有豐富濃厚客庄文化。⋯⋯

稍微強調族群和諧的意味。我們接著來看提及個人的碑文，像是北埔秀巒公園裡的碑文：

⋯⋯適有現峨眉鄉蔡清琳等人乘機密組復中興會，以救臺民為號召，彼時山胞亦紛紛響應加入，先擬由新竹舉火為起義信號⋯⋯

碑文提到峨眉鄉的蔡清琳跟當時的原住民準備一起抗日，它對蔡清琳的身分未多做著墨，不過我們知道蔡清琳是峨眉鄉的客家人；秀巒公園旁邊的另一件碑文則是：

自道光十四年〔公元 1834〕淡水同知李嗣鄴授權予粵籍姜秀鑾，墾治竹塹東南廂以外之山地。得由官方補助經費，並有閩人周邦正，號百萬，亦其參與；即向粵閩籌集廿四股，臻成官民聯墾，租

稱金廣福墾號。以姜、周二氏,各籍為各墾戶之首;所謂金指官資、廣指粵、福指福建閩意,從始計劃實施。先由樹杞林、三角城起竹東大力向該地進墾。當時雖有土著阻擋,但一時三百餘人馬蜂擁直入北埔盆地、埔心、埔尾、南埔、番婆坑、尾隘仔、四寮坪、富興、麻布樹排、水磜子、面盆寮,以南興庄為大本營,隨隘綫擴大,至今峨眉、寶山鄉所屬村里,延及苗栗縣之南庄、三灣一炎,均為金廣福墾號所治。

這裡特別點出粵籍姜秀鑾,並談到開墾的衝突。說明姜秀鑾開墾與原住民相衝突的廟宇至少還有一間,位於竹東,碑文如下:

前清宣宗時代道光十四年甲午歲臺灣府淡水同知〔李嗣鄴〕奉肯授權粵籍姜秀鑾。墾治竹塹東南廂山地。由官方補助經費壹仟兩銀元,並有閩人周邦正。號百萬者。亦參與墾治。即向閩粵人等籌集。二十四股。臻成官民聯墾。租稱金廣福墾號。與姜周二氏為。各籍各戶之首。金指官資。廣指粵人。福指閩人。進行墾治。當時柯湖地帶。四面環山中央盆地。且森林密佈。土著依高臨下。防易攻難。⋯⋯

同樣在說明這樣的歷史事件。

經過這幾個例子,我們已可約略產生一個印象,各式的文字材料會使用不同的名詞來指涉同一族群,而這些提及原住民的文字材料主題至少已包含開拓衝突、合作對抗它者,以及族群間和諧相處等等不同內容的描述。

五、公開場合的原住民相關文字資料蒐集與用詞分類

前面提供各式碑文主題的初步印象，接著細查用語發現，若基於前述本研究所設定的調查範圍，會在各式各樣的文字資料中看見稱呼原住民族的用詞共有以下幾種：

土著、山地人、生番、原住民、原民、山胞、生蕃、高山原住民、番、社番、生蕃、蕃人、醜類、兇蕃、蕃、番土目、番耆、山女、頭目、平埔族、高砂義勇隊、通事、番人、土目、番差、耆番、業戶、社眾、良民、棍番、番族、番人族、蕃族、土蕃、新丁、蠻人、蕃丁、蠻蕃、原住、山地同胞、蕃婦、族人、平埔番、種族、土官、熟蕃人、化番、平埔人。

這些用語當中，絕大部分詞組都是番或蕃的衍生詞，不過因為各具意義，所以在此將它們各自獨立出來，而有部分的用語嚴格來說只出現在其中一個碑文上，不過在該碑文上被提及超過一次，所以本研究不會計入它們分別出現的次數。

先前提到官府與地方碑文資料的關係，可以從某些詞彙的使用來略見其端倪。以相對罕用的熟番與化番來說，據相關資料說明，熟番一詞最早出現在 1716 年的〈提報生番規劃疏〉中（張素玢，2009），以滿文寫成；雍正時期即可看到以漢文完整提及生番與熟番的奏摺。在本研究的範圍裡，在臺中市東勢區一座廟宇的沿革略史上寫到：「清康熙朝代，渡臺平埔族俗稱熟番人，首創供奉包蕭雷三府王爺。」以及新竹縣竹北市采田福地中的「臺灣堂上特封義勇御竹塹七性化番神位」、苗栗縣城隍廟內新建苗栗縣城隍廟碑記中寫到：「地以南北界、山以內外限、民以閩粵分、番以生熟別，背山面海，橫亙千里。」落款則為「知苗栗縣事番禺林桂芳撰」字樣，後面兩則的

撰文者正好皆具有相當程度的官方身分。除此之外，這個用詞並不常為民間所使用。

日本人推行使用的高砂族在臺灣的公開文字資料中，多集中在新北市烏來區的高砂族紀念公園，這裡有許多碑文是日本人捐贈，所以採用高砂這樣的用法本屬合理；另一處提到高砂兩字的碑文為樂信瓦旦紀念公園中的碑文裡，提及他遭「……政府以莫須有的罪名加諸參與『高砂族自治會』組織，以高山族匪諜案罪名逮捕下獄……」，是為了陳述當時的組織名稱。因此高砂族也不能算是常使用的詞彙。

而寫著「原住」的碑文出現在苗栗縣三灣鄉的銅鏡村，它在同一件碑文裡多次被提及，從上下文判斷，應是在指涉原住民沒錯，不過在本研究蒐集到的相關文字資料中，也只有這件碑文是採用這樣的書寫方式，較為特別。

「新丁」兩字則出現在竹北采田福地的一幅巨型碑文，應是重製過的復刻版，根據碑文的內容，原始文字資料完成時間是在光緒六年（1878），而內文中提到：

……及索遷至舊社，始營公室，繞入版圖，厥分七姓：曰錢、曰衛、曰廖、曰三、曰潘、曰黎、曰金，為國新丁，屯守臺疆，屢建巨功，扶國安民，如分封茅土、食邑田者耳。……

講述一段吸納原住民進入國家管轄的簡短敘述，儘管前後各有較為通俗的用詞，包含穴居野處、番從采田等，但仍有其特殊處。

接下來這件使用「良民」的碑文出現在臺中市梧棲區，是 1832 年設立的，內容為：

......為此，示仰被告王漢珍〔即王慎〕等暨附近該處沙轆大庄民番
人等知悉：爾等凡屬農耕，無論番、漢，均屬良民，各守田地界址
管耕，毋許倚勢蠹棍，影藉混占該社牧牛埔地，恃強占墾滋端......
（國立中央圖書館臺灣分館，1999b）

是官府給出示禁用，同時針對漢人與原住民用以處理兩造的生存議題，不過
也是先使用番來稱呼原住民。

六、碑文上多次出現用字用詞的不同書寫時間探討

先前已提及在大事記上不同時期用詞的演進過程，瀏覽過一些出現次數
不多的原住民相關詞彙用法，以下將聚焦在公眾文字資料較具普遍性、可見
度較高的幾個指稱詞彙，並觀察它們的出現時期分布。

在本研究蒐羅的範圍中，直呼「番」或是以番組成其他的複合名詞是最
常見的，另一個加上草部首的「蕃」與其複合名詞也在所多有，這裡出現了
一個有趣的現象，當我們使用故宮所建置的圖書文獻數位典藏資料庫查詢清
代宮中檔及軍機處檔摺件，使用「生番」做關鍵字時，可以找到 96 筆結果，
細看文件事由顯然是在講述原住民問題，但是當關鍵字是「生蕃」時，是查
無結果的，即便放寬到使用「蕃」字查詢，也只有少數指涉少數民族，若是
「蕃」加上臺灣這樣的組合也都是查無結果，所以顯然「番」跟「蕃」意思
上或有相通之處，但在清代官方文件的使用上還是有所差別的，不過臺灣應
是受到日本統治的脈絡影響，所以更加有同義異字的問題，那為什麼它們兩

字混用的情形那麼常見？或者是為什麼日本政府單就「蕃」這個字的使用能推行的如此成功，其他用法則不太一定？這也許是另一個值得研究的議題。平埔族這個詞也有相似的情況，雖然有資料顯示平埔族一詞早在清代就已經出現了，但在故宮建置的清代宮中檔與軍機處摺件系統中也未能搜尋到其結果，因此它在臺灣於清朝時期官方與民間的通用性也令人好奇，但平埔族這個用詞最終卻能偶見於北臺灣的廟宇碑文之中。

在本研究調查的文字資料中，「番」最早出現在現存於臺中市西屯區一間廟宇的「嚴禁養鴨奸徒搭寮窩匪擾民碑記」，這是一件於 1749 年所立的碑文，是由彰化知縣陸廣霖所立的告示，上面寫到番業戶敦仔，他也是署名的數人之一，同件碑文也有業戶某某等語，可見番業戶應該是用於指涉某位原住民。

相較於較不常使用的熟番或化番，平埔族倒是相對常見，即便扣除掉許多現代設立的解釋性展示牌，也有機會在地方上已設立一段時間的碑文上見到，在我們蒐集到的碑文中，最早的一件出現在豐原，也就是前面提過於 1983 年所立之碑文：「……我翁仔社為土著平埔族之舊部落也，開闢以降，民番交易為諸社冠，是以漢人日進，番業日蹙……」碑文的重點是住在這裡的原住民、粵民以及官府軍一同對抗林爽文起事的事件。另一件位於竹北市斗崙里的廟宇於 2000 年的碑文寫到：「……惟吾先民來自閩粵，墾荒闢地，披星戴月，辛勤耕耘，此蕃仔園位居頭前溪北側，原為新竹此門平埔族原住民過河來此屯墾聚集部落所在……」以及臺中市神岡區幾個於 2000 年設立的小石柱上，也寫著「平埔族岸裡大社東南西北門遺址」等字樣。

接著來看使用蕃字的文字資料，最早一個雖然是位於新竹縣竹北市的一件重刻原為 1880 年設立的碑文：「……至道光年間，富媼享蕃釐之光。無

如咸豐四年天災流行，閩、粵交戕，室燬人離，滿目蕭然。……」看似無直接關聯，不過據考證確與當地原住民有關係；再來是 1903 年由日本總督府設立於新北市新店區的獅仔頭山防蕃碑，其內容為：「臺灣總督府警視總長正五位大島久滿次篆額，獅仔頭嶺以南平廣坑一帶之地曾兒蕃狩獵之區而民人輒難入也……」這也符合我們認知中日本人的文字使用習慣；另一個相似的碑文是在苗栗馬拉邦山頂的「馬那邦山戰勝地碑記」，雖碑文毀損字跡不清，但可知內容提及「……明治三十五年皇軍馬那邦社蕃人……」，也是由日本人所立的碑文。

相較於前段提及少用的熟番或化番，生番出現的次數相較之下就較多。根據資料，生番一詞最早出現在康熙 32 年（1693）《康熙實錄》中，福建巡撫卞永譽提報之奏疏內（張素玢，2009）。若我們使用故宮建置的圖書文獻數位典藏資料庫，也可以找到約 60 幾筆提及生番且跟臺灣相關的資料，不過在本研究蒐羅到官府所設立的碑文中，反而很少直接書寫生番，大部分都只用了番，所以生番出現在計畫範圍中文字資料上的時間，沒想像中早。最早的是在建於 1919 年，位於苗栗縣竹南鎮山佳里的宮誌上所書：「……乃庄寔創自大清乾隆時代閞乾嘉間尚有生番出草附近庄人早暮甚為防備乃免其害斯宮重新於大日本大正八年己未孟冬……」；然後是位於臺中市大甲區的一個廟志，建於 1923 年，內容節錄如下：「遠稽前清，代首之時、順治之終、康熙之始，鄭成功御駕開臺，屯兵於鐵砧之巔。斯時戎馬駐紮，生番勁敵，飲水困乏。……」（國立中央圖書館臺灣分館，1999f）然後新竹縣北埔鄉於 1984 年立的碑文也有提到：「……戰生番而陣歿之勇士枯骨之墓……」甚至到了 2012 年，送給廟的祝賀書法也寫到：「……為防範部分未規化的生番及盜匪的滋擾，族人沿著村莊周圍遍植刺竹當作城垣……」足

見此詞彙流傳廣泛。

　　至於使用生蕃，在我們所蒐集到碑文資料中，最早出現的時間是在 1917 年，碑文位於苗栗大湖，碑文三面中有兩面都提到了生蕃兩字，內容分別為：「……有勦伐之權，即率隘勇果敢前往；勦生蕃於草萊，馘蕃首反致生蕃而轉畏，搜土匪于深巢，獲匪魁竟使匪徒而散離……」（國立中央圖書館臺灣分館，1999d）以及「……堵禦生蕃、護持佃戶，開闢田口、經營大廈……」（國立中央圖書館臺灣分館，1999e）然後是設於 1973 年的桃園市龍潭區一座廟裡的碑文：「……初墾荒野瘴氣不消水土布條瘧疾擾人而且生蕃猖獗時常侵犯遂致民不聊生……」等等。從這些資料上可以看到，只要是使用到生番或生蕃，多半都是在寫原住民與漢人發生衝突的故事。

　　有些碑文會使用「土著」來稱呼原住民，土著並不是清廷官方常用的詞彙。使用故宮的圖書文獻數位典藏資料庫，在不限欄位的情況下，總共也才 13 筆資料，其中與臺灣有關的更是付之闕如。而以本研究蒐集到的碑文，最早出現「土著」兩字的石碑，位在北埔的一座伯公廟，碑文寫到：「……當開墾工作至小分林時，因對面古木參天，兇悍之土著潛伏其中，開拓工作突感困難……」；後則有新竹縣北埔鄉秀巒公園中碑亭中的石碑：

……自道光十四年〔公元 1834〕淡水同知李嗣鄴授權予粵籍姜秀鑾，墾治竹塹東南廂以外之山地。得由官方補助經費，並有閩人周邦正，號百萬，亦其參與；即向粵閩籌集廿四股，臻成官民聯墾，租稱金廣福墾號。以姜、周二氏，各籍為各墾戶之首；所謂金指官資、廣指粵、福指福建閩意，從始計劃實施。先由樹杞林、三角城起竹東大力向該地進墾。當時雖有土著阻擋，但一時三百餘人馬蜂

擁直入北埔盆地……

此碑文由北埔鄉長姜炫鏢於 1977 年所立。而在 1982 年的另一件碑文：

> ……本庄早年荒野旱地土著〔山地人〕占據，雍正晚期宋姓族人，
> 從廣東遷臺，其他姓族亦相繼遷至本庄，聚居團結合力驅逐土著，
> 趕至河背老街溪為界，各守盤據，墾闢荒地，開築溝渠〔宮前〕……

也都可以看到這樣的用法。

　　根據本研究蒐集資料，最早使用「山胞」一詞是在新竹市一間廟裡，立於 1970 年，內容是「……侷限於臺南一府三縣，其他地方視同化外，一任山胞出沒。……」。然後到現在仍偶見於新建廟碑中，比如說東勢區一座於 2004 年落成安座的廟沿革就寫到：「……更因抽藤吊鹿，落單侵入番界，期間常與泰雅族山胞、發生流血衝突……」在廟裡的農民曆也有機會見到山胞兩字，比如大溪有座廟的這段說明：「……本地原為山胞盤據之處，盡是荒蕪山野大溪。乾隆十七年漢人始由大漢溪西北方越溪向東方開墾……」（簡瑞仁，2016）。本研究蒐集到使用山胞的碑文中，還有一個值得一提的是在新竹縣北埔秀巒公園中碑亭中的另一件石碑，上面是這樣寫的：「……適有現峨眉鄉蔡清琳等人乘機密組復中興會，以救臺民為號召，彼時山胞亦紛紛响應加入，先擬由新竹舉火為起義信號……」，該碑是於 1977 年由北埔鄉長姜炫鏢設立，前段曾說明另一件相同時間、相同設立者及相近位置的碑文。由此，我們可以看到碑文用語選擇可能的其中一個面向，乃是視碑文想要描述的是怎麼樣的情境與主題而異。

在本研究所蒐集到的資料中，使用「原住民」來稱呼的文字資料最早的一件是位於桃園市大溪區，於 1991 年設立，碑文是這麼寫的：

黃龍安、黃龍松、黃隆蕙昆仲同心協力開墾烏塗窟日日欣欣向榮可是生番（原住民）時常下山劫掠殺人（俗稱出草）人心惶恐不安龍松無計可施心甚擔憂乃往艋舺龍山寺祈觀音佛祖指示良策…

碑文的內容在描述廟宇的興建緣起，雖然用了原住民這樣的詞彙，但是前面還是先寫了「生番」這個用詞來說明情況的險惡。相似的情況也出現在苗栗縣獅潭鄉，設立於 1996 年，同樣是在講述廟宇的沿革：「歲次丁酉光緒廿三民前十五年間開山盛期外地庄民陸續遷入，此時也因蕃族（原住民）流竄不時襲擾庄民，致影響庄民寢食難安，為求庄民生活安定……」也是使用了括弧的方式來處理這些詞彙。新竹市香山區也有一座廟宇採用了類似的作法，是一件設立於 1997 年的碑文，講的是竹塹城的沿革，內容為「……本地土番（原住民）受荷蘭人教化，由臺南為中心，北至臺中大肚溪一帶……」，某種程度上可視為這段時間的建廟相關人員已認知到這類用語或有需要改進。1997 年，還有另一件來自臺中市東勢區算是僅使用原住民來稱呼的碑文，這件碑文亦是在說明廟本身的沿革，其內容為「……本祠自開基以來庇佑庄民靈驗異常前清時代時角山區常有原住民出草殺人而先民來此墾荒均能安然無恙……」雖然內容仍是針對當地民眾與原住民的抗爭，不過至少用詞上已有了調整。這件碑文還有另一個有趣的地方，在開頭的描述：「清道光年間高簡妥荒先驅劉昌仁向社番訂本文前段約承墾石角河畔荒埔四甲餘地時……」從這裡似可與本文前段大事記的用詞選擇作個簡單的呼

應，即在某些情況下引用歷史資料時，很可能會採用原典照錄的方式。像這樣的情況還可以從另一件碑文上見到，它是位於臺中市霧峰區由一座廟宇在2007年所立，內容一樣是建廟沿革：

> ……漢人的拓墾為漢番關係帶來激烈變化，原住民為護衛族群生活領域，因而生番出草事件頻仍發生。清廷基於防亂、防「番患」等目的，施行劃界封山政策，建隘設汛，阻隔漢番往來。……

在這麼多使用「原住民」的碑文當中，有一個較為特別，且比較有機會是由原住民族群自己所立的碑文，出現在新竹縣尖石鄉，文字是：「……史蹟：紀念於一九二二年日本人井上伊之助宣教師來開拓傳道，向原住民播下福音種子的偉大精神和愛心。……」此件碑文於2004年所立，算是少見可能並非完全使用漢人角度，而是主動提及原住民與日本人和平相處的碑文。

透過如上的比較，以官府的文書資料或說當權者制定的規則與實地出現的碑文中皆會使用的詞彙，顯然在出現的時間上有相當大的落差。在本研究所蒐羅的碑文裡，高山族、高砂族皆僅偶爾出現之，熟番跟化番也都屬於相較之下出現比例相當低的用語，但生番或是生蕃則是在各時期中不斷出現，不管官方是否早已停止使用。可見廟宇中的碑文對原住民族的稱呼有時並不完全會照著官方意思來書寫，而是採用民間慣用的表示，不過顯然還是會受到某種社會氛圍所影響，描寫與使用的方式終究會漸漸產生變異。

七、非對立描述原住民公眾文字資料出現的位置關係

　　經過前述的討論，我們可以發現嚴格說起來，臺灣許多地方用於描述原住民的文字資料都不算是太正面，但偶爾還是有描寫雙方並非處於對立關係的，像是說明官府平等的對待漢人與原住民，而這種情況下的碑文通常將「民」與「番」連用，比方說在新北市貢寮區就有 1856 年設立的「嚴禁藉差假公行劫碑記」說明：「……緣三貂地方雖係山陬僻壤之地，民番素稱純良。……為此，示仰閣保總董紳耆、通土民番人等知悉……」（國立中央圖書館臺灣分館，1999c）以及目前位於臺中市梧棲區，約在 1831 年設立的「嚴禁占墾西勢牧埔碑記」：「……上、下西勢牧埔，屢被民番佔墾築田……為此，示仰民番人等知悉：照得牧埔乃係各庄課田牧養之地……毋許民番人等私墾侵佔，殘損塚坟……」（國立中央圖書館臺灣分館，1999a）等等說明當地主事者試圖表現原住民與漢人同受官府管轄的紀錄。

　　當然，上述碑文嚴格說起來只能說在書寫上抱持平和、公平對待原住民的態度，但仍是以漢人本位出發作出的思考，以下還有一些情況寫到平埔族與原住民一同合作，例如廟中的碑文說明其為原住民與漢人合建廟宇，或是原住民在廟宇的興建上出力甚多，臺中市神岡區一座廟宇中的沿革寫到：「原岸里大社建有福德神祠之父老云斯祠創自雍正年間土官潘敦仔通事張達京之手。」位於外埔區大東里的其中一座福德正神建廟沿革說明：「雍正九年（1731）大甲西社林武力發生二次抗清事件，本社為參與戰役，事件後本社巧家、東家受託管理原住民聚落，並接受漢人入墾。乾隆三十五年（1770）巧化龍與漢紳聯合捐建大甲鎮瀾宮。」並且在大甲鎮瀾宮中確實供奉有祂們的長生祿位牌：「功德業主巧府諱化龍長生祿位　鄉進士出身福建臺灣北路

淡水營都官府陳峰毫長生祿位　業戶　蒲氏本步　功德業主　副通事　淡眉他灣　長生祿位　土目　郡乃蓋厘」；而在貢寮新社一座宮廟的匾額上也有寫著如下文字：「壬午葭月　天海被德　紳耆民番信士等敬立」等等都屬於這樣的例子。

　　除了前述談到可能是正面描述原住民族的碑文外，我們較容易在山間林道看到較為集中描述原住民族日常生活或是辛酸血淚史的碑文或文字資料，比方在霞喀羅古道沿線有不少日治時期駐在所的遺跡，因此林務局新竹區管理處在這些遺址設立了數個解說碑，包括在霞喀羅羅步道養老步道口設有簡述泰雅族日常生活的遷徙、尖石的養老部落及看見生命三幅告示牌，在步道沿線則放置了朝日、武神、白石駐在所等等的說明文字，大略說明了泰雅族和日本人對峙的歷史事件；在行政院農委會林務局出版《霞喀羅古道人文、歷史解說手冊》（行政院農委會林務局，2005）中即蒐羅了這些解說牌的內容。此外，新竹尖石的李棟山古堡解說牌、苗栗馬拉邦山的抗日戰場遺址以及和平區的埋伏坪登山步道沿線也有類似例子。

　　然而，這種置於山區中的公眾文字看似為了登山者或觀光客而設，也進一步延伸出另一種值得討論的現象。像是除了登山步道沿線，特定觀光景點也較容易出現這類型描述，包括新北市烏來區烏來高砂義勇隊主題紀念園區內曾經有「第二次世界大戰期間日軍征赴海外殉身臺灣高砂義勇隊英魂碑靈安故鄉　李登輝敬題」的紀念碑，烏來瀑布也曾經有泰雅勇士雕像以及解說牌，內容談論到泰雅族獵人的故事，烏來遊客中心也有一座烏來泰雅民族博物館。另一個則出現在桃園市復興區的樂信瓦旦紀念公園，碑文與解說牌的內文主要介紹是介紹樂信瓦旦個人的生命經歷，同時提到泰雅族過去生活經驗；此公園附近還有一個羅浮泰雅故事公園，設有一些以泰雅族生活為主

題的塑像以及解說牌，周遭還有一座泰雅小米園區，遊客到此除了可以看到小米的種植外，還有看見一些泰雅語單字的解說牌，整體來說是設計成適合觀光旅遊的景點。

然而在以原住民族為主要居民的鄉鎮或部落中，較容易出現以較為平實觀點敘述的文字資料，例如桃園市復興區的溪口部落，有兩面不同內容的溪口部落人文歷史告示牌、溪口台地「開圳紀念碑」的解說牌以及溪口水圳古道的解說牌，簡單說明了當地泰雅族人的生存歷史故事；另一個則是臺中市和平區的雙崎部落，設有瞭望台、穀倉、竹屋等，以及講述泰雅族人生活經驗的解說牌，此外在臺灣各地的原住民族部落，應該也多多少少有類似的解說牌，放置在部落入口處或顯眼位置供遊人觀看。

必須說明的是，前面提到三種出現描寫原住民真實生活情景或是描述悲傷過往公眾資料的位置，都不是能截然斷開的分類，它們本來就或多或少具有地緣關係的相近性，或許可以單純視為理解的角度不同，可能同時是旅遊、朝聖以及原住民族居住地。研究者或許可以自我解讀，觀者懷著什麼樣的心情到這些地點或是看到這些文章會有什麼不同的感想，但這反而更加說明某些類型碑文在日常生活中具有某種獨特性，也讓我們不禁想問，這些公開的文字資料究竟能喚起何種程度的當地與非當地居民以及遊客的反思。

八、結論

本研究主要是藉由網路與過往以碑文為主題的文書資料來蒐集現地尚存的公眾文字材料，這樣一來會產生兩個遺憾，第一是排除以族群議題為主軸

的書籍，無法呈現更多與原住民族有關記載潛藏的漢人意識，少納入外界培養對原住民族觀點的重要來源之一，不過這個主題的書籍數量繁多，實屬難以克服的限制，需另有文章專責處理；第二個遺憾是未能每一處實地探訪，雖然本研究都有使用多重來源的資料作雙重驗證，確定碑文仍位在當地，但這樣的方式多少會牽涉到一座廟宇或碑文在地理位置是否過於偏遠，導致儘管有許多廟宇或碑文可能寫有相關的敘述，但是因為不容易前往，使用前述方式來蒐集相對較不容易。這樣的碑文內容探討容易產生幾點缺失，第一是原住民族不若漢族群有立碑文的習慣，不容易蒐羅到來自原住民族方化為文字的觀點，即使有也多不是來自於當地居民，不過本研究的首要目標之一，是試圖勾勒出來自漢族群對原住民族盛行已久的刻板印象，所以尚不構成大礙。第二是原住民族現今多居於山區，不易前往也造成有些文字資料有地域局限性，基於前述緣故，自然蒐集到的碑文敘述上會有所偏頗；本文雖然也針對多件碑文作了時間上的討論，但還有更多的碑文並未留下設立日期，無法加入比較，殊為可惜，只能說明它們依稀呈現某種態勢。

　　各地區公眾文字資料，特別是廟中的碑文還有很多值得討論的地方，不過這些內容也是本研究暫時無法處理的，比如說搭配當地傳說去更深刻地對照這些寫著碑文的廟周遭所發生過的真實歷史事件等等，或可挑選幾個案例作延伸研究。另外，廟中的碑文內容除了常見以沿革作為主題的文章之外，碑文末的署名多是當時的廟方主委，少部分會提及地理師，輒見當時一同捐獻的諸信士姓名，這些姓名當中出現不少地方名人的名字，我們或可透過這些名字略知地方的發展過程，例如徐氏節孝坊建立碑記、慈善堂神像雕造覺題碑記都可見到黃南球的署名，或是獨立的碑文也會有這樣的情況。像是北埔秀巒公園中的復中興會烈士紀念碑文在列名參與者時，也看見趙明政頭目

被列名其中，深具歷史意義。最後就是這些碑石是如何雕刻製作出來，或是由誰所製作等等，都是值得追究的問題，若從這個方向去探尋的話，或許能解開碑文主題內容相近程度的部分謎題。本研究在此僅能就碑文較為表象的現地情況中，有提及原漢描述的部分作一點整理、描述與討論。

本文所提之鄉鎮志有較為明顯的地域性，不同地方自然會有不同的描述對象，晚近則出現較多以原住民族為主體的編年紀載方式（桃園縣復興鄉公所，2014；施筱雲，2018）。至於有些近山地區的鄉鎮大事記則隨著年代演進，敘述的條目會變得更加詳細，反而不一定會特別提到原住民族，如此一來，反而沒有調整用語的機會。所以如果將大事記的條目概念與碑文之描寫作一個對照，我們就會發現，若把廟中碑文的篆刻也看成一種紀事材料的傳承，那麼無論碑文是在哪個年代書寫，只要它選擇參照先前的記載或傳說內容，那麼它用詞的選擇就會是相對有跡可循且是以某種方式延續的。用語的選擇在某種程度上也跟時代脫不了關係，筆者無意為使用「番」來稱呼原住民這件錯誤的事情來開脫，目前偶爾見到新設具歧視性嫌疑的文字資料也讓人難以接受；雖從後見之明得知「番」這樣的用詞並不友善，但是我們真正能找到足以替代的文字恐怕也是到「原住民」一詞出現，甚至連原住民／原住民族這個用詞本身到現在都還有不同的討論。經過碑文蒐集，我們可以查覺到官方用字或用詞的選定，恐怕對碑文內文造成的影響並不顯著，或至少不那麼立即，以致於還是無法判斷到底是官方正式文書的用詞修正以及法規的三令五申發揮作用，還是民間自發性地營造必須轉換用詞的氛圍。

基本上，從不同廟裡的碑文上多種用詞當中，確實可印證我們從相關歷史敘述中得到的既定印象：在流傳下來的文獻裡普遍敘述漢人跟原住民族有相當嚴重的對立，以致於在碑文的書寫用字上明顯可見使用貶抑的辭彙，比

如說醜類、兇番（蕃）、蠻人（番、蕃）等等，都帶有負面的意涵，它代表的是特定時空背景下協力建廟的地方相關人員所耳聞過的事情。但除此之外，還是有不同主題的公眾文字資料在各地區放置，例如說一起捐獻建廟、抗日、描述日常生活等等，不完全都是衝突的紀事。

　　儘管碑文主題內容各有不同立論，可惜還是隱約呈現壁壘分明的情況。以大事記來說，以原住民族為主體的編年紀事書寫僅出現在原住民族人口相對較多的鄉鎮所編的鄉鎮志當中，或是以原住民族歷史事件為主題的專書，其他地方鄉鎮志的大事記頂多是在用詞上作出斟酌，缺少從原住民族角度出發的記事條目。依照臺灣的人口密度分布來看，絕大多數人的日常生活中，較有機會在平地或近山的廟宇中見到關於早期原漢相處的碑文，但其中較多偏向負面的陳述，多半與衝突或是後續官府的解決有關，不管它的主角是漢人與平埔族原住民，還是漢人與高山族原住民。而要前往深山部落或是登山步道，才較容易見到關於原住民族較為平實的描述，內容多是以現代化的白話文書寫方式來描述與日人的互動、衝突或是原住民族祖先的生活經驗。這幾種書寫內容與資料的出現位置其實多是沒什麼交集的，這樣的分布雖然可以視為自古以來官方採用原漢分治、過往相爭歷史等因素下無可避免的結果，但是既然這些資料都已被製作出來，似乎也某程度隱含廣邀大眾瀏覽的意圖，這樣的結果不免有些可惜。雖然說廟裡會認真注意碑文中寫了什麼的香客與固定會去爬山並瀏覽景點介紹的遊客，並不是社會上的大多數，在這兩個地點出現怎樣的公眾文字資料，其影響力可能都很微小，可是其中帶來的傳播效果仍不可不慎。

　　值得注意的是，過往漢人的書寫成品較有機會鑴刻在石板等堅硬材質上，且會放置於如廟中或亭內等有遮蔽的地方，一旦放置即可能長時間不會

移動；相較於許多跟原住民族相關書寫成果會以印刷方式放置於戶外林野作為展板使用，必定會有遭受風吹雨淋的問題；即便是在室內以展覽方式呈現，除非是常設展，不然可能會有配合展期更替的問題，比較下來。後者的相關書寫材料是較不容易保存的，需持續有人維護，因此這部分的歷史說明容易遺失，是比較可惜的地方。事實上，我們透過網路上不同時間登山客的紀錄，就已經發現某些展板已經身首分離，亟待人修補，並且因為材質關係，展板本身很難持續維持原貌到有一天能被當作古物保存。

當然，這種狀況也非山地旅遊的解說牌所獨有，無論在哪裡，一般只要是新設立跟原住民族相關的文字資料，也常因環保或法規問題，選用比較脆弱的材質，優點是碑文內容可快速更新，缺點是壞了有可能就置之不理，所以這些資料的保存會是未來必須持續關注的議題。

最後，前面曾提及公眾文字資料中特定詞彙應用的習慣變化問題，現在有新的議題正在發展中，即關於是類公眾材料所使用的文字。在臺灣目前以原住民族相關事務為主題設立的文字資料當中，已有極少數採用中文以及與該碑文主題相關的原住民族語並置，比方說新北市三峽區的忠魂碑，在現地的歷史遺跡前另外設立告示牌，採用中文字與泰雅文字並置呈現；苗栗縣後龍鎮也曾因應當地推動文化復振，在街道上多處張貼道卡斯族語的教學卡片。我們發現，雖然有很多新立的說明牌不一定能像是廟宇中碑文的公眾文字資料長久存在，但在某種程度上也具有變動較快的優勢，例如觀光景點中不時新設中英文甚至有日文對照的解說牌。因此，我們或許可以預見，隨著國家語言政策以及社會風氣的發展，在許多地區開始陸續有地方通行語的相關告示牌與路牌的補助規劃與實施下，未來應該會有更多新的公眾文字資料會選用原住民族語、客語、臺語來呈現，尤其是在山地觀光地區等具有較高

可見度的原住民族相關主題文字資料，也許都能以當地族裔的原住民族語來標示，讓公眾文字資料扮演更加重要的角色。

參考書目

tjangkus.pasaljaig 郭東雄，2016，〈探索臺灣原住民族方志中的主體性〉，《民族學界》38：49-92。

王志宇，2009，〈臺灣寺廟碑碣與村莊社會（1683-1945）〉。《通識研究集刊》15：1-24。

王國璠，1986，〈序二〉。頁三一六。收錄於邱秀堂，《臺灣北部碑文集成》。國家圖書館臺灣記憶系統。https://tm.ncl.edu.tw/，取用日期：2021 年 10 月 11 日。

行政院農委會林務局，2005，《霞喀羅古道人文、歷史解說手冊》。國家圖書館臺灣記憶系統。https://tm.ncl.edu.tw/，取用日期：2021 年 10 月 20 日。

何培夫，2002，〈臺灣碑碣概覽（上）〉。《國立中央圖書館臺灣分館館刊》8(2)：68-86。

吳蕙芳，2010，地方碑刻與基隆中元祭。《書目季刊》44(1)：81-97。

林正芳，2018，《宜蘭縣原住民古碑調查研究計畫成果報告書》。宜蘭：蘭陽博物館。

林聖欽，2015，〈基層社會新式福德祠蘊含的地名文化特色：苗栗縣三灣鄉、南庄鄉北六村的考察〉。《地理研究》63：1-32。

施筱雲總編纂，2018，《五峰鄉志》。新竹：五峰鄉公所。

苗栗縣南庄鄉公所，2009，《南庄鄉志上》。國家圖書館臺灣記憶系統。 https://memory.ncl.edu.tw/article?u=006_103_000009&lang=chn，取用日期：2021 年 10 月 20 日。

苗栗縣泰安鄉公所，2008，《苗栗縣泰安鄉志上冊》。國家圖書館臺灣記憶系統。 https://tm.ncl.edu.tw/article?u=006_104_000171&lang=chn，取用日期：2021 年 10 月 2 日。

桃園縣復興鄉公所，2014，《桃園縣復興鄉鄉志增修上卷》。國家圖書館臺灣記憶系統。https://tm.ncl.edu.tw/article?u=006_104_000099，取用日期：2021 年 10 月 20 日。

財團法人陳運棟文教基金會，2014，《卓蘭鎮志》。苗栗：卓蘭鎮公所。 https://www.juolan.gov.tw/News.aspx?n=3145&sms=10570，取用日期：2021 年 7 月 20 日。

國立中央圖書館臺灣分館，1999a，〈嚴禁佔墾西勢牧埔碑記〉。《國家圖書館臺灣記憶系統》。https://tm.ncl.edu.tw/，取用日期：2021 年 7 月 20 日。

_____，1999b，〈嚴禁恃強佔墾西勢牧埔碑記〉。《國家圖書館臺灣記憶系統》。https://tm.ncl.edu.tw/，取用日期：2021 年 7 月 20 日。

_____，1999c，〈嚴禁藉差假公行劫碑記〉。《國家圖書館臺灣記憶系統》，https://tm.ncl.edu.tw/，取用日期：2021 年 8 月 10 日。

_____，1999d，〈大湖開闢紀念碑記（丙）〉。《國家圖書館臺灣記憶系統》，https://tm.ncl.edu.tw/，取用日期：2021 年 8 月 10 日。

_____，1999e，〈大湖開闢紀念碑記（甲）〉。《國家圖書館臺灣記憶系統》，https://tm.ncl.edu.tw/，取用日期：2021 年 8 月 10 日。

_____，1999f，〈鐵砧山鄭成功廟誌〉。《國家圖書館臺灣記憶系統》，https://tm.ncl.edu.tw/，取用日期：2021 年 8 月 10 日。

張素玢，2009，生番。臺灣大百科全書。臺北：文化部。http://nrch.culture.tw/twpedia.aspx?id=3577，取用日期：2021 年 12 月 24 日。

_____，2009，熟番。臺灣大百科全書。臺北：文化部。取自 https://nrch.culture.tw/twpedia.aspx?id=3578，取用日期：2021 年 12 月 24 日。

陳進傳，2017，《宜蘭縣古碑調查研究計畫文物普查建檔成果報告書》。宜蘭：蘭陽博物館。

黃紹恆總編纂，2018，《關西鎮志》。新竹：關西鎮公所。http://www.guanxi.gov.tw/application?program=74，取用日期：2021 年 11 月 30 日。

楊傳國、黃永光，2013，〈臺中市和平區大安溪泰雅族北勢群誌編撰委辦計畫成果報告〉。《內政部雪霸國家公園管理處委託報告》。https://np.cpami.gov.tw/filesys/dl/type1/49/2403_35e4519608a2ff9285d0cc14c4d660ce.pdf，取用日期：2021 年 12 月 24 日。

葉高華，2013，〈排除？還是放棄？平埔族與山胞身分認定〉。《臺灣史研究》20(3)：177-206。

總統府原住民族歷史正義與轉型正義委員會歷史小組，2020，《2018~2019 原住民重大歷史事件調查成果報告與建碑政策建議書》。總統府原住民族歷史正義與轉型正義委員會。https://www.google.com/url?sa=t&rct=j&q=&esrc=s&source=web&cd=&ved=2ahUKEwjHmoC9wbP2AhWGNpQKHRuFD7AQFnoECAgQAQ&url=https%3A%2F%2Findigenous-justice.president.gov.tw%2FFile%2Fcffadf84-f9de-4965-902f-6b9e228f2758&usg=AOvVaw38UeZAjE9X_zX0pZBhLJTk，取用日期：2021 年 11 月 24 日。

簡瑞仁，2016，《大溪福仁宮沿革簡介》。桃園：瑞仁宮管理委員會。

桃園、新竹沿山地區泰雅部落的原漢族群互動記憶

梁廷毓

摘要

　　今日位於桃園市、新竹縣的大溪區、復興區、關西鎮、橫山鄉、尖石鄉、五峰鄉境內，因為大多為丘陵或山地，地理位置又位處在漢人拓墾史上的前沿地帶，在清治初期，仍是泰雅族原住民的獵場與生活領域。據歷史文獻記載包括：關西鎮境內的馬武督社、橫山鄉境內的馬福社、橫跨尖石與橫山鄉的麥樹仁社、馬胎社、活動於橫山鄉大山背與五峰鄉境內的十八孩兒社等等，雖然今日的土地與人口數，在殖民歷史的過程中有所縮減，但因為昔日的傳統領域範圍大多很接近今日台三線周遭的客家聚落，使得今日部落的耆老仍留有祖父輩與漢人互動的口述故事，甚至是族群之間彼此產生摩擦與

1　本文作者梁廷毓為國立臺北藝術大學跨領域研究所碩士。本文內容修改自 2021 年 10 月 30 日由國立陽明交通大學國際客家研究中心主辦之「向原住民族致敬：逆寫北臺灣客家開發史」學術研討會之論文報告，感謝當天評論老師的修改建議。另外，本論文的撰寫過程，特別感謝已退休的泰雅族語推廣教師暨五峰鄉桃山部落耆老謝森祿先生協助校正泰雅語。內文的「番」之用字與「生番」之用詞，為昔日史料與文獻慣用之文字，本文也針對此項問題進行討論，在此並無歧視或不敬之意。

衝突的歷史記憶。然而，當筆者檢視此區域的研究文獻，大多數仍從漢人移墾社會、邊區社會與內山開發史的角度切入，或是僅從清代的地契、古文書作為土地開墾歷史、族群政策、社會結構與制度的分析，鮮少透過田野調查的方式，桃園、新竹沿山地區的泰雅部落之角度，對原漢族群互動的歷史與記憶，進行深入的討論。

因此，本文將從原住民族研究的文獻、原住民族所在鄉鎮的地方志、相關口傳記錄，從泰雅族群遷徙的過程，討論泰雅族在沿山地區與漢人接觸的歷史過程；接著以筆者在 2018 年至 2021 年之間，在桃園市復興區的三民、長興，新竹縣的馬武督、麥樹仁、桃山等地的泰雅部落，進行泰雅耆老訪談的口述為主要材料，從部落的歷史記憶，探討昔日原漢通婚、交易、衝突的互動，在當代泰雅部落形成的族群記憶背後呈現出何種記憶形塑的樣態，並反思部落的泰雅耆老對獵首記憶的觀點，及其在當代族人詮釋中的意涵。

關鍵詞：泰雅族、客家人、族群互動、獵首

一、前言

　　今日位於桃園市、新竹縣的大溪區、復興區、關西鎮、橫山鄉、尖石鄉、五峰鄉境內，因為大多為丘陵或山地，地理位置又位處在漢人拓墾史上的前沿地帶，在清治初期，仍是泰雅族原住民的獵場與生活領域。據歷史文獻記載，包括關西鎮境內的馬武督社、橫山鄉境內的馬福社、橫跨尖石與橫山鄉的麥樹仁社、馬胎社、活動於橫山鄉大山背與五峰鄉境內的十八孩兒社等等，雖然今日的土地與人口數，因為殖民歷史的過程而有所縮減，但因為昔日的傳統領域範圍大多很接近今日台三線周遭的客家聚落，使得今日部落的耆老仍留有祖父輩與漢人互動的口述故事，甚至是族群之間彼此產生摩擦與衝突的歷史記憶。然而，當筆者檢視此區域的研究文獻，大多數仍從漢人為主體的移墾、隘墾社會、邊區社會與內山開發史的角度進行討論，特別是對於清代「隘墾區」[2]中各個拓墾家族與墾區庄的發展，[3]以及 19 世紀末「開山撫番」政策下地域社會的轉變之研究。[4]

　　這類研究主要以清代的官方檔案、民間陸續挖掘出來的地契、古文書作為分析文本，輔以特定漢人聚落和村莊的田野踏查，對土地拓墾史、族群政策轉變、社會結構與制度的變遷，進行清帝國、漢人、熟番與生番等各個行動者之間的互動，如何形構漢人移墾社會的樣貌探討。但是，「生番」在既往的文獻中幾乎皆以「番害」的形象出現。一方面，為建構邊地開墾的正當

2　根據施添福的研究指出，清政府在竹塹地區設置土牛溝與原住民地界之措施，將整個北臺灣土地劃分為漢墾區、保留區和隘墾區等三個人文地理區。相關研究可參見施添福（1990）。
3　可參見呂佩如（2008）；賴玉玲（2011）；吳學明（1995）；陳志豪（2019）。
4　可參見李文良（2006）；許世賢（2008）；陳志豪（2010）

性，「防番」往往成為邊地設隘援引的理由，無論墾戶或官方在面對設隘時，往往宣稱「生番擾害」，所以設隘開墾。當設隘成為邊地開墾的合理化藉口時，為設隘需求被創造出來的「生番擾害」乃成為一種必要的邊地圖像。嘉慶道光年以後，我們看到這類的描述不斷出現在各類向官方請墾的稟文中，或地方官向上級的報告以及地方志書裡，同時隘制也正式進入臺灣地方志的書寫中，成為其中一條（傅寶玉，2018）。

　　另一方面，原住民大多被以「第三人稱」異己論述的方式呈現（孫大川，2000），這也讓當時活躍於北臺灣山區的泰雅族——「生番」在一系列漢人隘墾社會的歷史研究當中，延續著以往那個缺乏主體視角位置的他者，遲遲無法發聲。當時的泰雅族被視為「化外之民」，並無法享有土地開墾過程的利益分配與基本權利。在身分與法律方面，都不認可原住民擁有申請墾照、取得墾戶身分，以及土地交易各項程序的權利，因此，若從泰雅族的角度理解，這些土地開墾與分配的過程，不過都是清帝國與隸屬於其下的墾民（漢人與平埔族）單方面進行的一系列未經協調、任意開墾、分配土地的暴力侵占過程（梁廷毓，2017）。雖然可以從清代檔案中推論原住民獵場縮減的情況，並從獵首與衝突的紀錄來推斷漢人壓迫到當時原住民生存領域的情形。但是，相較於已經有豐碩成果的清代北臺灣漢人拓墾史之研究，同一時期北臺灣泰雅部落社會的變遷情況以及部落史的書寫卻非常少見。

　　接著，在原漢族群互動的探討方面，則是以日本殖民時期和近代的人類學研究為主。[5] 儘管日本政權對於部落的反抗情形紀錄更為詳細與完備（例

5　在原漢族群互動的人類學研究方面，可參見劉瑞超（2003）；羅文君（2017）。在日本殖民時期的原漢族群互動歷史的研究方面，可參見王學新（2018）；詹素娟（2009）。

如，總督府公文類、理蕃志稿、《臺灣日日新報》等），但仍然是以「兇蕃」和「生蕃」的形象出現，在當時人類學的書寫中，仍然是一種第三人稱式的「學術的存在」（孫大川，2000）。另一方面，在泰雅族口述歷史的採錄與研究部分，大多將重心放在狩獵與農耕智慧、神話傳說、織布工藝與傳統祭儀文化和泰雅語的復振，[6] 或是有較多官方檔案文獻可以參考的日本殖民時期抗日事件之研究。[7] 晚近的泰雅文化研究學者，則大多關注泰雅傳統生活型態、土地觀念與文化觀念背後的宇宙觀與人文生態之當代意涵。[8] 鮮少與既往的北臺灣漢人移墾研究進行對話，也缺乏從北臺灣沿山地區的泰雅部落之角度，對原漢族群互動的歷史記憶進行專門的採錄與探討。

　　筆者曾針對桃園、新竹沿山地區的漢人聚落，進行地方口碑與耆老口述的訪談與分析，發覺在當代漢人民間社會中流傳的「番害」記憶，實際上與漢人的開墾行為和土地所有權的認知之間，有著密切的關連，[9] 其記憶型塑出「侵擾者」的原住民形象，也深深銘刻進地方耆老的認知當中。而當代沿山地區的泰雅部落，又會如何傳述和漢人之間的互動記憶？背後牽涉到何種文化的認知？是本文所欲探討的方向。泰雅族原來是非文字民族，以往大多藉由神話與口傳的方式敘述歷史，然而，口傳內容會因為時間因素而不斷流變，有其歷史考證的困難，甚至大多數的族人因為進入到現代教育的書寫體系，使得當今我們去區辨口述者的口說方式和內容來源，是否已受到現代教

6　可參見黑帶・巴彥（2001，2018）；阿棟・尤帕斯（1991）。
7　可參見由行政院原住民族委員會出版之「原住民族重大歷史事件」系列叢書。包括傅琪貽（2019a、b）
8　可參見徐榮春（2010）。
9　可參見梁廷毓（2017，2020a）。

育和書寫體系的影響，變得越趨困難。但是，如果能謹慎看待口述歷史與記憶研究的視角，或許能夠從一些泰雅家族的記憶以及泰雅部落的角度，重新審視族群互動記憶的型塑樣態，並賦予泰雅口述者的口述內容和歷史記憶一個具有主體性的敘事位置，藉以反思長期以漢人為主體的開拓史敘事。

　　因此，本文將從原住民族研究的文獻、原住民鄉鎮的地方志、相關口傳記錄，從泰雅族群遷徙的記憶，討論泰雅族在沿山地區與漢人接觸的歷史過程；接著以筆者在 2018 年至 2021 年間，在桃園市復興區的三民、長興，新竹縣的馬武督、麥樹仁、桃山等地的泰雅部落，進行泰雅耆老訪談的口述為主要材料，從部落的歷史記憶，討論昔日原漢通婚、交易、衝突的記憶。從在泰雅部落形成的族群記憶中，看其背後呈現出何種記憶形塑的樣態，並反思部落的泰雅耆老對獵首記憶的觀點，及其在當代族人詮釋中的意涵。

二、原漢族群互動：相關文獻的回顧

　　桃園、新竹沿山地區泰雅族的活動領域，在過往相關學者的研究中，已經有一些推論與記錄。而在清代的《淡新檔案》與日治時期的《臺灣總督府檔案》等官方資料、戰後地方政府修編的《復興鄉誌》、《大溪鎮誌》、《關西鎮志》等地方誌，亦有不少原漢族群互動的紀錄。接下來會爬梳桃竹沿山泰雅族的傳統活動領域的相關文獻，以及回顧歷史文獻資料中的原漢族群互動情形，分別進行相關的討論。

（一）清代桃竹沿山的泰雅族活動領域

在清朝時期活動於桃園、新竹淺山丘陵地區的原住民，大多是泰雅族大嵙崁前山群（*Msbtunux*）、馬里光群（*Mrquang*）與加拉排群（*Klapay*）的族人。散居在高坡（復興鄉羅浮村）以北至石門的泰雅族原住民，依據日本學者在 1901 年作的區分，稱為大嵙崁前山群，大約在 250 年前（約清乾隆時期）從今日南投縣北港溪上游，經由臺中、新竹山區，遷至大嵙崁的淺山地區（今桃園大溪、復興地區），其活動領域南抵麥樹仁山（新竹縣橫山鄉內灣村），西抵草嶺山（大溪鎮福安里）（許毓良，2008）。

據桃園復興區泰雅耆老林明福的口述，當時有位祖先 *Cibula* 帶領族人遷徙至 *atu na agiq*（白茅的盡頭，即大嵙崁溪下游的復興區與龍潭區、大溪區的交界一帶）（文化部文化資產局，2017）。1871 年的《淡水廳志》也提到大嵙崁群泰雅部落「南雅社」（陳培桂，1963）位於現在的頭寮到三民之間（傅琪貽，2019a）。同屬大嵙崁群的「頭角社」（日治時期稱竹頭角社，位於今日復興區長興村）原分布在頭角、高遶、新柑坪與石門一帶，在清治時期中葉，部分社民曾沿著大漢溪西移散居在桃園大溪一帶，但在漢人移民大量進墾之後，又往東退回到今日阿姆坪一帶（復興鄉志編輯委員會，2005）。

而位於大嵙崁前山群泰雅族的南面，是新竹縣關西鎮、尖石鄉的馬里光群（*Mrqwang*）。關西鎮的馬武督社族人祖先的遷徙過程，大約在距今約二百年之前（約清乾隆時期），族人們從大漢溪的上游，也就是現在的尖石鄉玉峰村，先遷徙到新樂村、八五山或是水田部落居住一段時間。部分的家族成員為了找尋豐富的獵區，又和一名族人 *Buay Lba'* 一起翻過馬武督山經

過 *Btuan*（樹完窩），有的即落腳至 *Qyulang*（六畜窩），有的再往北邊的 *Ngahoq*（馬武督）部落，也有一部分的族人直接從馬武督山的稜線、取道東北的方向到 *Ngahut*（關西錦仙樂園）、*Tlahi'*（金鳥樂園的上方）一帶耕居（關西鎮誌編輯委員會，2019）。其活動範圍包括關西的錦山里、金山里、玉山里，西至湳湖、暗潭以外的淺山丘陵，北至東山里大竹坑一帶，也就是涵蓋彩和山、十寮山以北的淺山地區。後因漢人的進入，到了清朝光緒年間，馬武督社域逐漸縮減到彩和山以南、牛鬥口以東的地區。

另一方面，是活動於尖石前山地區與橫山鄉的加拉排群（*Klapay*）泰雅族人，大約在四百年前，一支加拉排群的族人從苗栗縣泰安鄉後山的梅園部落，向北遷徙，經過汶水、越過五指山，在新竹頭前溪中與上游一帶，也就是當代橫山鄉南河、內灣、尖石前山一帶定居（圖 1），後來更沿著麥樹仁山向更北的赤柯山（關西鎮玉山里）、馬福（橫山鄉福興村）、沙坑等丘陵地帶與較為平坦的地區移動（徐榮春，2010），逐漸成為馬福社、麥樹仁社、油羅社等部落的活動領域。其中一支在二百多年前，從五峰鄉境內的

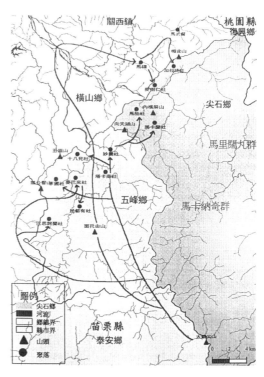

◆ 圖 1 加拉排群（Klapay）遷徙路線圖。（廖守臣繪製，1984）

曼妙社移遷至馬胎（尖石鄉志編纂委員會，2009）。

　　另一支屬於加拉排群的麥樹仁社（*Mksuzing*）曾遷至馬福，當時的領域大致上以東至赤柯山，南至橫山鄉南河、內灣以及尖石嘉樂村，北鄰橫山鄉沙坑為範圍（徐榮春，2010）。麥樹仁社族人至 18 世紀末期皆「暫居馬福社」（今日橫山鄉福興村），但因土地狹隘，難以作為繁衍子孫之地，故遷至 *Saimon* 社（馬武督社附近），之後又因常遭漢人壓迫，無法久居（臺灣總督府警務局理蕃課，2011）。光緒 7 年（1881）馬福社、麥樹仁等社退入內層，遷往帽盒山西南方的加拉排溪右岸，橫山鄉的矮見仔、白石湖地方才由漢人墾成。麥樹仁社族人被迫從沙坑、馬福一帶遷至麥樹仁山以南，也就是現在的尖石國中一帶（徐榮春，2010）。到了光緒 18 年（1892），內灣方面已有漢人與麥樹仁社番雜居（新竹縣文獻會，1954）。

　　而活躍於五峰鄉與橫山鄉大山背、北埔淺山丘陵的泰雅族人，是居住於桃山、竹林、花園、十八兒等部落的加拉排群泰雅族，分布於上坪溪和油羅溪流域一帶的內橫屏山、油羅山區，部分與賽夏族呈現混居。其活動領域鄰近橫山鄉、竹東鎮與北埔鎮的淺山丘陵，今日竹東上坪一帶原為十八兒等社族人的生活領域，清代中葉開始有漢人進入開墾設隘，1730 年代左右，因為受到漢人的壓迫而往五指山移動。光緒元年（1875），因為漢人大舉入山，卑來社的社番從橫山鄉大山背的薯園、騎龍等處，涉過十八兒溪遷入山區，橫山及大山背一帶遂全部被漢人開闢。

　　總體而言，泰雅族至少在 17 世紀中葉，已經將獵場與活動範圍延伸至淺山地區，甚至建立新的部落。但是在泰雅族人與漢人接觸之後，受到漢庄墾區的設隘、劃界與擠壓，遂逐漸往山區退入。

（二）歷史文獻中的原漢族群互動

　　18 世紀中葉以來，漢人不斷地往「內山」地區群找新的墾地和水源，進到淺山丘陵地區設置隘寮保全墾區，逐漸擠壓到原住民的生活領域。19 世紀之後，開始進入山區尋找樟腦利益與山林資源，和原住民發生土地爭奪和生存衝突的事件更加頻繁。雖然這時候以清帝國、漢人移墾社會之角度，所記載的歷史文書多以「番害」來描述，但仍能從中一窺當時族群之間的緊張關係。

　　同治 6 年（1867），羅阿傳為受衛壽宗之墾批而開拓者，有八股、十股、柑仔樹腳、湳湖各地。當開拓湳湖地方之際，屢遭逃竄內山之「生番」及向來之馬武督社人反抗，嗣後經全部擊退（范明煥，2004）。另據《淡新檔案》記載，光緒 5 年（1879）發生在鹹菜甕庄（今新竹關西鎮一帶）沿山聚落的死傷人數，共計於 3 月 3 日，在湖肚庄邊被殺鍾阿勝、鍾六滿、徐阿盛、蕭阿森、范進賢、陳阿口、王張氏；8 月 16 日，八股庄殺得莊阿鳳牧牛，又殺得劉阿巡田水；9 月 1 日，高坪殺得劉運興；10 月 12 日，軟坡殺得林阿鴻，又斃劉阿亮在田頭犁田，併刺死耕牛二隻；10 月 15 日，干崒殺得林阿妹犁田，又傷黃丙二；11 月 3 日，八股庄殺得劉阿座，仔凸殺得劉李壽；11 月 20 日，水庄殺得徐阿宅，石浪亢殺得楊得（淡新檔案，時間不詳）。此三個月之間，9 月至 11 月止，該處佃人被番殺者十餘命。生番數百餘猛沿山紥討，到湖肚莊邊焚殺莊民十餘命，割去頭顱，在八股、十股、湳湖毗連三莊俟各擾散（淡新檔案，1879）。儘管古文書中描述的「番害」用語有汙名意味，但也可能是當地墾民為了讓清政府加速開發山區、推動開山撫番政策的說詞，是理解當時原漢族群關係的重要線索。

光緒 12 年（1886）鹹菜甕庄招撫屬於加拉排群的馬學社、油羅社，以及馬里光群馬武督社的部分族人，立下「投誠甘結狀」（極可能是清政府單方面的文書紀錄，因為在泰雅人的文化實踐當中並沒有「投誠」的觀念，僅有「和解」）（淡新檔案，1886）。同年，橫山地區又傳出有活躍於五峰一帶的石加祿社族人出草事件（葉爾建，2004），內灣方面則發生金孩兒（今尖石鎮西堡一帶）與他巴火（今尖石田埔一帶）等社原住民出草阻止漢人於內灣開墾的情勢（黃旺成、郭輝，1976）。光緒 17 年（1891），關西的石壁地方制腦處腦丁數名，遭到數十名生番擊殺，業主向撫墾局陳情，獲允肯自行反擊，便聚集腦丁埋伏於十股莊，將欲前往暗潭番市局斗換的十餘名番人予以截殺（謝金蘭，1953）。光緒 18 年（1892），馬速社（即馬學社，今新竹縣關西鎮一帶）大舉出山獵首，總共割取 20 餘名隘勇首級。隘勇統領高楚桁彈壓失敗，槍械彈藥多被奪取，遂貼出布告凡殺馬速社番者給予重賞。不料漢人貪利，不問番人類別，不問番人良否，只要是番人就遭到殺害，再偽裝成馬速番首級領賞。此舉引發各番社大嘩，彼此互結同盟反抗（許毓良，2019）。

　　1894 年爆發甲午戰爭，清帝國戰敗後割臺灣予日本，桃園、新竹山區由清帝國維持的官隘組織隨之潰散、隘防撤防，淺山地帶再度成為原住民的活動範圍。光緒 22 年、明治 29 年（1896），距鹹菜甕約六公里之湳湖莊總戶數 50 戶中，48 戶被燒毀，僅剩下兩戶。在柑樹下庄發生漢人羅水生因其兄遭蕃殺害，乃殺兩名蕃人以報復，導致無人再敢前來十股庄斗換。光緒 23 年、明治 30 年（1897），八股庄發生蕃害後，當時附近庄民都持槍出戰，蕃人等大為狼狽逃走……當地人民等割下擊斃之蕃人首級，插入竿頭，放幾聲槍響慶祝後，再持往山上，將梟首竿頭高高豎立（臺灣總督府，1897），

位於暗潭的漢蕃斗換交易所也因無交易利益而廢棄。

在桃園大溪方面，臺灣總督府殖產局有田正盛技師奉命調查大嵙崁地方林業，到現在復興區水流東一帶，看到一大片的廢耕地，稱為「生蕃奪卻地」（鄭安睎，2017）。而大嵙崁地區的狀況是，原住民與漢人之境界已退至七寮庄至十寮庄前面之彩和山，竹坑庄前面至頭寮庄後方之山脈及三層庄後方之山脈，無論如何越界即遭殺害（臺灣總督府警務局，1989）。此時在溪州山稜線以東、彩和山以南之境，境內幾無漢人的身影。

值得注意的是，根據光緒 22 年、明治 29 年（1896）的日方文獻紀載，馬武督蕃人與其他蕃社相比，較為慓悍、好殺戮，風俗亦不相同，男子未獵得土民（漢人）頭顱者，即使到了相當年齡，也不得入黥，且不得結婚（王學新，2013b）。又記載部落與土民的交情非常惡劣，故對土民有極深的仇恨，因此殺人以該地（漢庄）最多。位於尖石境內的加拉排社，對土民之情感惡劣，概如馬武督社，極力防範土民進入社內（王學新，2013b）。

在桃園一帶大嵙崁前山地區，蕃眾盡力獲得有辮髮之頭顱來洗刷宿怨，只要是稱呼為男子者，即使是三尺童子亦希望獲得有辮髮之頭顱（王學新，2013a）。另根據光緒 23 年、明治 30 年（1897）的日方文獻，則記載大嵙崁前山地區的角板山社、舌那伊社，於祭祀祖先時要供奉土民之首級，且於分辨善惡時亦要取得土民之首級，視土民為不共戴天之仇，即使身亡，亦厭惡與土民相親近（王學新，2013a）。顯見當時桃園、新竹沿山泰雅族人與漢人之間相當仇視。

光緒 24 年、明治 31 年（1898），泰雅族人因為先前被漢人殺害的事件，盤據三十八分山腹，並試著向湳湖莊開槍，難以斷絕復仇之念。同年 8 月，馬武督社頭目 Riuumin Binran（流民檳榔）、Riuumin Paie（流民排乙）對

赤柯坪庄方面，以及該社頭目 *Watan Maray*（哇丹馬來，本文寫為瓦旦馬賴）對十寮庄方面贊成和解，有逐漸趨向和平之感。但該社頭目 *Yuukan Taimo*（由甘大目）對十股庄方面不願和解，該庄人民亦有懷恨蕃人者（王學新，2013b）。可以推測在此年之前，馬武督社曾和附近的漢人村落——南邊的赤柯坪庄（關西玉山里境內）、北面的十寮庄（關西東山里境內）、西側的十股庄（關西東光里境內）等漢人聚落發生過不少衝突，才需要日本方面介入調停與和解。

　　光緒 24 年、明治 31 年（1898）的〈日治二萬分之一臺灣堡圖〉將沿山一帶標示為「生蕃地」（圖 2）。光緒 25 年、明治 32 年（1899）1 月 8 日夜間，*WAARIWAN* 蕃人往湖肚庄出草，以馬武督蕃為嚮導，而麻裡橫社之伊萬馬來（*IWAIN MARAI*）、馬武督之野為黎萬（*YABUI RAIWAIN*）及西蘭（*SHIRAIN*）三人遭被害人湯阿明反擊斃。現場遺留西蘭（*SHIRAIN*）屍體

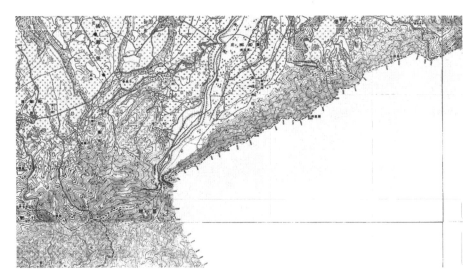

◆ 圖 2 日治二萬分之一臺灣堡圖（局部）。（臺灣百年歷史地圖網站，1904）

遭群集庄民屠其割肉而食（王學新，2013b）。推測至少在 1900 年之前，日本殖民政府還未動用武力推進隘勇線時，沿山地區的原漢關係仍然緊張。

　　從時間上看來，原住民在此區域的活動較早一些，早在漢人進入此區域之前，已經從山地延伸到淺山地區活動，導致雙方時常發生衝突。接著，從清乾隆到清光緒的百年之間，原漢關係持續緊張，維持著一定密度的互動關係。雖然漢人移民不斷地將墾地向山區推進，但是漢人的「墾戶棄墾」、「佃人被殺」、「隘防廢弛」、「墾地復為番地」之事反覆發生，漢人與原住民之間的領域界線也經常變動。直到晚清劉銘傳「開山撫番」的政策下，國家力量進入此地的山區，暫時結束泰雅族人與漢人的緊張關係（鄭安晞，2017）。

　　然而在 1985 到 1900 年間，清朝官制隘防再次撤守，一些地方必須回到民隘與墾隘的狀態才能存續，一些地方則復為「生蕃地」，雙方關係再度產生交集。1900 年之後，桃園、新竹沿山一帶漢人聚落，因為由現代國家機制、殖民軍警的隘勇線推進、蕃地治理的政策，原住民族被國家軍事力量所劃分的界線，與客家族群的生活空間被隔絕開來。讓近山地區原本需要透過隘防才能存續的客家山村得以安穩發展，也讓原客族群之間的緊張衝突關係趨緩。另一方面，當時在沿山地區出草的原住民，並不一定是與漢人村落直接在土地上接觸的部落，有些是從後山至前山的漢人聚落來獵首。但是在沿山的泰雅部落當中，至今仍留下不少以往和人互動的記憶與口述歷史。

　　在上述原漢族群接觸的歷史過程當中，究竟在部落族人留下何種記憶與口述故事？又是如何認知這段原漢族群互動的歷史？在今日是如何被族人詮釋？接下來，筆者將以耆老口述作為分析和討論的主要文本，探究沿山地區泰雅部落對於原漢族群記憶的型塑樣態。

三、泰雅部落的族群互動記憶

筆者訪問多位桃園市、新竹縣的復興區、關西鎮、尖石鄉、五峰鄉等地的部落耆老，發覺只要問起早期地方上有關於漢人的記憶時，幾乎都會講到：曾聽聞祖父輩的人說過，漢人以前來到部落附近開墾和伐樟製腦、侵犯領域，以致於族人出草還擊、抵抗、甚至衍生出仇恨的行為。在此，部落耆老記憶中，透過口述，呈現出何種對漢人的觀感、記憶狀態本身為何種樣態，又如何透過對於過去漢人的記憶與詮釋，進一步理解記憶形成的過程與土地侵占過程之間的關係可能為何，是本節所著力的部分。

在耆老口述的採錄部分，桃園市復興區的三民、長興與奎輝部落訪問到各一則，在新竹縣關西鎮的馬武督部落訪問到三則、戈尤浪部落訪問到一則，尖石鄉的麥樹仁部落訪問到兩則、五峰鄉的桃山部落訪問到兩則。而所挑選的口述材料，皆是口述者能清楚的描述出地點、行為與原因的材料為主。首先，泰雅族研究者徐榮春曾在尖石的水田部落訪問到一位 *Kumay Silan* 先生：

> 我的祖先從後山的玉峰 *Mrquang* 遷徙到前山這邊。到了祖父那一輩，全家在赤柯山（玉山里）蓋竹屋，並且耕作與打獵，那裡原來是屬於 *Mksuzing* 社群的土地範圍，後來他們不住在那裡了，所以我們才在那邊生活。後來許多的客家人搬到山裡，隨便砍伐樟樹和其他的樹木，我的祖父和他的兄弟們都非常不喜歡平地人，所以又遷到水田這邊居住。（徐榮春，2010）

Kumay Silan 先生提到客家人移入關西玉山一帶的開墾，讓族人遷回到水田一帶居住的事情。接著，筆者訪問到一則發生在復興區三民部落一帶的事情，受訪者劉先生提到：

> 我爺爺……我爺爺他講，我小時候是有遇到他，他講說殺過九個無關緊要的人，所謂無關緊要，就不是打戰。因為以前物資不好，我們原住民，我阿公在山上打獵，打到的獸皮，還有砍到的木頭，連夜就是揹，走那個大漢溪，石門水庫的溪，以前沒有路喔，走到現在三民那個地方，到三民那個地方跟山下人、平地人交易，交易甚麼……鋤頭、鐵器還有草蓆，反正山上沒有的東西，然後他看……因為以前就是清朝時代，他看他頭型不錯，就直接砍掉，砍掉就把頭帶走，屍體就丟那邊，我們只要頭。（梁廷毓，2018）

　　劉先生現年 52 歲，出生於復興區沙崙子部落，而事發地點是在當時的復興區三民部落附近，口述小時候聽他祖父（當事者）親口與他說，昔日到三民與漢人交換物資時所發生的事情。從漢人開墾的紀錄可知，在同治 8 年（1869），已有呂阿姆等人開墾三層埔庄南部的八結（今大溪區復興里的百吉一帶）、舊阿姆坪（今復興里的阿姆坪一帶）（大溪鎮志編輯委員會，2014）。百吉聚落與三民部落即是位於當時原漢族群雙方領域的前線位置。另一位是出生於三光部落的陳高姓耆老，現年 73 歲，他口述在復興區羅浮村一帶發生的族群衝突事件：

在羅浮那邊，我們原住民的男人……所有的男人、青年、老人家，也是要到別的地方出草，結果部落有一個情報員是客家人，可能跟我們原住民的姑娘……偷偷……有戀愛這樣，結果那個姑娘就出賣我們原住民，就跟那個客家人講說，今天我們這邊的男人都出去出草，就跟那個客家人講，我們這邊沒有男人，結果客家人一家晚上三更半夜每一家通通都……那是客家人來殺我們原住民，等到我們原住民的男人回來以後家裡的大大小小都死光，那是沒有男人……晚上三更半夜，突擊……晚上三更半夜把所有的原住民婦女，還有小孩子都把他……殺光，後來他們又很大的……打戰阿、出草阿。（梁廷毓，2019a）

復興區羅浮里舊稱 *Kinyopan*（雅邦社），其意為「曾被滿清人留辮子」（行政院民族委員會，2015）。光緒 12 年（1886），劉銘傳於大嵙崁（今大溪區）設立「臺灣撫墾總局」，欲進山開伐山林，遂與大嵙崁前山各部落發生數次衝突。筆者訪問到一位張姓耆老：

我以前住在新柑坪，現在被水庫淹沒那裡，我外公以前是部落的大頭目，他很兇悍，那時候閩南人一直要進來我們部落的土地開墾，他就殺了很多外面來的人，後來他們人越來越多，他們就住在河階的上層，我們部落就在河階的下層，就很和平相處了。（梁廷毓，2019b）

張姓耆老現年 82 歲，出生於當時還未被石門水庫淹沒的新柑坪（卡拉部落），在她的口述中談到，她外公是昔日部落的領袖「殺了很多外面來的人」，以及和閩南人的互動關係。接著，筆者在奎輝部落訪問到一位簡姓耆老：

> 以前從長興村那裡去平地漢人那邊出草的林家，是沿著大漢溪而下，往北就到大溪，往南就到龍潭，都很近。以前林家他們去 *mgaga* 的時候，以前還沒有石門大壩，就到銅鑼圈去 *mgaga*，那時候他們大人都跑光光了，結果要離開的時候在米缸裡面聽到有嬰兒的哭聲，一看之下是男生，女生我們就不抱回來，後來嬰兒就帶回來到竹頭角這裡來養育，長大之後就跟我們泰雅族結婚，生了很多後代。（梁廷毓，2019c）

簡姓耆老現年 72 歲，他口述復興區長興村的林姓族人曾經到龍潭的銅鑼圈、十股寮一帶獵首，因而抱養一對小孩回來。接著是在關西鎮戈尤浪部落訪問到現年 56 歲的彭先生口述：

> 有一個頭目他們客家人很怕，名叫 *Batu*，你要進來函谷關，跳那個石頭，要跳那顆石頭才可以過，原住民在那邊等，有人跳過來就砍，抓一個就砍，他們就在講我阿公獵人頭，總共獵多少個，好像知道說我阿公獵了十幾個，就是客家人很怕他，會獵人頭，是你侵略我的……函谷關有一個很險要的地方，進來函谷關會經過石頭要用跳的，他們跳一個就殺一個，因為那裡很險要。（梁廷毓2019d）

函谷關（關西的牛鬥口）是清代關西馬武督社和湳湖、十股等漢人聚落的原漢界線所在（本文第二節當中，爬梳不少官方文獻記載此地的衝突，或可從旁佐證口述者所述之族群互動事例）。接著，筆者在關西鎮馬武督部落訪問到的周姓耆老，則描述一族群衝突與帶有仇恨意味的往事：

> 就是有一個祭典的時候，一定要殺一個人頭，祭典的時候殺一顆人頭拜……這個還好喔，還有一個更殘忍的喔……那個可能是比較有仇恨在裡面的，以前沒有人理頭髮，客家人都頭髮長長的〔清代的漢人留辮子〕，就排起來，好像就在我們錦山橋那邊，不是統一〔健康世界〕那邊，上來還有一座橋，有商店那邊的橋〔六曲窩橋〕，把人排一排，那頭髮很長就拉下去，直接就砍……好恐怖喔我不要講太多，我小時候聽我阿公講，我說不要再講了，因為他就有在做這種事。但是……你殺了一定仇更仇阿，更恨阿，就越抓越多，抓來就砍阿，所以我們這邊客家人比較老一點的，傳到現在就會講「番仔殺人」，番仔就是要殺人頭，這邊老的客家人應該會知道一點點。（梁廷毓，2019e）

　　周姓耆老現年 80 歲，在他的口述中區分出傳統獵首儀式與仇恨行為的差異，轉述他的祖父和他說的事情，是發生在關西鎮錦山里的六曲窩橋附近，值得注意的是，他提到了當地客家人的看法。另一個同樣是在馬武督部落訪問到的黃姓耆老，則提到因為客家人土地占奪行為而形成的衝突：

我是有聽過，因為客家人來這邊的時候，是來占我們的地方以後，我們原住民比較兇悍，我們就去殺他們，以前我們原住民去殺客家人，他們是怎麼殺的你知道嗎，他們不會直接衝到他們家裡去殺他喔，因為客家人有水源，從水源拉水到客家人住的地方，我們原住民很聰明，把水源弄掉，把他們拉的水源弄掉，不是水管，以前沒有水管，是用竹子做的，竹子剖開以後就把水接過去，原住民就把水弄掉，沒有水到他們家裡面，他們會來看水阿，客家人來看水，直接就在水源地殺頭了。以前我們聽老人家講是這樣子的，所以客家人就對我們原住民就不太好，我們以前在長興的美腿山，那個山，他們殺的頭阿，我們原住民殺客家人的頭，大部分都是那邊放，*mukan* 的頭都放在美腿山，那個……從羅馬公路這樣看過去，他們講說就是那一個山，他們叫做美腿山。（梁廷毓，2019f）

黃姓耆老現年 68 歲，他描述客家人因為占了部落的土地，族人因而出草；並特別提到原住民昔日會埋伏於漢人的水源地進行獵首，也認為客家人會因此對原住民不友善。接著也是在馬武督部落訪問到的張姓耆老：

我們都是用走路爬山去，從李樹下這樣進去，有一條……山路，爬石牛山再下坡下去就是石門水庫，很近阿，這裡隔兩座山就是石門水庫，兩座山，我們這個……再過去那個石壁，後面就是石門水庫，就是有原住民到客家人那邊去殺阿。他殺一個頭就插一個旗子，因為部落的說他鼓勵去殺客家人，你去殺一個，在你所殺的地方插一個旗，你殺到一個人插一個旗在那邊，或是帶那個槍到客家聚落，

一直在碰碰碰……殺人，那子彈打光光，反正他殺一個頭竟插一個旗子在那邊，從李樹下進去裡面，就是我們這邊的原住民去殺漢人，真的有殺。像我祖母……我祖母不是原住民，她是客家人，客家人就是 mukan，因為原住民和客家人有相殺後，看到小孩子，我祖母那時候還很小阿，就把她抓回來，大人都砍掉阿，女的帶回來……我祖母就是被帶來的，要去殺漢人的老人家都是這樣，剩下孩子就把她抓回來。（梁廷毓，2019g）

張姓耆老現年 77 歲，他口述自己祖母是昔日族人去出草時帶回來的小孩（不是雙方合意的通婚關係），因此他有客家血緣，也敘述昔日族人到石門水庫附近漢人聚落獵首的傳聞，值得注意的是，獵首之後插上紅色的旗子，這可能已經不是傳統獵首儀式中會出現的形式。接著同樣是在馬武督部落訪問到的劉建國先生：

民國 50 幾年，金鳥樂園那座山在整理、在挖的時候，就挖出一個石壁，好幾排骨頭，頭顱阿，後來不知道拿去哪裡整理，老人家都說那個一定不是我們部落的，一定不是我們這裡的，一定是 mukan 的，一定是別的地方的。我們會下山出草阿，以前就是這樣，頭帶回去還要示威給大家看，人家就會尊重你，你的地位會越來越高，講話才有分量。那個番刀有沒有，那個木頭的刀鞘，鑽小孔，然後呢……被殺的那個頭髮留一戳，綁上來，一個頭綁一串、一個頭綁一串，綁的密密麻麻，綁得越來越多，綁得越多，表示……砍的越多。（梁廷毓，2020b）

劉先生現年 52 歲，與前面訪問的幾位耆老一樣，皆出生於馬武督部落，他記得鳥嘴山在 1960 年代時曾整理出頭骨，老人家皆說是漢人的頭顱，順帶提到會將獵首之後的頭髮綁在番刀鞘上，這個描述與既往的研究文獻紀錄一致。接著是在尖石鄉麥樹仁部落訪問到的徐姓耆老：

> 現在尖石國中旁邊，以前有住一戶客家人，是進來這裡砍樟腦的，
> 以前我們沒有鹽巴，就去和他要鹽巴，那時候男人出去工作焗腦，
> 他家裡只有一個媽媽和他兒子，她們不給鹽巴，我們就直接把那兩
> 個人殺掉，後來男人工作回來，看到人死了很害怕，就跑到山上
> 去躲起來，我們知道他躲在山上，就去設陷阱，後來在麥樹仁山
> 上，那個漢人踩到陷阱機關，被木頭壓的扁扁的死了。（梁廷毓，
> 2020c）

　　徐姓耆老現年 78 歲，出生於麥樹仁部落，口述昔日尖石國中附近發生的事情。值得注意的是，他提到當時客家人進入部落伐樟製腦的背景，以及向漢人借鹽巴的需求。接著是在五峰鄉桃山部落訪問到的謝姓耆老：

> 以前有祭典的時候一定要殺一顆人頭，那就隨便到漢人聚落抓一個
> 人，砍頭。可是這個部分我聽我爸爸講，他們那個時候去砍那個，
> 活生生的砍下來後，還新鮮的，就把這個地方〔頸部〕用米飯把它
> 塞住，然後嘴巴張開，灌酒，然後……所有在場的男人們，大家
> 輪流從他的嘴巴，對著喝那個酒，這個部分只要敢喝的，代表他是
> 英雄，驍勇善戰，以後去打戰的時候就不會有任何的阻礙。可以想

到說我們泰雅族的，第一個，要祭典的時候，一定要犧牲一個人頭，那不會砍族人的頭，這邊可能就砍漢人的頭、Gmukan 的頭。我們叫 Gmukan 是因為，砍過之後，就把屍體埋在地裡，隨便把他拿東西蓋住，我們就稱客家人叫 Gmukan，用蓋子把他蓋起來，意思說他一點抵抗能力都沒有，當然這有點歧視跟侮辱的那種感覺，後來日據時代就沒有了。在日據時代以前，砍頭的這種風俗是每年都會有，比較……以前的人比較兇悍，也算是常態。（梁廷毓，2020d）

謝姓耆老現年 71 歲，出生於桃山部落，他提到昔日馘首來的漢人頭顱如何被處理，也提到處理漢人屍體的埋藏形式與 Gmukan 的意思之間的關聯，與前述部落對漢人的描述稍顯不同。接著是五峰鄉白蘭部落的曾姓耆老：

為甚麼要殺客家人你知道嗎，因為那時候他們會偷偷摸摸砍樹阿，牛樟，砍那個樟樹阿，他們會燒那個牛樟精〔樟腦〕嘛，他們來砍樹就被我們殺啦，就是這樣，他們都會說有的殺 30 多個，有的殺 20 多個，他們在喝酒的時候都會講「我怎麼怎麼殺的」。像我祖父的話，他有 37 支槍，但他沒有拿槍的時候，也有人被他殺，可能他殺了 4、50 個人吧，頭放在那個烤火的上面有一個櫺子，然後頭風乾了以後，會放在那個石頭底下，砍掉……只剩骨頭了就把他放送到那個……那個……距離家裡面比較遠的一顆石頭底下，白蘭部落那裡以前頭顱很多阿。（梁廷毓，2020j）

曾姓耆老現年 80 歲，出生於五峰白蘭部落，現居於清泉部落。他提到族人昔時對客家人獵首的原因之一，為客家人進到泰雅族的獵場盜砍樟樹。另一方面，泰雅耆老對沿山地區的地名，也有著族群互動而來的傳述。例如，瓦歷斯・哈勇向筆者提到桃園市大溪區的「頭寮」之族群互動的意涵：

> 從巴陵光華部落老人家的跟我說過，原來住在三民地區的族人都遷徙到了後山，今日三民地區的族人部分是從頭寮那裡一路退進來的，一直持守在漢人拓墾的前線，昔時被族人認為是很強悍的一群。因為漢人那時候……他們進來的時候不是以那裡為目的，他是直接往深山裡面去，所以他是逐步……逐步，一開始起頭是從頭寮那邊開始，那頭寮我聽老人家講過，頭寮的意思是……我們經過幾個大戰以後，我們原住民最想要和解的地點，所以我們把頭顱放在那邊，所以叫頭寮。頭顱放在那就是有一個界線，你們不要再進來了，那裡是我們那時……聽老人家講是最後的乞求，因為大戰太多，都不想要傷亡，那時候傷亡有很多事，用騙用拐，用經濟封殺，用武力都有，用頭放在那邊當作界線，就是嚇漢人不要再進來了。其實也不是嚇，是跟你告誡不要再進來了，但他們還是進來了，從大溪那一路這樣進去，那我們就會取這個……放 *tunux*〔頭顱〕的地方，*tatak tunux*〔放頭顱的草寮〕。（梁廷毓，2021a）

　　瓦歷斯・哈勇現年 56 歲，出生於桃園復興區的上巴陵部落，現居大溪區。在族人的傳述中，「頭寮」一帶曾是前山部落與漢人的界線，並以頭顱

作為地界，警示漢人禁入。[10] 而戈尤浪部落的羅耆老也口述飛鳳山丘陵的泰雅語和其意涵：

> 族人一開始遷過來的時候，從尖石、橫山那邊的山上往芎林那一片丘陵看〔飛鳳山丘陵〕，稱此丘陵地帶為 *Mutu*，用 *Mutu* 這個「堆積」之意來稱呼這片看起來「一堆一堆的山」，那時有一個頭目叫瓦旦馬瀨，不是馬武督部落的瓦旦馬瀨，是另一個同名的，我們泰雅族人的名字會一直重複在後代裡面。他原本要往那片丘陵過去，因為獵物很多，後來漢人一直來搶地盤，我們就退到橫山的沙坑，漢人還是一直進來，後來又再退回到山上。（梁廷毓，2021b）

羅姓耆老現年 78 歲，他提到飛鳳山丘陵在長輩的傳述中稱為 *Mutu*，以看似成堆的山群指稱鳳山溪與頭前溪之間的淺山丘陵。[11] 接著另一位同樣是居住於戈尤浪部落的羅進通耆老，口述一則族人與客家人相衝突的歷史：

> 我們祖先剛搬到這裡的時候是住現在統一健康世界的上面那邊，那裡有一個很平坦的地方適合居住，後來我們又一次出去函谷關外面打獵，一直到暗潭、十六張那裡去交易東西，就碰到客家人，他們那時候罵我們「屌妳母〔媽〕雞巴」我們還聽不懂。就跟外面的一

---

10 傳統泰雅族的獵首習俗中，獲得的頭顱並不會放在族群的界線上，而是部落入口或住家附近，此處說法有兩個合理的推測：一是當時部落的入口就在頭寮一帶附近，另是當代耆老對於口傳的再詮釋。

11 Mutu 在部落耆老之間還有一種說法，是指很多木頭堆積在函谷關峽谷一帶的景象。

群客家人打架，打一打，他們人比較多把我們打輸了，我們不甘願就撤回來烙人，集結部落的年輕人。後來，再裡面一點那個有一個石壁、很窄的地方，殺了他們好幾個人。（梁廷毓，2021c）

羅進通耆老口述，祖先曾居住在今日統一健康世界上面的台地，該處已經非常靠近昔日的漢人聚落，也提到當時不懂客家人的髒話，以及和「外面」客家人之間的衝突。接著，是尖石鄉麥樹仁部落的徐姓耆老，談到新竹縣橫山鄉「九讚頭」地名之族群互動的意涵：

以前我們族人本來會在現在九讚頭對面的河岸、田寮村一帶，還有在十分寮、橋頭車站那邊種植東西，後來客家人來了，仗著他們人多，就常常來糟蹋我們的田地，把作物破壞掉，還說我們都不會反抗。一次兩次三次之後，我們部落的人就很生氣，就找馬胎部落的青年和我們部落的人一起，加起來十幾個人要準備給他們好看。等客家人他們要再來的時候，他們也是都一次二十幾個人來，但他們不知道我們已經有集結人馬，在要來的路上就給我們殺掉九個人，其他人都逃散，就是現在橫山鄉的「九讚頭」那個地方，後來客家人開始就很怕我們，知道我們不是好惹的，之後要進來山裡都不敢亂來，這是以前聽現在住義興部落那邊的老人跟我說的。（梁廷毓，2020e）

徐姓耆老現年 82 歲，他口述族人曾經耕種於「九讚頭」對岸的近山地區，由於漢人來到之後時常破壞耕地，義興部落的族人因而集結附近馬胎部

落的族人反抗，並襲殺九名漢人，事發之後漢人將當地取名為「九斬頭」，之後稱為「九讚頭」。接著是五峰鄉清泉部落現年 92 歲高齡的王姓耆老，口述竹東鎮上坪一帶在客家人尚未進墾之前，曾為部落的舊地：

> 竹東的上坪那邊有很多平平的土地，是原本舊十八兒部落那邊謝姓家族的居住、耕作地，竹 122 線道進來，從往五指山那個岔路口之後一直到上坪，原本都是屬於他們謝家的土地，後來客家人一直進來，現在上坪那邊就全部都是客家人住了，土地也沒辦法拿回來。
> （梁廷毓，2020h）

王姓耆老提到，今日竹東鎮上坪一帶原為舊十八兒部落的謝姓泰雅家族之耕居地，但在客家人進入之後，今日該地已經成為客家聚落。接著是五峰鄉白蘭部落的曾作權耆老，口述「軟腳」地名之族群互動的意涵：

> 以前我們白蘭部落要去出草，都往北埔那個方向比較多，後來客家人進來砍樟樹、做樟腦油的時候，我們也會殺他們。另外就是在現在的「軟橋」那一帶，漢人到了之後都進不來，以前我們只有一個神，就是我們的祖靈，就是這片山林的神，以前客家人他們以前不管帶著多少的平地神明上來，都被我們的山神殺掉，神明都進不來，所以客家人要從「軟橋」那裡進來，就沒有他們的神保護，每個都很害怕，就會「軟腳」。所以現在那裡才叫「軟橋」。（梁廷毓，2020j）

曾作權耆老現年 80 歲，出生於白蘭部落，現居於清泉部落。他口述「軟橋」地名之來由，為當時漢人的神靈進入山區，會被泰雅人的「靈」所消滅之事（漢人所謂的「退神」），致使入山的漢人行經至該地時，因認為無神靈的保護而懼怕，雙腿因此無力再前行（俗稱「軟腳」）。

　　上述泰雅部落耆老的口述，若仔細地檢視其所描述的時空環境，大多牽涉到客家人開始進入原住民的山林當中伐樟製腦、或是彼此之間開始有交易行為，漢人村落與部落之間的距離越來越近等因素。面對漢人時，泰雅族耆老對於獵首的記憶，部分有著不滿與仇恨因素在裡面。然而，在個人對往日事情的細節描述上則有所差異，例如，周姓耆老與黃姓耆老強調的是昔日的互動，造成今日客家人的不友善，彭先生則強調部落，以前部落耆老都很氣憤漢人當時對原住民的欺辱。

　　必須注意的是，雖然耆老們在描述獵首儀式的過程，比照現有的人類學研究，會顯得較為簡略，也多有偏誤之處。但是，耆老口述所連結到的地名、原漢族群互動的情境，以及未出土的部落記憶，都是本文所欲挖掘和關注的部分。例如，「九讚頭」、「頭寮」與「軟橋」等地名，都是從族人的視角進行地方歷史和族群互動的理解，鬆動了這些地名在漢人這端所賦予的意義，呈現出差異的歷史詮釋觀點。另一方面，耆老的口述也凸顯出以原住民作為第一人稱視角的說法（而非以往的第三人稱視角）。在述說之中，將泰雅族人重新形塑成具有主體性和能動性的行動者，並且聯繫起口述者與家族、部落之間和漢人互動的記憶線索，而非只是以往文獻中無人稱、無形象、毫無特定指稱的「生番」或「生蕃」。

　　換言之，在經歷晚近族群接觸之後的部落口傳內容，不再是述說原住民的創世神話和遠古故事，而是近現代歷史過程中產生的記憶，這是既往的官

方文獻所欠缺與排除的部分。因此，筆者認為口碑式的文化材料並非流傳鄉野的無稽之談，這些口述內容仍有其特定的價值。在下一節中，筆者將從族人對於原漢族群互動下衍生出的獵首記憶與描述，進行相關的反思與論述。

四、獵首記憶的形塑與反思

　　目前從清代與日治時期留下的文書檔案，甚至今日漢人耆老的角度，大多將原住民的獵首行為（headhunting）視為「番／蕃害」，或以生番／生蕃／番仔殺人來簡單帶過。但是，從目前關於泰雅族獵首的研究文獻中，已經指出原住民的獵首習俗有其族群自身的文化實踐與精神觀，並非隨意殺人。獵首的意義其實是 *maphaw*（和解）儀式的延伸。獵首的動機，主要是為了澄清誤會，而進行最高的裁判儀式。至於使少年男孩晉升為成年的心態，也只是一個附帶條件而已，因為可以藉著這個機會，讓少年們展現他們過人的膽識，好使他們更輕易取得紋面的資格；對成年人而言更是建立尊榮最好的機會（黑帶・巴彥，2018）。在紋面的部分，額紋則屬男子的專有權，一般在男子出草馘首後，才有資格在下頤中央部位刺一條紋路，成為英雄的象徵（尤瑪・達陸，2009）。

　　另一方面，獵首行為與原住民的宇宙觀、生態倫理有著密切關係，原因與動機也相當複雜。例如，為保護領土、家園，避免異族入侵、爭取社會地位、榮耀、仇恨爭執、為被異族所殺的族人報仇、成年禮的儀式，以表示自己成年、在農耕歉收、瘟疫疾病流行等情形，也會以獵首的活動來祈求一切順遂。而獵人頭主要還是因與他社有仇敵關係而舉行的，如果有傳染病流

行，則認為是他社所帶來的，因而外出獵人頭（古野清人，2000）。或是族群男子為了要悍衛疆土而戰，土地是原住民賴以生存的依據，許多獵首或戰爭的原因多源自土地的守衛（達西烏拉灣‧畢馬，2003）。例如，對於泰雅族人來說，頭顱是靈魂的所在，獵到的頭顱帶有一種神祕的力量，他們也認為頭顱是部落集團舉行祭祀時，對於祖靈最崇敬的奉獻祭品，在巫術祭司的儀式下，可以為族人們治療疾病，或者為家人們祈禱祝福（沈明仁，1998）。

必須強調的是，獵首儀式所內涵的社會生產關係、靈魂觀念、執行細節與文化意涵，並非本文所要細究與關注的問題，目前已經有不少人類學相關研究和文獻，因此不再贅述。筆者在意的是，在收集與採錄到的耆老口述中，對於原漢族群互動的記憶和描述裡，傳統獵首儀式中的殺人行為，如何在今日的部落耆老口述中被放大強調、檢視與簡化的理解為一種「惡行」，與傳統的獵首觀念呈現出迥異的認知。例如，研究者徐榮春在尖石鄉新樂部落採錄的 *Sehu* 先生口述說道：

> 我們 *Mksuzing* 的祖先，以前經常和漢人爭執、衝突，也經常出草。漢人的人數那麼多，一直進入到我們的山林砍樹，害我們不能打獵、也不能耕作。漢人不像我們泰雅人知道族群土地的界線，我們泰雅人不會隨便進入別的部落的領域，強取不是屬於我們的獵物與作物。不過，坦白說，我個人覺得，我們 *Mksuzing* 群的祖先之前殺了太多的漢人也不是很好的事，這不是泰雅的 gaga；所以，這也就是為什麼一直到現在，我們 *Mksuzing* 群的後代子孫都過得不好的原因啊！（徐榮春，2010）

筆者訪問到的麥樹仁部落徐姓耆老也說，*Mksuzing* 的意思就是很強悍、強硬的，跟木頭一樣硬的、脾氣很壞、很直的意思，「所以以前常常跟人家衝突，可能是這樣，所以我們後代都過得不太好」（梁廷毓，2020b）。筆者訪問到的馬武督部落周姓耆老也有類似的想法：

> 所以按照我們泰雅族的習俗，這是有種詛咒的感覺，因為我們殺害人家，人家不高興就會詛咒，說你們以後絕對不會有好日子，所以像我們這邊……如果講……一般講風水的話，真的是很不好，風水很不好，可能就是……絕對會有一種報應，人家詛咒的話一定會應驗到，真的是有這樣的。（梁廷毓，2020f）

周姓耆老提到了原住民的詛咒觀念，認為「殺害人家，人家不高興就會詛咒」以致於「以後絕對不會有好日子」。馬武督部落的陳高姓耆老也提到，原來居住於關西玉山一帶的麥樹仁部落與馬武督先人因為「殺了很多人」而「滅亡」，甚至認為這是「上天都沒有辦法原諒他們」之結果：

> 玉山那個地方，也是殺了很多人，結果泰雅人都滅亡了，那個地方我們原住民沒有這麼多人，只好被客家人……有土地大家都要去開墾，很……怎麼講，上天都沒有辦法原諒他們，不只有我們陳家，別的也是一樣，有一個是我們原住民，姓鍾的他的孩子都很聰明的人，也是死掉，後來他的孩子都很好很好，聽說以前有殺過客家人，後來他的子孫都不好，命都不好。這是住在對面的客家人跟我講的喔，他們跟我講，他說「我的祖先給鍾家的老人家殺掉」，所

以鍾家現在很好的孩子也是都不好，就是肺結核死掉，還有兩個是在……那個河邊，在那邊打獵玩水，結果……就不知不覺在那邊浮起來，就不知道怎麼樣……兩個就在河邊……這跟祖先有關係，我的猜測一定是這樣。所以你看我們很多原住民的子孫，我們這些後代……很多……聰慧的人都不長命……就好好的一個人……不是自殺……就是會發生意外的事情，剩下來的都是酒鬼。除非是到外面去，離鄉背井就比較好，我們這邊留在山上的不好，都不好……因為以前祖先可能殺太多人。（梁廷毓，2020g）

值得注意的是，在泰雅族人的日常閒聊中，經常出現的話題是某某人生病了，可能因為他本人、家人或祖先曾經觸犯 gaga，包括殺人等等的 gaga 禁忌（王梅霞，2006）。陳高姓耆老的認知中，後代的厄運連連、生病、常出意外，即是「跟祖先有關係」，因為「以前祖先可能殺太多人」。接著，馬武督部落的王姓族人也提到老人家的告誡：

我姨丈簡榮順的父親是當時跟部落長老一起去出草的勇士中最年輕的，後來遷居馬武督，晚年的時候和我姨丈講，真的不要殺人，因為晚年的時候，每次做夢夢到自己年輕時出草的事情，沒多久就死一個兒子，連續兩、三次，就交代他的後代說，不要殺人，會有報應。（梁廷毓，2020h）

王先生現年 48 歲，出生於馬武督部落。他提到老一輩的人因為曾有獵首的經驗，以致於晚年噩夢連連，故交代晚輩「不要殺人，會有報應」。顯

然在耆老的認知中，當年的獵首是觸犯了 *gaga* 禁止亂殺人的戒律，因而在他身上產生報應。五峰鄉桃山部落的謝姓耆老也說過類似的話：

> 我們五峰不是只有客家人，還有賽夏族，賽夏族本來是要被我們趕盡殺絕的，後來有一個老人家說要留下一些活口，全部殺掉不太好，但是可能以前殺了很多人，所以我們後代在今天的生活都不是很好，都沒有很好的發展。（梁廷毓，2020i）

謝姓耆老現年 75 歲，出生於桃山部落。他也提到獵首習俗與後代運勢之間有著因果關係的認知。在當代耆老的觀念中，呈現出違背泰雅 *gaga* 精神，恐受詛咒而 *yaqih qbuli*（斷後、香火不好）的詮釋，而導致的原因之一，即是無端的殺人、沒有原由的殺人。例如，受害者起誓詛咒說：

> 你未來子子孫孫因為你的作為，害了我們的家庭，你將會看到，你未來的家庭不會有好下場，你的後代子孫因為你而不會有好生活，會延續好幾代下去，不管如何都將會斷了香火沒有好結果，甚至是 *krmus*〔發生意外、屍橫野外〕。（原住民族電視臺，2020）

然而，這卻呈現出和主流歷史論述不同的敘事。若目前的歷史普遍認為漢人開墾的歷史就是對原住民土地的侵墾史，強勢的漢人壓迫了少數的原住民族群，剝奪了原住民族的傳統獵場和生活領域，甚至破壞了美麗的山林，不斷強取豪奪各種自然資源。而原住民在這個過程中要捍衛部落的領域，因而進行反抗，試圖將不斷侵墾的漢人驅逐出境。此類隱含某種道德意涵的歷

史論斷，並沒有出現在上述耆老的觀念裡。

　　儘管當代泰雅耆老在口述中明確表達了「漢人侵逼」，而原住民群起反抗將之殺除。但是，一旦回返到今日的時空條件底下檢視部落的命運和族人的際遇時，口述者卻不是從政治、經濟等社會條件進行批判主流漢人社會所造成的部落問題，而是從祖先的獵首儀式，想像祖先的行為是否違背了泰雅 gaga 精神，認為祖先存在無端殺人、恣意出草的行為，最終造成部落人口衰退的厄運。筆者認為，無論口述者轉述祖父所說「殺了九個無關緊要的人」、「殺了太多的漢人也不是很好的事，這不是泰雅的 gaga」、「殺了一定仇更仇、越抓越多，抓來就砍阿」等等這類祖父輩的作為與長輩對後代的告誡，可能在口述者的認知中，皆是因為觸犯了「禁止殺人」這一 gaga 的戒律，所以給整個部落或是後代帶來噩運。

　　若從泰雅族傳統的土地觀念來理解，人是土地與自然的一部分，每個部落都有特定的獵場，有著嚴禁侵犯別的部落獵場的戒律。那麼當漢人不經族人的允許，或違反起初的約定、領域爭議又遲遲無法排解時，就會被族人視為侵犯傳統領域，並不惜一切代價的加以驅趕。以 mgaga（獵首）進行最高的仲裁儀式，藉由這種判定對錯的方式，來維持原本泰雅人與山林萬物的關係。在此意義下，獵首就不是殺人，並不會違反 gaga。例如，在日治時期的文獻中，曾經記述當時馬武督社頭目 Yuumin Paisu（尤敏‧排雪）在獵首漢人之後，招致陰魂、帶來厄運的口述，表達中仍然明顯呈現出傳統泰雅人的宇宙觀：

我壯年時斬殺當地人民〔漢人〕非常多，人民的陰魂已經讓我的四個愛子得病死亡，但還是不滿足，現在又來讓我這個老人得病，讓

我受到這樣的痛苦，實在可惡。這些都是當地人民的陰魂搞的鬼。
我將以這次帶來的珠裙買豬回社，供奉神靈，祈求神靈好好的斥責
陰魂。（王學新，2003b）

在當時族人的口述中，反映出獵首行為是當時沿山部落的族人，面對漢人逐漸增加的人口數量與環境壓力、面臨生活習慣與社會價值可能有所轉變的威脅時，形成不得不為的最終手段。雖然會將家族的厄運歸咎於過去殺害漢人的行為。但是，仍然認為那些被獵首者的陰魂作祟現象，可以藉由殺豬祭祀與祈求祖靈的方式，來解決厄運纏身的問題。反觀當代泰雅耆老們對於祖先殺人的觀點，已經沒有原來宇宙觀和傳統儀式觀念的支撐，獵首儀式被口述者明顯簡化為殺人的惡行、產生遭致詛咒的後果。另一方面，當時的族人還認為那些漢人的陰魂「實在可惡」，必須要被「斥責」；反觀今日族人在面對「祖先殺人」招致的厄運時，較多是對殺人行為的反省與後悔，讓今昔族人在面對原漢人群衝突的認知上，呈現出迥然的觀點。

若從歷史上漢人侵墾、外來政權的殖民經驗、土地制度與宗教文化影響的角度，或許這些口述反映出的問題，是部落族人經歷時空環境劇烈轉變之下，形成的不安心理，包括語言、傳統祭儀、山林獵場的變動和流失，在老一輩泰雅人的生命境遇當中，經歷過遵循祖遺戒律而進行 *mgaga* 的儀式、又遭逢日本殖民政府禁止獵首（當時殖民政府頒布嚴禁獵首的命令，除了繼續將獵首視為非文明、不符合現代化價值的野蠻行為，更被列為刑事犯罪，並使用許多高壓政策和計謀，包括血腥報復、連坐懲罰出草部落等方法來遏

制「獵首行為）的時期，[12] 獵場生態從物種豐富到潼山濯濯；從以物易物到貨幣交易；從共享觀念到財產私有制度等。因為各種新的價值和現代觀念的介入，導致族人對傳統獵首觀念的揚棄或喪失。

五、結語

本文從原住民族研究的文獻、原住民鄉鎮的地方志、相關口傳記錄，從泰雅族群遷徙的過程，討論泰雅族在沿山地區與漢人接觸的歷史過程。接著以筆者在 2018 年至 2020 年之間，在桃園市、新竹縣的三民、長興、馬武督、麥樹仁、桃山等地的泰雅部落，進行泰雅耆老訪談的口述為主要的材料。從部落的歷史記憶，探討昔日原漢通婚、交易、衝突的互動，在泰雅族群當中形成的族群記憶背後，呈現出何種記憶形塑的樣態。一方面，若仔細檢視口述者所描述的時空環境，大多牽涉到客家人開始進入原住民的山林當中伐樟製腦、或是彼此之間開始有交易行為，漢人村落與部落之間的距離越來越接近等因素。面對漢人時，當代泰雅族耆老對於獵首的記憶，認為夾雜不滿與仇恨因素在其中。

記憶是一個重構（reconstructive）的過程，往往會依據當下的需求與思考方式不斷調整。在部分當代耆老的觀念中，也呈現違背泰雅 *gaga* 精神，恐受詛咒而 *yaqih qbuli*（斷後、香火不好）的詮釋，雖然耆老明確表達了是因「漢人侵逼」，故原住民群起反抗將之殺除。但是，在回到今日檢視部落

---

12 參見張旭宜（1996）。

的命運和人的意外和境遇時，卻不是從政治、經濟等社會條件來批判主流漢人社會所造成的結構性問題，而是從昔日獵首儀式與族群衝突中的殺人行為，認為祖先的行為違背了泰雅的 *gaga* 律則。筆者則認為，這是面對漢人逐漸增加的人口數量與整體環境壓力、面對生活習慣與社會價值可能有所轉變的威脅，所形成不得不為的選擇。當代部落的耆老們，以今日的道德價值去衡量先人的行為，並透過對 *gaga* 觀念的理解，連繫上今日部落與族人的境遇，既認為歷史中存在著「漢人侵逼」，但也認為過往祖先殺人違反了祖律，以致於後代產生厄運，形成兩個矛盾的力量持續並存的複雜現象。

參考書目

大溪鎮志編輯委員會，2014，《大溪鎮志》。桃園：大溪鎮公所。

尤瑪‧達陸，2009，《泰雅族紋面耆老口述歷史及影像紀錄成果報告》。苗栗：雪霸國家公園。

文化部文化資產局，2017，《Lmuhuw 語典：泰雅族口述傳統重要語彙匯編 1》。臺北：文化部文化資產局。

王梅霞，2006，《泰雅族》。臺北：三民。

王學新，2003a，《日治時期臺北桃園地區原住民史料彙編之一：理蕃政策》。臺北：國史館臺灣文獻館。

_____，2003b，《日據時期竹苗地區原住民史料彙編與研究》。臺北：國史館臺灣文獻館。

_____，2018，《日治時期新竹地區蕃地拓殖過程與原客關係》，臺北：客家委員會。

古野清人著、葉婉奇譯，2000，《臺灣原住民的祭儀生活》。臺北：原民文化。

尖石鄉誌編輯委員會，2009，《尖石鄉誌（初編）》。新竹：尖石鄉公所。

行政院原住民族委員會，2015，〈羅浮部落 Kinyawpan〉，《臺灣原住民族資訊資源網》，1 月 1 日，http://www.tipp.org.tw/tribe_detail4.asp?City_No=5&TA_No=8&T_ID=186，取用日期：2020 年 04 月 05 日。

地理資訊科學研究專題中心，2020，《臺灣百年歷史地圖線上資料庫》，3 月 5 日，淡新檔案，時間不詳，〈名單〉，臺北：國立臺灣大學藏，第 17321-6 案。

＿＿＿＿，1879〈咸菜甕庄佃戶陳光輝蘇文富黃鴻南暨眾佃等為擄勒逼變吞廢慘殺簽懇革換以甦殘黎事〉，臺北：國立臺灣大學藏，第 17321-5 案。

＿＿＿＿，1886，〈投誠甘結狀〉，臺北：國立臺灣大學藏，第 17108-8 案。

李文良，2006，〈十九世紀晚期劉銘傳裁隘事業的考察：以北臺灣新竹縣為中心〉，《臺灣史研究》13(2)：87-122。

呂佩如，2008，〈清代竹塹內山地區的拓墾：以合興庄為主軸的探討（1820-1895）〉，國立交通大學客家文化學院客家與文化在職專班碩士論文。

新竹縣文獻會，1954，《新竹縣文獻會通訊》。新竹：新竹縣文獻委員會。http://gissrv4.sinica.edu.tw/gis/twhgis/，取用日期：2020 年 4 月 5 日。

沈明仁，1998，《崇信祖靈的民族：賽德克人》。臺北：海翁。

阿棟‧尤帕斯，1991，《泰雅爾傳說故事精選》。新竹：泰雅爾中會母語推行委員會。

吳學明，1995，〈清代一個務實拓墾家族的研究：以新竹姜朝鳳家族為例〉，《臺灣史研究》2(2)：05-52。

施添福，1990，〈清代竹塹地區的土牛溝和區域發展：一個歷史地理學的研究〉，《臺灣風物》40(4)：1-68。

孫大川，2000，《夾縫中的族群建構》。臺北：聯合文學。

徐榮春，2010，《1924 馬武督，泰雅人的土地變遷經驗與 gaga 對話》。國立清華大學人文社會學院臺灣研究教師在職碩士班人類組碩士論文。

范明煥，2004，《時間裡的空間格局文化的代言人：新竹縣溪北五鄉鎮市舊地名之研究》。臺北：行政院客家委員會。

原住民族電視臺，2020，《違背泰雅 gaga 精神，恐受詛咒斷後》，3 月 30 日，https://www.youtube.com/watch?v=PK2u9lqG2dY，取用日期：2020 年 04 月 05 日。

梁廷毓，2017，〈桃園龍潭近山地區耆老的原客族群互動記憶〉，《歷史臺灣：國立臺灣歷史博物館館刊》14：125-136。

_____，2018，〈劉先生訪談紀錄〉，12 月，未刊行。

_____，2019a，〈陳高女士訪談紀錄〉，3 月，未刊行。

_____，2019b，〈張女士訪談紀錄〉，4 月，未刊行。

_____，2019c，〈簡先生訪談紀錄〉，4 月，未刊行。

_____，2019c，〈彭先生訪談紀錄〉，4 月，未刊行。

_____，2019d，〈周先生訪談紀錄〉，5 月，未刊行。

_____，2019e，〈黃先生訪談紀錄〉，8 月，未刊行。

_____，2019f，〈張先生訪談紀錄〉，12 月，未刊行。

_____，2020a，〈龍潭、關西地區的「番害」記憶之口述調查〉，《臺灣風物》70(2)：157-184。

_____，2020b，〈劉建國先生訪談紀錄〉，2 月，未刊行。

_____，2020c，〈徐先生訪談紀錄〉，3 月，未刊行。

_____，2020d，〈謝先生訪談紀錄〉，3 月，未刊行。

_____，2020e，〈徐先生訪談紀錄〉，5 月，未刊行。

_____，2020f，〈周先生訪談紀錄〉，3 月，未刊行。

_____，2020g，〈陳高女士訪談紀錄〉，3 月，未刊行。

_____，2020h，〈王先生訪談紀錄〉，3 月，未刊行。

_____，2020i，〈謝先生訪談紀錄〉，3 月，未刊行。

_____，2020j，〈曾作權先生訪談紀錄〉，6 月，未刊行。

_____，2021a，〈瓦歷斯‧哈勇先生訪談紀錄〉，1 月，未刊行。

_____，2021b，〈羅先生訪談紀錄〉，1 月，未刊行。

_____，2021c，〈羅進通先生訪談紀錄〉，8 月，未刊行。

_____，2021d，〈王先生訪談紀錄〉，9 月，未刊行。

許世賢，2008，〈劉銘傳裁隘之研究：以竹苗地區的隘墾社會為中心〉。國立中央大學歷史研究所碩士論文。

許毓良，2008，《清代臺灣軍事與社會》。北京：九州。

_____，2019，《光緒十四年（1888）臺灣內山番社地輿全圖所見的新北山區：一段清末開山撫番的歷史追尋》。臺北：遠足文化。

陳志豪，2010，〈晚清「開山撫番」下的山區開發與地方社會〉，《臺灣學研究》10：01-24。

_____，2019，《清代北臺灣的移墾與邊區社會 (1790-1895)》。臺北：南天。

陳培桂，1963，《淡水廳志》，收錄於臺灣歷史文獻叢刊第172種。臺北：臺灣銀行經濟研究室。

黃旺成、郭輝，1976，《臺灣省新竹縣志》。新竹：新竹縣文獻委員會。

傅琪貽，2019a，《大嵙崁流域北泰雅族抗日事件始末》。臺北：行政院國家科學委員會。

_____，2019b，《大豹社事件（1900-1907）》、《大嵙崁事件（1885-1910）》。臺南：行政院原住民族委員會。

_____，2019c，《大嵙崁事件（1885-1910）》。臺南：行政院原住民族委員會。

傅寶玉，2018，〈清代到日治初期民間信仰與大嵙崁內山村落的地方建構〉，《桃園文獻》6：101-124。

張旭宜，1996，〈臺灣原住民出草慣習與總督府的理蕃政策〉，國立臺灣大學歷史學系碩士論文。駱芬美，2011，〈向「出草」說再見：臺灣總督府的對策探討〉，10月14日，https://fenmei.pixnet.net/blog/ post/17016253，取用日期：2021年1月2日。

黑帶・巴彥，2001，《泰雅人的生活型態：一個泰雅人的現身說法》。新竹：新竹縣政府文化局。

_____，2018，《泰雅文化大全》。臺北：永望文化。

葉爾建，2004，《日治時代頭前溪上游地區的環境變遷》。國立臺灣師範大學地理研究所碩士論文。

詹素娟，2009，《新苗地區客家族群與原住民互動歷史之研究（1895-1950）》。新竹：國立交通大學國際客家研究中心。

達西烏拉灣・畢馬，2003，《泰雅族神話與傳說》。臺北：晨星。

廖守臣，1984，《泰雅族的文化：部落遷徙與拓展》。臺北：世新。

賴玉玲，2011，〈國家與邊區社會的治理：以中北部臺灣金廣福、廣泰成墾號為考察中心（1834-1920）〉。國立臺灣大學歷史學系博士論文。

劉瑞超，2003，《經驗對話與族群互動：關西馬武督地區的泰雅與客家》，國立臺灣大學人類學系碩士論文。

鄭安晞，2017，〈桃園山區泰雅族空間與文化變遷（1880-1920）〉，《桃園文獻》3：7-42。

謝金蘭編，新竹縣文獻委員會譯，1953，《咸菜硼沿革史》。新竹：新竹縣文獻會。

復興鄉志編輯委員會，2005，《復興鄉志》。桃園：復興鄉公所。

關西鎮誌編輯委員會，2019，《關西鎮誌》。新竹：關西鎮公所。

羅文君，2017，《山地鄉的平地客家人：以新竹縣尖石鄉前山地區客家住民之經濟活動為核心之研究》，國立政治大學民族學系碩士論文。

臺灣總督府，1897，〈馬武督社內鐵鈀山麓腦 ニ於ケル生蕃凶行事件〉，《臺灣總督府檔案》卷 04534 件 003。臺北：臺灣總督府。

臺灣總督府警務局，1989，《理蕃誌稿》第一編。臺北：臺灣總督府警務局。

臺灣總督府警務局理蕃課著，中央研究院民族學研究所編譯，2011，《高砂族調查書：蕃社概況》。臺北：中研院民族所。

梅嘎蒗社的苦難：櫻花林下的內橫屏山隘勇線抵抗記憶

劉柳書琴

摘要

　　在原住民族社區發展的進程中，集體記憶的重構是社區意識凝聚和地方創生的基礎，也是去殖民和族群精神統整的重要過程。本文關切 110 多年前尖石前山泰雅族被掃蕩的歷史與記憶。面對這個議題時，歷史文本分析法有助於解讀新竹廳泰雅族討伐新聞，分析隘勇線前進政策如何對部落鎮壓、分化、招撫；記憶政治理論則有助於了解同化政策施行後，地景改造為何能淡化衝突記憶，引導族人逐漸適應山地國家化的現實。分析步驟包括：第一，梳理官方打造的蕃地勝景「內橫屏觀櫻」出現的背景與過程。第二，檢視吉野臺（櫻山）櫻花符號的意義賦予與擴散過程，亦即官廳以勝景旅行解構血染之地的記憶政治操作。第三，脈絡化《臺灣日日新報》的討伐記事，從被討伐者的逆向視野，勾勒梅嘎蒗等社的應變身影；第四，分析 1917 年以後，在梅嘎蒗警戒區內形成的多族群社區，以及梅嘎蒗社人與官方認同的分歧。

1　本文作者劉柳書琴為國立清華大學台灣文學研究所教授。

第五，探尋 2000 年以後梅花村人破碎的隘勇線反抗記憶及其當代意涵。

關鍵字：梅嘎蒗、內橫屏山、尖石鄉、理蕃政策、臺灣日日新報、櫻花、地景、
集體記憶

一、前言

在原住民族社區發展的進程中，集體記憶的重構是社區意識凝聚和地方創生的基礎，也是去殖民和族群精神統整的重要過程。

本文關切 110 多年前尖石前山的重大歷史事件。新竹縣尖石鄉，以標高 1,914 公尺的李崠山為始，向西與宇老山、東穗山、油羅山等群峰形成前山與後山的分水嶺。尖石前山，[2] 包含今尖石鄉北緣和西緣的前山地帶，自清中葉以來就是泰雅族、賽夏族、道卡斯族與客家人等的接壤地。原漢多個族群，以頭前溪兩大支流以及海拔 1,000 公尺上下的一群中級山形成疆界，各踞一方，又縱錯往來，形成環山第一線的多族群畛域。然而在 1895 年臺灣割讓到 1915 年「理蕃政策」結束前的 20 年間，這塊前沿之地因為武力討伐與同化治理捲動的社會轉型，暫息了原漢多角互動，形成以泰雅族與日本人對應為主要的結構。

本文聚焦梅嘎蒗四社的梅嘎蒗群，在山地國家化過程中的應變身影，以及當今梅花村居民對此事的集體記憶。梅嘎蒗四社，包括梅嘎蒗社及其周邊三社，屬於泰雅族，其分布地被稱為 *Mekarang*（メカラン），如今已繁衍為梅花村的梅達拜等六個部落（臺灣原住民族資訊資源網，2015）。[3] 梅嘎

2　從油羅溪源頭，沿六畜山、拉號山、尖石山、加拉排山、麥樹仁山、外橫屏山、向天湖山、內橫屏山、油羅山，迤邐到上坪溪流域。

3　梅花村境內在清朝時期建有梅嘎蒗社，分成八個集團，屬於澤敖列加拉排群。或是居住在義興村以南的溪谷，日子一久，自成一群，常自稱為梅嘎蒗群。日治時期，日軍向李崠山進擊，梅嘎蒗社支援部落抗日，一度對日軍補給線造成重大傷亡，但仍禁不起日軍的武力而歸順，日軍在現址設立駐在所，管理諸社。光復之後，諸社經過異動而定居了下來，成為現在的梅花部落。以前這裡種植櫻花，據説日治時期天皇來此巡視，後來才改種梅花。

滇社（今梅花村）在 20 世紀初期，其北方為麥樹仁社，東北方為野馬敢社，西南方為梅后蔓社。梅后蔓社與梅嘎滇社都是梅嘎滇群，又與麥樹仁社同屬加拉排系統。三社在舊砲臺隘勇線推進之前，原本相互支援抵抗官方，1907 年隘勇線侵略加劇後逐次分化。

　　現今梅花村面積 33.35 平方公里，共分 10 鄰。大約 160 年前，梅嘎滇群主要住在梅杜依部落（舊馬胎部落），1920 年代官方為集體安置來自粟園等後山方面的移住者，把原本住在梅杜依的 *Mklapay* 群移往梅嘎滇社，1946 年左右國民政府再一次搬遷到梅花溪下游的第九鄰現址（新竹縣尖石鄉公所，2009：715-717）。今屬梅花村第八鄰的梅杜依（*Metuiy*）部落，位於義興村、梅花村交界，發音近似義興村的馬胎（*Matuy*），可知兩地淵源。當地耆老表示，在後山基那吉群移住者到來前，兩地同屬梅嘎滇群狩獵耕種的領域，戰後族人也取道馬胎古道徒步至內灣購置生活物資。[4] 這幾個部落現今與周邊鄉鎮的網絡關係成形於隘勇線戰役之後，目前沿鄉道竹 62 線可向五峰鄉花園村、尖石鄉錦屏村出入，向北途經牛角山周邊及義興大橋也有鄉道竹 59 線通往橫山鄉。

　　為挖掘梅花村的記憶資源，筆者將縱覽內橫屏山區旁及向天湖山、油羅山、麥巴來山一帶，進行該地周邊隘勇線抵抗記憶的梳理。歷史文本分析法有助於解讀新竹廳泰雅族討伐新聞，分析隘勇線前進政策如何對部落鎮壓、分化、招撫；記憶政治理論則有助於了解同化政策施行後，地景改造為何能淡化衝突記憶，引導族人逐漸適應山地國家化的現實。

4　這段紀錄來自於筆者訪談天湖部落耆老的口述。翡束・寶給口述，劉柳書琴訪談，2021 年 11 月 21 日，五峰鄉天湖部落。

本文以《臺灣日日新報》為主要的歷史文獻,在隘勇線政策大規模包圍、軍警聯合討伐的階段(1904-1917年),該報讀者以在臺日人為大宗,待到《漢文日日新報》的發行期(1905-1911年)有漢人讀者加入,但原住民讀者始終微乎其微。正因當地泰雅族是未被現代報紙納為受眾的「他者」,媒體如何再現被討伐的人群、如何報導和修辭、留下何種影響,值得我們關心。誠如李承機指出《臺灣日日新報》的御用性質必須警惕(李承機,2003),但是為了挖掘族人的聲音與身影,利用這份日治時期最大日刊報紙在資訊記錄與傳播上的即時性、情境性、脈絡性、漸近性質,以及為面對社會大眾的修辭考慮保留的敘事性、細節和社會情境,對本文仍有其必要性。筆者將慎重觀察日本官方與被討伐者之間的權力關係與懸殊地位,同時納入當地人的觀點以嘗試後殖民的閱讀。

本文分析步驟包括:第一,梳理官方打造的蕃地勝景「內橫屏觀櫻」出現的背景與過程。第二,檢視吉野臺(櫻山)櫻花符號的意義賦予與擴散過程,亦即官廳以勝景旅行解構血染之地的記憶政治(Politics of memory)操作。第三,脈絡化《臺灣日日新報》的討伐記事,從被討伐者的逆向視野,勾勒梅嘎蒗等社的抵抗姿影;第四,分析1917年以後,在梅嘎蒗警戒區內形成的多族群社區,以及梅嘎蒗人與官方認同的分歧。第五,探尋2000年以後梅花村人破碎的隘勇線反抗記憶及其當代意涵。本文希望找出今梅花村在理蕃戰爭中的歷史斲傷,說明殖民官廳主導的集體記憶之本質、特性與弱點;藉此觀察當代梅花村人如何在與殖民者記憶共生之處,慢慢說出族群自身那段過往。

二、官廳打造的新竹蕃地勝景：內橫屏觀櫻

　　風景名勝的標定，除了自然景觀與人文景觀的公開評定之外，族群因素扮演一定角色，卻經常被隱蔽。本節以日治時代新竹州的案例，說明「蕃地勝景」[5] 登場的背後，隱藏了怎樣一段血的歷史。

　　1870 年《淡水廳志》記錄的「全淡八景」，除了香山觀海（香山）、鳳崎晚霞（新豐）、隙溪吐墨（客雅溪口）之外，有一處孤懸在外，被喚作——指峰凌霄（竹東五指山）。1888 年〈新竹採訪冊〉羅列竹塹八景時，仍只有它遠離竹塹平野。

　　指峰凌霄，是五指山雲帶繚繞插天入雲的丰姿。凌霄，自是平地視野，漢人的修辭。五指山，往昔為原客的楚河漢界，今日仍為三鄉界山（竹東鎮、北埔鄉、橫山鄉）。指峰風緻，約當從今日芎林、橫山、北埔等客庄仰望而去的山景，從漢人入墾較早的芎林鄉飛鳳丘陵南眺，五指山崛起於平原盡頭第一排，秀峰起伏，稜線歷歷，蒼紫奪目。然而這幅風景卻迥異於五峰鄉重巒之上俯視所見。因為五指山標高在 800 至 1,061 公尺之間，是雪山山脈走下平原淺丘前的餘脈，最高峰與周遭的鬼澤山、扇子排山、梅山、向天湖山相當，比起鵝公髻山、油羅山則落差 500 到 700 公尺。因此，五指山並非因高峻中選，而是作為漢墾區、隘墾區前進蕃地的前沿，位居客家人與泰雅族、賽夏族的接壤帶，更增添了神秘想像的面紗。1927 年《臺灣日日新報》舉

5　蕃地（或蕃界）為日治時期對臺灣原住民族傳統領域的稱呼，以特殊行政區分與一般行政區作區分。本文為呈現文獻脈絡保留時代用詞時，「蕃山」指傳統領域內的山脈、「蕃社」指部落、「蕃人」指原住民（族）、「未歸順蕃」、「兇蕃」指拒受治理或抵抗官廳的原住民（族），無歧視意味。

辦「全臺八景十二勝」民眾票選時，五指山仍穩坐十二勝榜上，與角板山、獅頭山、旗山、太平山等族群屏風共同媲美。同一活動中「內橫屏觀櫻」也被提入名單，雖然最後未參賽，但於 1933 年被登錄為官定史蹟名勝。

國府治臺、新竹縣市分治之後，新竹縣議會於 1954 年通過省文獻會重擬的「新竹縣八景」。五指凌霄、鳳崎晚霞蟬連之外，八景新增原鄉勝景三處，包括清泉試浴（五峰鄉清泉）、內灣垂釣（橫山鄉內灣）、馬武連峰（關西鎮馬武督）、橫屏觀櫻列入十二勝，但改稱為「錦屏觀櫻」（黃奇烈，1957：206-207）。[6] 這個日治時期新竹州第一個「櫻之名所」，遺址位於內橫屏山頂南坡，初名吉野臺，又叫櫻山，在今梅花村梅拉姆拉克部落境內，但因土地歷經多種利用，櫻林景觀已不復存在。甚至，錦屏觀櫻的名號，也在 2000 年後被挪用到鄰村，改指鄉公所營造的錦屏村那羅櫻花林。

勝景座落原鄉，反映山地開放的進程、大眾消費往山區的進展。從橫屏觀櫻、錦屏觀櫻、櫻山無花，到地景所指轉移和被遺忘，還反映出政權對地景（Landscape）的看待與操作。山區地景，從無名山林到幽勝景區並非一蹴可幾。在 1920 年代日本內地的旅行產業流行到臺灣以前，山區基礎建設（交通、治安、衛生）是旅行活動的要件，而官廳隘勇線的推進、警備體系的建置，更是民政的前提。新竹廳的勝景出現在蕃地行政區，要到 1917 年以後。因此，蕃地勝景可視為山地治理的指標之一，其所在地幾乎都經歷過軍警討伐，並在後來形塑出「摩登蕃社」等形象。以下，僅就《臺灣日日新報》橫屏觀櫻地景的鼓吹為例，說明勝景營造與空間記憶之間的關係。

6　新竹縣八景，其餘為獅山佛洞（峨眉鄉獅頭山）、青湖棹月（寶山鄉青草湖）、飛鳳探梅（芎林鄉飛鳳山）。戰後初期內橫屏山（錦屏觀櫻）、北埔（秀巒春曉）退居新竹縣十二勝景，其餘仍在景行列。

首先，介紹日本人畫家石川欽一郎在《臺灣日日新報》刊出的一幅炭筆素描（石川欽一郎，1910）[7]（參見圖 1）。1910 年 6 月刊出的〈新竹內橫屏山隘勇線〉，出現於內灣上坪隘勇線、麥巴來隘勇線先後推進完成的時間點。

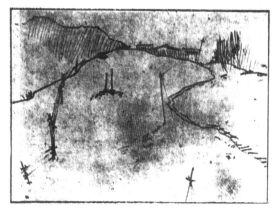

◆ 圖 1 新竹內橫屏山隘勇線。（石川欽一郎，1910）

標高 926 公尺的內橫屏山頂在這幅畫裡一片光禿，是軍警聯合的討伐隊在推進隘勇線時，伐木淨山的典型景觀。畫面中以隘勇線的包納範圍和警備設施為焦點，左側的通電鐵條網沿著稜線的邊緣蜿蜒而上，山頂矗立著監督所之類的建築。石川曾陪同佐久間總督巡視臺北、桃園、新竹等地隘勇線，尋找宣傳畫的題材（顏娟英，2000：187、189）。[8] 這一幅現地速寫，展示隘勇線制高點景觀的訴求明顯，不排除是他親臨寫生。畫中陡斜的山頂空盪枯索，透著蕭殺感，與石川以明亮光線、清麗色彩表現的一般風景畫大異其趣（倪再沁，2002：74-84）。

七年後，在這幅作品速寫的山頭，空前綻放了大片櫻花，是移植自日本的 1,000 株吉野櫻。1917 年 4 月《臺灣日日新報》的首度報導，介紹它是官

7　1907 年石川欽一郎以臺灣總督府陸軍部幕僚附陸軍通譯官身分到臺灣，總督府委請繪製日軍征臺與原作民部落的畫作，如〈北白川宮殿下御奮戰圖〉（1909 年 3 月）、〈蕃界圖〉（1909 年 7 月）等。

8　石川寫生和遊歷之地遍及臺北到新竹的蕃地、臺中到南投的蕃地、阿里山、高雄、澎湖等地。

廳為「紀念御大典」（大正天皇登基）所種：

> 因為此地氣候與內地酷似，移植結果良好全部萌芽，今年開始吐
> 蕊，目前開到六分，一週內應可滿開。此地雖是蕃地，但有台車之
> 便，山頂展望絕佳，雲彩變幻千姿萬態，非筆墨所能形容。

這片櫻花林一開始就被期許為：「全島視察蕃地隘勇線警備狀態的最適當的場所，可作一天一夜的輕旅」（不著撰人，1917a）。[9]

　　1915 年這個山頭被官廳取名為「吉野臺」，1917 年 12 月又追加了 2,500 棵內地櫻，在向陽高崗形成 3,500 棵醒目的櫻花林（不著撰人，1917c）。從新聞發布當月到次年櫻花盛開的 4 月，有如開幕秀一般，總督府民政長官下村宏、野呂寧技師、遞信省技師、覆審法院院長等高官，在新竹廳長陪同下接踵視察。政治性的植櫻紀念，延伸到官吏的蕃山視察和參訪休閒。此外，總督府還聘請外籍活動寫真師，縱貫烏來、角板山、內橫屏山、霧社、日月潭、阿里山到阿猴蕃地，拍攝一系列影像，以漢人為對象在全臺巡映，搭配演講等活動，宣導蕃地治理現況（不著撰人，1917b）。

　　1919 年起每逢春天，報紙上便有多次橫屏花信報導（不著撰人 1919a），強調為內地種的賞櫻活動引來文人雅集，《臺灣日日新報》〈大和短詩〉小欄出現對內橫屏山的歌詠，1921 年更出現以〈屏山櫻〉為題的漢詩，描繪傘轎絡繹於途的風光：「博取臺灣第一名，蕃地內橫屏山櫻，閑人曳筇蓋不尠，聞滿開今日此頃」（竹塹道人，1921）。

9　當時新竹—內灣之間，已有台車通行。

討伐行動將隘勇線監視區據點的林野夷為平地後，移植強烈具有日本民族隱喻符號的櫻花。事實上，1915 年紀念天皇登基三週年的植樹活動並未被報導，換言之，不是紀念事件的本身，而是它的被利用，塑造了吉野臺的功能──視察、紀念兼賞櫻。從植櫻紀念到葉茂花繁，吉野臺不僅因花信議題每年多次在報紙上曝光，更招來政要名士視察遊賞，使櫻花（國民）精神、內地連帶感和摩登蕃社的印象被連結。如此帶有「正統性」意味的粉豔每年循環上演，帝國的正統與圖騰開枝散葉，其衍生出的權力空間──蕃地勝景，又被治理儀式及山地休閒巧妙融合應用。

　　景觀林的物質媒介，櫻花的象徵符號，長時間占據在部落居民舉目可見的山頂，對外形成風尚，對內部居民的精神帶來影響。誠如皮耶・諾哈（Pierre Nora）曾在《記憶所繫之處》一書中揭示：

> 我們探究的不是那些具有決定性的事物，而是它們造成的影響；不是那些被紀念的行動，而是它們留下的痕跡以及相關紀念活動的安排；不是為了研究事件本身，而是為了瞭解事件在時間之流中如何被建構，瞭解事件意義的消失與重視，我們不探究往事如何發生，而是瞭解它如何持續地被利用，它的應用與誤用，以及它對於當下造成的影響。我們要追問的不是傳統，而是它如何被建立、被傳承。總之，不是死後復活，不是重建，甚至不是再現，而是一種再記憶。是記憶，而不是回憶，是現在對於過去的全盤操作與支配管理。（皮耶・諾哈，2012：18-19）

　　依此，讓我們再次凝視石川欽一郎描摹的，因討伐廓清而焦枯的內橫屏

山頂。我們將會看見 1914 年以後隨著日本文化符碼的入侵，武力鎮壓記憶徘徊的這個山頭，地景歷經抹除、增添、變異與殘餘連續性的改造。隨著理蕃政策從威壓期進入威撫期的 1917 年，在討伐記憶上鋪蓋「蕃山輕旅行」的文化記憶，則明顯是刻意的操作。此時內橫屏監視區內的教育同化、養蠶農耕、梯田開墾正值啟動，無論是殖民者的討伐，抑或部落的抵抗，兩者都被壓抑在記憶支配的深處，成為必須遺忘的過去。因此，1917 年橫屏櫻花勝景的打造與宣傳，並非風雅，而是與討伐後的殖產興業、稻作推廣、同化教育齊頭並進。吉野臺的山頂紀念空間與當地部落的相關位置，大致如圖 2 所示，隨著監視區的劃設，監督所、分遣所、駐在所的出現，區域秩序與先前截然不同。在隘勇線導致的區域空間結構改變、殖民者成為優勢主體之後，以櫻花林的出現為表徵，衝突與創傷的痕跡被修飾。

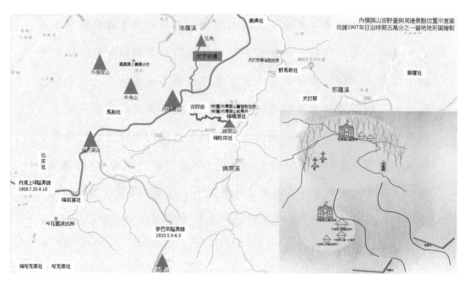

◆ 圖 2　內橫屏山吉野臺與周邊景點位置示意圖。筆者依據 1907 年日治時期五萬分之一蕃地地形圖自繪。

內橫屏山頂曾經長時間為原住民族採集、游耕、燒墾之地，殖民開發導致地景變遷。從原為蒼林和茅原的山頂，到鎮壓行動中的砍伐焚煙，最後換來舶來種的一片紅斑。這個新地景形成的過程對當地人或有複雜意義，只是我們已經很難得知。櫻花林，是文化治理在山地常見的手段，同樣的符號與意象也出現於烏來、角板山、霧社、日月潭等地，只是戰後內橫屏的櫻花遭政府造林砍伐不少，當地人逐漸遺忘其盛景，後世更不知其血的來歷。

這樣又過了 30 多年，國府政權採用新的文化霸權（Cultural Hegemony）手段，日本殖民帶動的地景更新才落幕，達到該地景發展歷程的終點。代之而起的是文化中國的符號——梅花，在殘餘的殖民地景上，召喚與填充另一波記憶政治。

探究殖民者如何透過地景符號化進行帝國文化統合，是審視日治時期山地支配管理與精神改造的一個基點。下一節將從更多文獻，追索橫屏觀櫻如何在時間之流中，持續被利用於打造蕃山輕旅行，進而變成史蹟的過程。

三、內橫屏登山健行：吉野臺生產的文化記憶

大正年間，臺灣興起了登山運動（林玫君，2003）。登山風，很快就吹進了樹杞林蕃地。吉野臺櫻花林因海拔適中，登爬容易，交通方便，一、兩日可來回，很快就成為北臺灣登山愛好者青睞的旅遊點。

1920 年代地方性的登山組織，在內橫屏山已有「月例登山」的固定活動。1927 年 4 月臺灣山嶽會成立新竹支部大會時，特別選在該地櫻花滿開的日子。臺灣最大登山組織擴展支部的消息，被以搭配紀實繪畫的方式大幅報導

（參見圖3）。

當天，主辦方的新竹州知事古木章光（兼任新竹支會長）率領職員、竹東俱樂部會員，包含女性成員兩名（皆為日本人），總計20幾位支部會員，乘汽車進山。另一團則由總督府內務局文教課長生駒高常領隊，帶領臺北總會會員及傳教

◆ 圖3 內橫屏山上之山嶽會新竹支會發會式。（不著撰人，1927a）

士、美籍留學生等三名，搭乘20餘輛台車，從新竹站浩浩蕩蕩抵達。到達終點站內灣之後，地方與中央的兩路人馬穿越鐵線橋徒步上山，沿錦屏山峽谷登爬一個小時左右，汗流浹背地抵達山頂會場。

發會式設置在吉野臺，會場中央設有營帳，外圍有被動員來參與的泰雅族學童。支部幹事、支部長及官方指導者陸續報告創立經過和宗旨，最後高呼萬歲兩輪，完成儀式。這場成立大會由州郡官廳參與組織運作，總督府文教官員南下督導，登山活動被期待發揮鍛鍊體魄與教化精神的目的，記者如此報導這個空間：「這個山頂是討蕃時代忠勇軍人流血的古戰場，有忠魂碑，環繞周圍的群山彷彿波浪起伏，像這樣完全獨立的山峰真是罕見」（不著撰人，1927a）。

殖民者在曾是鎮壓當地民族的交鋒地，打造植滿櫻花的一塊紀念性空間，林下集合殉職者墳塚，並建造一座忠魂碑。如圖3所示，繪者聚焦再現

了致詞者和坐在中央席次上的整排長官，以及端坐的登山會員。在他視線最遠處，點綴著可能是教育所學童的一些黑影。而那些站立的少數者，正是在這個景觀空間被施予價值洗禮，又在教育所、開墾地被施予日語同化教育和水田定耕實作的主人翁。諾哈曾言：「記憶所繫之處是物質性的場所、具象徵性的光環、功能性的，但他們必須是某種儀式性的對象時，才能視為記憶所繫之處」（皮耶・諾哈，2012：26-27）。在吉野臺的案例中，這個空間成為了記憶磋商的生成容器（productive container），在官廳、駐在所、登山協會、媒體、參與者的互動下，成為官方打造國家蓄地治理記憶和符碼化討伐歷史的場所。

1928 年，「內橫屏之櫻」與「南投李花」、「太魯閣峽谷之櫻」、「三叉山杜鵑」等被《臺灣日日新報》報導為「臺灣賞花名所」（不著撰人，1928）。吉野臺也和鄰近的內灣溪谷、尖石溫泉等熱點逐漸串連，形成尖石前山最早的旅遊線。1930 年以後，治安無虞，橫屏觀櫻或橫屏登山已是山嶽會的熱門活動。1933 年 4 月，臺北山嶽會員在該地舉辦「露營賞櫻」活動。

此時，報導科技已有大幅進步，《臺灣日日新報》改用解析度較好的照片報導花訊。圖 4 這幅〈新竹州下內橫屏山之櫻滿開〉照片，沒有搭配報導，直接以十幾位男性遊賞者的瀟灑身影訴諸讀者，傳遞登山賞櫻的戶外運動（不著撰人，1933）。

◆ 圖 4 新竹州下內橫屏山之櫻已滿開。（不著撰人，1993）

1937 年出版的《竹東郡勢要覽》，已在竹東郡管內圖上標出史蹟名勝四處。（竹東郡役所，1937、1966：125）內橫屏之櫻與尖石奇岩在同一條山區道路上，以下是針對「內橫屏之櫻」的推薦文字：

　　【內橫屏山之櫻】已成為新竹州唯一的櫻花名所，海拔 3,000 尺，在山頂平坦處可以廣角度鳥瞰，其中一側種植了吉野櫻。這是大正四年支廳長中田秀造作為御大典紀念事業倡議而試植的，之後又屢屢補植，現在胸徑達一尺的鬱鬱成木已有 400 棵。每到陽春四月，潔白花瓣爛漫，象徵國民精神的真髓，宛若母國的春天被移來。雖然其中也間雜了本島土生的山櫻，但真正的大和櫻卻是十分稀罕的。若以僅僅一日的行程，想一併觀賞蕃山的情趣，那麼全島捨此無它。近傍的內橫屏駐在所還有 modern 的蕃社，總戶數大約一百。無論是作為成人的蕃地旅行，或作為不識母國風情的學童遠足地，都廣受社會推薦。（竹東郡役所，1937：121-122）

　　竹東郡的介紹，強調吉野臺是為倡議「御大典紀念事業」，而在展望極佳之地營造的「新竹州唯一的櫻花名所」，潔白花瓣「象徵國民精神的真髓，宛若母國的春天被移來」，而且此地有「Modern 的蕃社（モダンの蕃社）」，鼓勵成人、以及沒有見過「母國櫻花」的學童前往參觀。

　　1937 年以後，內橫屏山取代因抗日事件受影響的霧社，被《臺灣日日新報》報導為：「全島第一的櫻之名所」、「四月中旬可以欣賞櫻花雪」。除了文字鼓吹外，還附有內灣進、員崠子出的環型路線簡圖，鼓吹臺北─新竹兩天一夜的「觀櫻健行」：

Hiking 族可於週六前往，回程順訪以天然氣噴出著名的員崠子石油坑。

建議 course 如下：

第一天：臺北（長程汽車 1 元 21 錢）─新竹（bus 30 錢）─竹東（徒步 10 kilo）─內灣（徒步 3 kilo）─尖石（第一日總行程 13 kilo）

晚間：住宿於尖石農業傳習所（住宿前要向新竹州申請）（竹東到內灣間搭乘台車，單程一人 55 錢）

第二天：尖石（徒步 4 kilo）─內橫屏山（徒步 8 kilo）─上坪（徒步 4 kilo）─員崠子（徒步 2 kilo）─石油坑（徒步 2 kilo）─員崠子（bus 40 錢）─新竹（長程汽車 1 元 21 錢）─臺北（第二日總行程 20 kilo）

預設出發時間：星期六午後

△第一日 臺北午後兩點─抵達新竹午後四點零八分─抵達竹東午後四點半─抵達尖石午後七點半（住宿）

△第二日 尖石出發早上八點─抵達內橫屏山早上十點─同所出發中午十二點半─抵達石油坑午後三點半─抵達新竹午後四點半─新竹發車下午四點四十五分─抵達臺北晚上六點四十九分

※ 最好攜帶五萬分之一的樹杞林蕃地地形圖，油羅山部分。（不著撰人，1937b）

從內灣進入，到尖石農業傳習所之後開始登行，翻越內橫屏山，途經梅嘎滾社、梅后蔓社等等，下到上坪，最後從員崠子石油坑出來。這個行程將登山健行結合產業見學，場域則橫跨了蕃地部落與沿山客庄，一路上可以飽覽農、林、礦業。終點站員崠子石油坑的天然氣更是國策產業，在 1940 年臺灣總督府為行銷臺灣而支援拍攝的影片《南進臺灣》中，員崠子油田也在介紹之列（國策記錄映畫，1940／2008）。[10]

　　綜合上述從吉野臺紀念空間衍生出來的活動，包括賞櫻、視察、團體聚會、登山、露營、健行和見學。無論是公務視察、團體活動、運動休閒、輕旅行或教育學習，都使原是武力征服泰雅族的道路，被改造為具有現代性意涵的山區治理開發或運動休旅之路。日本人或臺灣人（原、客、福佬人），在往昔軍事道路上的循環履踐，參與形塑新風尚，協同營造治理有成、穩定祥和的地方氛圍。這個行程的入口，由尖石農業傳習所揭開原民的新生活樣態，而其終點新竹天然氣公司景觀，更為這條帝國規訓的道路，噴染一層產業躍進的寓意。

　　中日事變之後，內橫屏山的旅遊仍受喜愛。1938 年 4 月，臺灣山嶽會理事長帶領會員觀櫻登山（不著撰人，1938a、1938c）。同年 12 月，新竹軌道會社加開巴士輸運登山者與泡湯客（不著撰人，1938c）。直到 1940 年，《新竹州要覽》仍定例介紹內橫屏山的史蹟名勝。（不著撰人，1937a：23；不著撰人，1940：222）

　　殖民者透過天皇登基紀念空間以及富含民族象徵的櫻花，進行政治認同

---

10 該片目的在使日本內地人從國防、產業及文化各層面對臺灣有更廣泛的認識。有關新竹的介紹，
　強調農產、礦產、畜產、林產豐富，有茶、天然氣、石油、碳粉等資源。

的符號塑造，將征服階段的衝突記憶重構為柔性的櫻花林記憶。在吉野臺上的各種新活動，隱含了對日本文化的崇拜與緬想，將討伐形塑成文明治理的篳路藍縷，為過去的殘暴創造正當性。這種作法誠如諾哈在〈記憶所繫之處，另一種歷史〉提到：

> 記憶所繫之處既是物質的、象徵的，也是功能性的，三種意義同時存在，只是程度各異。看起來純屬物質性的場所，例如一間檔案館，唯有在想像力賦予了象徵光環時，他才會變成記憶所繫之處。（皮耶·諾哈，2012：27）

依照諾哈的提醒，我們能夠發現記憶所繫之處的產生歷程，以及其與一個物質空間、一種象徵性、一場儀式之間的關係。殖民者透過文化景觀柔化理蕃行動殘暴性的同時，透過一場場具儀式性的視察、發會式、定例登山等象徵活動或其衍生物，重複實踐文化記憶的生產，使新的記憶深植土地。而在登山組織協助提倡賞花風尚，登山健行走出連結蕃地與一般行政區的環形路線的推進下，參與走踏吉野臺路線的人們，不斷重複踩踏征服者的路線，也不斷內化了規訓的視野。就在塗銷抵抗記憶、塗刷文明治理記憶的循環中，那些血的歷史已被壓抑在層層櫻瓣之下。

針對教育所學童的儀式洗禮，正企圖將兒童的文化認同從他們父執輩手上奪走。兒童的父執輩，是隘勇線戰鬥記憶的核心群體。借用諾哈所述的「記憶的共同體」（Gedächtnis Gemeinschaften）可知，他們與其接受同化教育的下一代，正在形成分裂相異的集體記憶。官廳營造的登基紀念植樹及忠魂碑符號，模糊討伐及抵抗的歷史，片面滋長歷史重大事件的詮釋權，使

當地部落記憶所繫之處的山頭抵抗記憶被分化，或被扭轉為對日本現代性的仰慕。如此一來，內橫屏櫻花地景的出現，便呼應諾哈提到的——只有兩種事件可視為記憶所繫之處，而判斷的依據完全不在於其規模：

> 一方面，有些微不足道，當時幾乎未受特別注意的事件，在人們回顧歷史時，反而被視為新事物的濫觴或新時代開始的轉捩點，因而變得備受重視。另一方面，有些事件當下雖然不算大事，卻立即被賦予某種重大的象徵意義，而且一切還在進行之際，事件本身就已預先自我紀念了——透過媒體的運作，當代史每天都有許多這類一出生就被宣告死亡的企圖。（皮耶・諾哈，2012：18-19）

在內橫屏山隘勇線推進的進程中，那些槍砲與肉軀的衝突、土地的喪失、人權的淪喪，對當地人來說自然比櫻山美景更為強烈重大。但無足輕重的吉野臺卻在文化媒介的運作下，一開始就被作為紀念地而出現，之後也證實這片美景的操作、扭曲，代理了當地人的發言，為部落披上外衣，塗抹大和摩登的妝容，它管理了當地人的記憶。在官廳、媒體和社團助長的輕旅風尚中，梅嘎蒗群的生活被編織進天皇治理的垂直時間，和殖民現代性的橫向空間。從官紳名流到市民學童，外來者的到訪與互動，逐漸主導和剝奪當地人的集體記憶，使他們記憶流離消亡或走向他鄉。

於今我們梳理橫屏觀櫻勝景的形成史，得知當地經歷的隘勇線掃蕩史是尖石前山的苦難期。那些碎片、斷裂、刻板的歷史必須更有脈絡地被觀看，才能更整全地發出聲音。

四、梅嘎蒗社七年抵抗：解構勝利者的隘勇線前進報導

本節將繼續探討橫屏觀櫻勝景，是如何一系列隘勇線部隊威撫並用後的產物。尖石鄉境內在日治初期推進的隘勇線有九條，為期十年（鄭安晞，2011：206-229；林一宏，2007：71-137；劉澤民，2017：60-72）。[11] 其中，為控制內橫屏山區到麥巴來山區而推動者，有內灣上坪隘勇線、麥巴來（Maybalay／マイバライ）隘勇線。兩線連結先前舊砲台隘勇線已納入的外橫屏山、麥樹仁山、尖石地區，進一步將北角、內橫屏山、向天湖山、油羅山到麥巴來山沿線納入線內。[12] 兩線推進期間遭遇以梅嘎蒗社（密加蘭、美卡蘭，今梅達拜部落前身）為首的梅嘎蒗群激烈抵抗。本節將梳理新竹廳隘勇線前進本部（時稱新竹前進隊），在《臺灣日日新報》上發布的「討蕃動態」，嘗試解構官方的負面描述，從中釋出梅嘎蒗社、周邊他社、少數漢人的身影，解讀泰雅族的抵抗回應及當地族群關係的變化。

首先，梳理內灣上坪隘勇線（1909 年 7 月 25 日至 9 月 10 日）推進期間，有關梅嘎蒗社及其附屬小社的反抗報導：

---

11 包括：舊砲台隘勇線（1907 年 5 月 11 日—6 月 30 日）、帽盒山隘勇線（1909 年 8 月 13 日—不詳）、內灣上坪隘勇線（1909 年 7 月 25 日—9 月 10 日）、麥巴來隘勇線（1910 年 5 月 5 日—6 月 3 日）、內灣溪上游隘勇線（1910 年 6 月 15 日—9 月 23 日）、李崠山隘勇線（1911 年 8 月 1 日—10 月 31 日）、基納吉隘勇線（1913 年 6 月 25 日—8 月 2 日）、馬里克灣隘勇線（1912 年 9 月 24 日—12 月 17 日）、霞喀羅隘勇線（1917 年 5 月 23 日—8 月 2 日）。

12 包括：外橫屏山（內灣）—麥樹仁山（尖石）—北角（北角）—內橫屏山（梅嘎蒗）—那羅山（那羅）、牛角山（義興）—向天湖山（馬胎）—油羅山、花園溪（梅后蔓）—羅山（Takunan）—麥巴來山（麥巴來社）沿線地域。

內灣上坪隘勇線由尖石經內橫屏山、向天湖山到上坪溪岸，橫跨多座山體。該線推進到內橫屏山的東側時，遭遇梅嘎蒗社及其附屬小社激烈抵抗，日警攻占的置高點即石川欽一郎描繪的內橫屏山隘勇線高地。與前進隊對峙的梅嘎蒗群，屬於澤敖列（Tseole）語系的加拉排群，從清代到日治初期在內橫屏山、向天湖山、油羅山、麥巴來山發展出多個歷史悠久的部落。隘勇線前進政策結束後，總督府於1920年代將後山基那吉群分批移住到前山梅嘎蒗群的分佈地，才開啟今日該地族群混居的樣態。（林一宏，2007：114-115）

在深入主題之前，先追溯至 1909 年，梅嘎蒗等社反抗推隘隊的情況。早在 1903 年北埔樹杞林隘勇線推進期間，上坪部隘勇監督所已掌握內橫屏山東西兩側部落順逆不一的態度。

東側（尖石方面）的梅嘎蒗社等頭目，推測他們稍早幾日前的馘首行動將招來官方討伐，商議之後決定再出草抵抗，並預備往馬胎社（Matuy／マトエ）方面的高山藏放家資、安置眷屬。前進隊掌握的線報表示：「梅嘎蒗社的『Maray Tohos 將家中用品藏匿到馬胎社前方的山中，並把小孩轉送到深山裡，伺機出草』」（不著撰人，1903）。[13] 馬胎社為梅嘎蒗社的小社，在此行動中一致反抗。

內橫屏山西側（五峰方面）的梅后蔓社（Mayhuman／メホマン，今花園部落前身）則不同。梅后蔓社與日警治理的漢人生活空間接壤，受平地文化影響較深，已有族人種稻，或遷入上坪界內成為所謂的「線內移住蕃人」，

---

13 文中人名之日文拼音為：マライトップス。

住在隘勇線邊緣者也曾請求日警保護。上坪監督所發出的訊息表示：

> *Wilah Nabon*、*Pahu Tungah*，向來若進入上坪管制區就希望受到上坪保護。梅后蔓社在隘勇線附近種稻為生的人很多，他們怕漢人（土人）加害而不敢去收割熟稻，因此希望派出所送國旗給他們。（不著撰人，1903）[14]

接下來進入主題，介紹 1909 年 7 月 25 日到 9 月 10 日內灣上坪隘勇線期間，有關梅嘎蒗等社的報導。這些記事的特徵是，針對被討伐對象採用統稱（蕃人、他們）、細部描述少、充滿蔑視和嘲諷；內容表露的情境是，日本軍警動用大砲在山頭射擊，泰雅族人則修築掩堡進行游擊。

8 月 12 日，新竹前進隊在報紙上發出攻占內橫屏山頂後的第一則訊息。該訊息傳達如下重點：一、8 月 9 日我方占領山頂，當地人「暫時放棄了山頂，四散潰走。但在第二部隊右側的南方高地，仍看見多處掩堡，常見其出沒。」二、9 日下午 2 時，當地人「三五成群從該高地東側的開墾地衝出來，前往竹林集合，5 點的時候，試圖抵抗我方部隊，於是我方發動臼砲射擊，他們一陣狼狽，再度逃入竹林之中。」三、「內屏橫山一帶盡為茅草平原，視野開闊」，能鳥瞰三方面的部落動靜，包括東北方野馬敢溪（*Yabakan*／ヤバガン）對岸腹地的 30 多間屋舍的野馬敢社、東南方 2,500 米左右山腹上十幾戶的梅嘎蒗社、梅杜依社[15]（*Matuyseu*／マトエセウ）（林修澈，2018：

---

14 文中人名之日文拼音依序為ウイランボン、バウトガン。
15 疑與他篇報導中的マトエウ二為同個部落，今譯為 Matuiy（梅杜依）。

123）、北方更遠處的加拉排社、麥樹仁社（*Mksuzing*／マクシユジン）。四、內橫屏山頂的地理優勢，能將「兇蕃置於死地」（不著撰人，1909）。

前進隊第一目標是取得內橫屏山制高點，以便架砲台瞰制四周部落。當時梅嘎蒗社及其小社梅杜依社仍在抵抗，鄰近的同語系野馬敢社、麥樹仁社、加拉排社也在監控之下。前進隊以「兇蕃」字眼，指稱在隘勇線推進時不受壓制、包納的泰雅族抵抗者，報紙則依照新聞來源，原樣引述傳播。

其次，梳理麥巴來隘勇線（1910 年 5 月 5 日至 6 月 3 日）推進期間，有關梅嘎蒗社、麥巴來社及其附屬小社的反抗報導：

麥巴來隘勇線以尖石的向天湖山竹林分遣所為起點，經其北稜上行油羅山頂，西折經塔克南社（*Takonan*／タコナン，今羅山部落前身），南折通過麥巴來山，再往西經岩角、雙溪，抵達五峰的桃山分遣所。

本線推進期間，日方預計遭遇的抵抗勢力將來自梅嘎蒗社、梅塔克南社（*Metakonan*／メタコナン，今羅山部落前身）、麥巴來社（麥巴來／マイバライ，今和平部落前身）及其附屬小社。在推至油羅山頂的一段，稱為油羅山隘勇線，忌憚有血緣關係的諸社聯合抵抗，尤其戒備。沒想到才一週，5 月 12 日前進隊就在報紙上發出捷報，除了說明戰術的成功，也提出處置反抗部落和歸順部落的構想。由於訊息較多，以下分五個方面歸納：

第一、針對意外中止抵抗的麥巴來社，介紹其順服經過：「麥巴來社在四月卅一日被年中軍隊（新竹守備隊的一個中隊）討伐時曾有抵抗，故而後來與警察隊戰鬥時，我方不排除他們會抵抗。」「該社的開墾地和住家都在新線腳下或僅僅數百米咫尺的對面山腹，因此極力抵抗是必然的；而且，該社又與毗鄰的民都有社（*Mintuyu*／メントユー社，今民都有部落的前身）

及 *Kinahazukru*（キナハツクル社，石鹿社的小社，今不詳）[16] 彼此支援，頑強程度可想而知」（村上特派員，1910a）。由於麥巴來社與民都有社聲氣相通，推隘前又有反抗軍隊的紀錄，因此新竹前進隊以為勢必有一場硬戰。

> 所幸事實與預測相反，今田警部五月五日率領第三部隊占領目標地點時，在麥巴來山腳發現該社三名原住民，於是我方向十八兒社（*Sipazi'* ／シバシー）的頭目，教導招降三人的手段。兩小時過後，他帶著麥巴來社的頭目和男丁三人出現，提供雷明頓單發槍三挺，表明他們對前進行動並無反抗之意，並願意在能力範圍內提供協助。（村上特派員，1910a）

5月7日，該社果然有四名族人，前往前進隊第三部隊協助，推測可能擔任嚮導、偵查或勸導歸順等工作。

第二、針對去年拚死抵抗的梅嘎蒗社，分析其已無抵抗能量：

> 去年八月內橫屏山方面隘勇線前進時，梅嘎蒗社頑強抵抗造成前進隊巨大損失，他們也受到重創，元氣大傷；在本次的前進行動中，若油羅山被我方占領，全社將陷於死地動彈不得，若再反抗則勢必成為末路窮鼠。（村上特派員，1910b）

---

16 筆者曾請益包括五峰鄉公所退休的秘書張國隆（*Buya' Bawnay*）先生等多位當地人，均表示キナハツクル社的日文譯音難以還原為泰雅語，加上有些小部落已經消失，因此無法判讀該部落具體所指。

這既是日警對敵情的分析，也是招撫勸降的言說。

　　第三、針對抵抗的梅嘎蒗社，脅迫外圍小社族人前往勸降：前進隊從勢單力薄的小社下手，或對「線外蕃」個人施加壓力，迫其居中傳話勸降。實例有二：一、「五日午後一時，梅嘎蒗社的小社馬胎社兩人（未歸順蕃），被宇野警部帶到第一部隊，一名留作人質，另一名令其返回遊說梅嘎蒗社歸順，約定好將遊說該社頭目等四名同來。」二、「七日午前八時，梅嘎蒗社的小社義興社（*Zihing* ／ ジヘン，今義興部落前身）頭目 Baci *Maray* 和 *Syat*，也由馬胎社蕃丁兩人陪同從線外前來第一部隊，密告臺野江（*Thayakan* ／ タイヤカン，今泰崗部落前身）和天打那（*Tentana*／ テンタナ，今天打那部落前身）兩社的情報。」日方使用砲擊威懲、壓迫小社、同族勸說等方法有一定效應，「聽說梅嘎蒗社有一名頭目 *Maray Tohos* 因畏懼前進隊的到來，已逃往塔巴霍社（*Tabaho* ／ タバホ，今田埔部落前身）」（村上特派員，1910b）。[17] 第四、針對線內歸順部落梅塔克南社，規劃委以重任：該社已使其在現居地從事農耕，不過梅塔克南隘勇監督所應進一步指導，啟發他們擔任所員的工作（村上特派員，1910a）。

　　第五、針對歸順後願意參加前進隊者，給予部隊編組。前進隊依照對抗樣態給予這些人編組，梅嘎蒗社歸順者專屬第一部隊；梅后蔓社、馬胎社歸順者同樣編入第一部隊；梅塔克南社、十八兒社、比來社編入第二部隊；麥巴來社的則可編入任何部隊。前進隊評估此前參加第三部隊的十八兒社表現，認為其在 5 月 7 日麥巴來線的第一回前進行動中確實助益不少（村上特派員，1910a）。

---

17 文中人名之日文拼音依序為：パイポ マライ、セツタ、マライ トップス。

以上，脈絡化呈現三條隘勇線推動期間部落反抗的概況後，讓我們再次聚焦梅嘎蒗社。梅嘎蒗社從 1903 年後不斷出草游擊，在圍剿該社的兩線討伐期間，又有至少十個月的激烈對抗。直到 1910 年 5 月 9 日，80 歲的梅嘎蒗總頭目 Unay Naban 才終於出面議和。他現身的第一個要求就是——給我們鹽和日用品！可見除了砲擊、分化之外，部落還遭遇物資封鎖，這是報導中未提及，卻可能是迫使歸順更關鍵的手段。這值得記憶的一幕，其背後運作和歷史場景如下：

九日下午三時三十分鐘，梅嘎蒗總頭目 Unay Naban 與七名男丁、四名婦女，到第一部隊本部輸誠。這位約莫八十歲的老番人之所以出面投誠，是因為前進隊占領油羅山那天，嚮導人（嚮導番）Iban Yuwi 曾帶領就在油羅山制高點正下方的馬胎社小頭目等人，實地了解前進隊推進的情況。嚮導人如此勸告他們：只要一人反抗，全社都會被討伐；凡是輸誠者，都會被批准，因此歸順才是正道。隨後，年邁的總頭目希望日方能解除先前部落因對峙遭封鎖，而缺乏的食鹽和日用品等。美宇野部隊長則指示，我方願意釋出特別的恩典招降，但也希望梅嘎蒗社能勸導塔巴霍社和臺野江社一同歸降，爾後也應向我方報告他社出草番人的動態。待一同投誠之際，依憑上列條件得與日本大人會見，並乞求施給食鹽、鐵器等惠賞。而歸順的第一要件是，所有武器都必須繳納為官有，且要移住到隘勇線內。至於是否允許歸順，則要等到前進行動整個完成以後才能核定。只要部落不反抗，決不會被砲擊。若部落有需求，也允許前來

請求。[18]（村上特派員，1910c）

　　依據前進隊的自我揭露，「嚮導蕃」在油羅山攻防戰中扮演重要角色。梅嘎蒗總頭目 Unay 停戰之前，嚮導蕃 Iban 已針對火線下方的部落——馬胎社進行心理戰。Iban 帶領馬胎社的小頭目，實地觀察前進隊在油羅山推進的情況，並以一人反抗全社皆剿，加以恫嚇。馬胎社小頭目再將其見證與震驚，勸告總頭目，終於使日方在麥巴來線推動的第四天，就獲得意想不到的大成功。而後，總頭目若為保障全社安全，解除被封鎖的飢餓狀態，則必須履行勸導後山塔巴霍社和臺野江社歸降的任務，可謂天人交戰。

　　以上挖掘的印刷文獻，只是內灣上坪線、麥巴來線推進期間，部落被侵略苦難的九牛一毛。讓我們透過戰果報導的逆讀，試著從部落的視角勾勒梅嘎蒗社七年抵抗的痕跡：

1. 1903 年，梅嘎蒗社及其小社馬胎社開始反抗。兩社仍維持傳統生活，與前進隊敵對，處於出草、被討伐、再出草之抵抗狀態。原本亦屬梅嘎蒗社小社的梅后蔓社，則已改行水稻耕作，並善用隘勇線和監督所，作為與漢族衝突時的屏障和防衛選項。

2. 1907 年，舊砲台線前進期間，梅嘎蒗群開始分化。梅嘎蒗社及馬胎社由於地理環境、原漢接觸、生產型態不同，和梅后蔓社對應官廳時的態度逐漸分歧，梅后蔓社頭目甚至曾前往官廳密告。之後，梅后蔓社、巴思誇蘭社，仍有提供官方情報。

3. 1909 年，內灣上坪線前進期間，梅嘎蒗社和馬胎社激烈反抗，致受

---

18 文中人名之日文拼音依序為：ウイラン アボン、イーワン ヤユウ。

重創。他們在竹林間游擊，在山頂修築掩堡，與敵軍互有傷亡。最後，內橫屏山頂被日方占奪，部落遭臼砲射擊，周邊部落同陷監控，梅嘎蒗社進入食鹽與日用品遭封鎖的艱困期，但部落仍在抵抗。

4. 1910 年麥巴來線前進期間，梅嘎蒗社在麥巴來社、馬胎社、義興社等盟友被分化和壓制後順服。日警壓迫馬胎社人擔任觀戰者、遊說者，義興社人也在壓力下密告其它部落的抵抗情報。至此，麥巴來社在前進隊帶領的十八兒社嚮導人勸降下不得不歸順，梅嘎蒗社老頭目也顫顫巍巍出面為族人索求物資。接著，各社都被迫接受勸降任務，或被編入前進隊戴罪立功，步上梅后蔓社、梅塔克南社、十八兒社的後塵。如此，日方才會在前進掃蕩的整體行動結束後，視其表現，決定是否允予歸順。

《臺灣日日新報》是官廳政令宣導與消息傳播的最大媒體，也是記憶政治操作的重要工具。理蕃戰爭中的輿論生產，高度仰賴這個最大的官方消息揭露管道。日刊新聞產製訊息的來源，最前端為前進隊，經過理蕃機構的審查、報社機構的編制截取，以格式化的欄位，制度化地報導全臺各地的討伐動態。隘勇線討伐的性質是殖民政府與山區民族勢力的戰鬥，但是當前一週的多回討伐，因時差而堆疊成今日密集歸納的一篇新聞時，早已串接成結局清楚的故事。本週的故事串接下週、下個月、明年的故事，形成連載不息的大河劇。具有周期節奏性的各廳「討蕃動態」，多軌串流，既產製歷史，又虛構了歷史和感覺，可謂殖民地最無情、噤聲且漫長的戰爭轉播。

梅嘎蒗四社的苦難，在殖民地山地戰爭中具有普遍性。該地的慘劇被絕大多數非泰雅族的讀者，以印刷物的途徑遠距收看著。梅嘎蒗等社的案例足以表現，官廳如何以警察隊（及部分軍隊）為前導，運用砲擊、槍隊、密告、

族人嚮導、作戰實況見證、壓迫小社去勸降大社、族群離間（異群離間、同群離間、同部落離間）等等手段，加速隘勇線的鎮壓及包納。在今日幾乎被世人遺忘的前山隘勇線掃蕩作戰中，拼湊部落人民的殘影，還原他們被片假名標本化的姓名，釋放被壓抑的微音，儘管杯水車薪，卻是對當地主體基本的尊重。無論是梅嘎蒗社被迫歸順時，開口索求食鹽和日用品的年邁頭目；馬胎社銜命返回遊說頭目的社丁；為日本軍警作馬前卒的十八兒社嚮導人；抑或向日軍提高密告的部落頭目；乃至為追緝原住民而觸電死亡的漢人隘勇及日本員警……。這些梅嘎蒗社的苦難，也都是殖民地山地戰爭普遍發生的苦難。

山地的苦難，當地人滲入骨髓。殖民者在法律的大義名分下，將「以蕃治蕃」政治手段正當化，並非不恐懼這些仇恨的記憶在部落間引發後遺症。也因此，討伐期過後，殖民者如何將浴血的山河塗刷上文明的花樣，便煞費苦心。這也是為什麼我們要從記憶雙方共同仰見的那片櫻花林，開始訴說這個故事的原因。

五、梅嘎蒗警戒區：多族群社區裡梅嘎蒗人的認同分歧

社會事件成為一個地景、一則傳說，除了因其重要性以外，媒介對集體記憶的具象化占了重要角色。本文前面三節用了相當篇幅梳理吉野臺地景與隘勇線掃蕩作戰，在報紙新聞中的議題聯繫關係，既是聯繫，又是遮蓋。接下來，讓我們再回到千株吉野櫻凌霜待放的 1917 年，了解為何吉野臺能在官方其它行政措施配合下，成為多族群社區的集體記憶焦點。

1917 年，是別開生面的一年，因為這一年也是內橫屏山蕃童教育所（今梅花國小前身）和蕃人診療所，在警戒所轄下創設的那一年。此後，吉野臺這個紀念空間，被官方連結於報紙媒體和社會團體，供民眾行踏交往，既框限在地人的記憶，也驅動其它人群在此的區域活動。但殖民建置絕對不只通過文化治理，還有具體的政經產業投資。這時梅嘎蒗社、馬胎、梅杜依、義興四社，正在梅嘎蒗警戒區體制下，形成有別過往的大梅嘎蒗社，即今擁有六部落的梅花村最初母體。[19] 而大梅嘎蒗社又與此地的日本人、客家人，形成一個多族群社區。

　　1917 年 2 月 26 日，內橫屏山蕃童教育所在吉野臺設立，是樹杞林蕃地包含加拉排、馬里光、大安（控溪）、那羅等五所之首。課程包括：禮法、日語、算數、農耕（除草、栽培、飼育、加工），1929 年遷至目前梅花國小所在地，是如今尖石鄉的第一所現代學校。1915 年 12 月，內橫屏山蕃語講習所成立，僅次於角板山的講習所，提供山地治理人員學習泰雅語。蕃產交易所則更早於 1914 年成立，約莫同時也成立了內橫屏山開墾指導所，負責推廣梅嘎蒗溪（今錦屏溪）[20] 沿岸的養蠶、稻作、藺草種植等新型產業。新竹廳在日治初期為全臺藺草最盛產地，因品質優良成為富源，官廳發放獎勵金鼓勵原住民栽種採集，經交易所集中後，販賣到世界重要城市（張夢軒，2017：49；溫振華，2014：22-23）。[21]

---

19 梅花村現有六個部落：梅達拜、梅杜依、梅阿尤達克、梅拉姆拉克、司普萬、梅魯庫互。

20 メカラン的漢文譯名，另有密加蘭、美卡蘭等。

21 包括中國的北京、天津、寧波、上海、福州、泉州、廈門、汕頭、廣東、香港；以及美國、英國、法國、義大利、爪哇等地。

1917 年 12 月，此時尖石前山最高治理機關之一的內橫屏山警戒所，[22] 首度在報上發文，行銷當地特色物產。〈蕃人物產其他〉除了介紹年產的藺草、蔥麻、木耳等交易量已有 1,456 圓，也逐一介紹了治安、衛生、殖產和教育步上軌道的情況。在納線治理的第六年，警戒所用新聞稿刷新的地方形象可歸納如下：一、衛生狀況：不佳，有肺吸蟲症等消化器官疾病，也有瘧疾患者，但都已在警戒所轄下的蕃人診療所防治。二、稻作推廣：梅嘎蒗、義興兩社水田面積已有 2 甲 5 分，當期水稻收穫 22 石 5 斗、陸稻 468 石餘；另有兩處蕃人開墾指導所，預計將指導原住民開墾鄰近田園十餘甲。三、蕃童教育所：男童 9 名、女童 3 名，由有初教經驗的巡察教導中。四、泰雅語講習員：各支廳正在選拔，除了 17 名巡查，前五期的畢業生也有 19 名有能力者（不著撰人，1917d）。

新興事業接踵出現的 1915 年到 1917 年，對外是太魯閣討伐結束，殘暴的五年理蕃計畫終了，對內則是橫屏櫻花從種植到秀出的準備期。1917 年，意味著新的時代來臨。但是，〈蕃人物產其他〉一文也留給我們逆讀的縫隙：依據警戒所發布的數據計算，當時梅嘎蒗四社總計有 80 戶 383 人，而內橫屏山警戒所有警力等 90 餘位（不著撰人，1917d），[23] 依此計算，在同化撫育期剛開始的這階段，警力有將近當地總部落人口的四分之一。可見以 1917 年為界，先前以梅嘎蒗社總頭目為中心的部落社會，正在向以警察行政為中心的定耕社會轉型。其中，警戒所的設置點——梅嘎蒗社，更是理蕃

---

22 1909 年成立的內橫屏山監督所，於 1916 年改制為內橫屏警戒所，1921 年改制為內橫屏警官駐在所。

23 在吉田警部轄下有巡查 32 名、巡查員候補 2 名、警手 6 名、隘勇 52 名、公醫 1 名、雇員 2 名，總計 96 人，配置在 18 個分遣所當中。

行政網絡的節點，尖石前山的政經文教中心，有如山地櫥窗、一個如日東升的飛地，而其地標就是——吉野臺櫻花林。

那麼，梅嘎蒗四社納入「撫育」的最初，情況如何呢？當地人的觀點未曾被記錄於當時報紙，但泰雅族人群在這裡生活，反覆被迫順從「操演」，在被規訓、形成被統治的記憶之同時，並非沒有對新秩序和意象的反對。殖民治理的「操演」，是雙面刃。如同霍米・巴巴（Homi K. Bhabha）所強調「刻板」對於殖民者十分重要，殖民者倚重固著的「刻板」來維持「殖民凝視」的穩定性，卻又焦慮感到「刻板」不是如此穩定，因此必須重複、持續地重新確認那些「已知」的關係和事情（Homi K. Bhabha, 1994: 74）。另一方面，吉野臺上櫻花年復一年的開謝，賞花、墾植、官吏視察、學校教育周而復始，忠魂碑終年鎮座山頭，殖民意象的反覆刻寫、散布於村落和山林大地，也會激發當地人反對的情緒。

根據翡束・寶給的口述，他的基那吉群家族原本散居於霞喀羅山到麥巴來山一帶，1934 年大規模集團移住之後被遷於天湖部落。天湖部落當地人稱為 *R'ra'*，為瞭望臺之意，位於向天湖山的制高點，四周無高山遮擋，群山在望，適合觀察哪裡有可開墾土地、偵查敵人動態或以狼煙支援結盟部落。[24] 黑帶巴彥則說，*R'ra'* 是族人狩獵回來時，登高一呼，通報親人前來接應之地，是歡喜的處所。這樣的地方在隘勇線侵入並設置機關後，搖身一變成了隘勇分遣所或哨點，因此族人不只感到政治壓力，在文化和心理上也有強烈的被羞辱感和被征服的感覺。[25]

---

24 同註 3，翡束・寶給口述，劉柳書琴紀錄，2021 年 11 月 21 日，五峰鄉天湖部落。

25 以上是黑帶・巴彥接受筆者請益這段歷史時的說明。黑帶・巴彥口述，劉柳書琴紀錄，2020 年 8 月 27 日，尖石鄉嘉興國小。

我們不難從當地消息中心內橫屏山警戒所發布的新聞，嗅出反對力量隱隱威脅著統治者的神經。從〈蕃人物產其他〉一文窺知，州廳動員極大量的警察正致力使梅嘎蒗社連結尖石與內灣，形成一條安全廊道。這個廊道緊隨隘勇線的掃蕩、警戒線的建置而浮出。然而，恰如玻璃櫥窗般脆弱的這個治理通道並未包納全境，治安事件是失去主體性的山地病體上的癥候，不時冒現出反抗官方的原住民烽火，以及國家機器以懸殊武力對付他者的硝煙。

1920 年內橫屏山警官駐在所、錦屏山警戒所發布的兩起事件，有助於推知當地民群的反抗表現及其律法邏輯。

第一則、內橫屏山隘勇線第五號腦寮漢人母子遭馘首事件

1920 年 3 月 11 日午後，牛角山分遣所下方、梅嘎蒗溪上游支流的臺灣製腦會社第五號腦寮，腦丁蔡五妹及其長男彭天送在採集原料時遭馘首，內橫屏山駐在所本田警部補趕赴現場處置（不著撰人，1920a）。[26]

諷刺的是，參照 1919 年 10 月 17 日的報導可知，臺灣製腦會社的腦寮原本設置在大湖支廳的北坑溪上游，由於憂慮北埔支廳轄下「蕃人動搖」，才申請於 1919 年轉移到內橫屏山設置，另一個重要理由是「從就業安全和搬運便利方面來考量，該地是歷來製腦事業地中少見的佳地」。該會社認為：內橫屏隘勇線包納地的腦質相當良好，應可有很好的獲利，目前先規劃 55 個腦灶、150 個腦丁，若發展良好將繼續增員（不著撰人，1919b）。沒想到未及五個月，這個製腦工人總數約為部落人口 0.39 倍的「移工社群」，就遭到泰雅族出草，當地人以行動駁斥了警方和樟腦會社的單方決策。這是該訊息重要之處。

---

26 蔡氏母子疑為客家人。

第二則、馬胎社頭目遭塔克南社線外族人馘首事件

1920 年 5 月 23 日報載，油羅山方面的塔克南社族人翻山越嶺到錦屏山方面的馬胎社附近出草。日警偵知過去警備員曾射殺一名塔克南社出草歸途中的線外蕃人，為此同社的線外蕃人 *Yuming Bhot* 家族伺機復仇。21 日，潛入線內埋伏。22 日凌晨 5 點 20 分，錦屏山警戒所川端分遣所附近傳出槍響數起，巡查趕赴後發現馬胎社頭目 *Waceh Twasu* 已遭馘首。該頭目與另一名男丁攜著分遣所借來的槍啟程前往錦屏山途中，在分遣所附近遭 *Yuming Bhot* 一族約 14、15 人狙擊。狙擊者於馘首成功後，突破電網逃亡線外。警方推測馬胎社頭目因曾擔任過警備員的嚮導，所以遭到「兇蕃」報復（不著撰人，1920b）。[27]

馬胎社頭目 *Waceh Twasu* 是否為 1910 年麥巴來隘勇線推進時被脅迫去勸降梅嘎蒗總頭目的那位「小頭目」，因資訊不足無法比對。但毋庸置疑的是，*Waceh* 頭目因為做過「嚮導蕃」的陳年往事，為他引來了殺身之禍，且制裁者是同宗、該社遷徙前祖社的塔克南社族人，推測為無法被認同的異己行為在部落內引來審判。這是該訊息重要之處。

吉野臺，是一個紀念歷史，又積極去歷史的紀念空間，它被期許發揮美化統治、柔化仇恨、召喚認同等功能，但當地人不斷用另一種刻寫——馘首，向殖民者「回話」，製造「腥記憶」。在警戒所透過報紙印刷宣傳紙上部落的同時，治安事件卻不如人意地揭露當地人的畸行異狀，至少在 1920 年代初期，梅嘎蒗地方不論在報導上或現實中，都不摩登也不平和。殖民飛地之外仍是異質的空間，是認同分歧的，暗默敵對的，他者的世界。

---

27 文中人名之日文拼音依序為：ユーミン バイホ、ワセチ ウワス。

綜合內橫屏山警戒所發布的統計資料、腦工遇害事件、馬胎頭目遭族人制裁事件，1917年到1920年間，梅嘎蒗警戒區已有泰雅族、日本人、漢人（客家為主）三種居民群體，內含外族女性如日警夫人、製腦的客家女性等。粗估製腦會社工人、警力、雇員，約有梅嘎蒗地方總人口（部落人口392人，非居民人口246人）的38.6%。誰占據本土地方，在他民族的生存領域開拓異質空間，社會階序如何？答案是清楚的。襲殺日警及腦丁的泰雅族少數者逃亡奧山，不願進入線外。他們挑戰殖民者法律，以身試法，宣示他們在多族群社區變動成形的過程中之不適與受迫。

十年後，時移事往，櫻林綴滿山頭。在報紙的長期推波助瀾下，吉野臺有一個更親切的名字——櫻山。1927年6月，「全臺八景十二勝票選」在臺灣日日新報社主辦下熱鬧展開。新竹州祭出的王牌有角板山、五指山、獅頭山和內橫屏山（不著撰人，1927c）。十年人工打造的吉野臺，借助磅礡山景形成高人氣，緊追在昔日全淡八景之後。不料在最後關頭，新竹州宣布內橫屏山棄權。為此報紙上還特別加以說明：

> 內橫屏山的警官駐在所在理蕃上已無需保持警戒狀態，且想更進一步往深山蕃地進行撫育，如此則在此植櫻照顧就變成一件麻煩的事。不過，由於所栽之櫻是紀念御大典的，因此將會設置永久設施加以保存。（不著撰人，1927d）

內橫屏警官駐在所的施政考量，似乎是取捨關鍵。在內橫屏警戒線日益平穩，將裁減駐警點的當下，駐在所擔心入選八景以後，員警要登行到900多公尺的廢所去補植、養護，徒增負擔。比對《日治時期五萬分之一地形圖》

可知，該駐在所已於 1924 年遷下到錦屏溪河階地，稍後教育所也下移到駐在所旁邊，形成現在梅花派出所、梅花國小毗鄰的部落中心地。吉野臺雖不再是行政平台，且與八景十二勝失之交臂，但反而於 1933 年列入《史蹟名勝天然紀念物保存法》保存項目。

這場棄權風波，意外透露了在內橫屏山頂種植櫻花這件事的麻煩程度。1927 年駐在所不再增植以後，十年後《竹東郡要覽》介紹「州下唯一櫻的名所，內橫屏山的櫻花」時，胸徑一尺以上的成木只剩 400 多棵。由此推知，草創期 3,500 棵的櫻木並未全數苗壯。

棄權風波也印證了植櫻紀念措施的隨機性與政治性，以及櫻山紀念空間的戰略性質。「御大典」被當作櫻山的緣起宣告，後續報導、地方誌重複銘刻，彷彿在 1912 年大正天年以前此地「固無史也」。御大典，是 1912 年李崠山隘勇線完成，尖石前山納入治理的換喻，被用來置換赤裸的國家暴力，遮蔽當地民族未癒的傷口。記憶的換喻，不是誤用，是刻意誤用。從真實的交鋒到御大典紀念空間，從傷死流離到櫻花雪及忠魂碑。記憶空間、櫻木和碑塔，是一種興建，一種投資，一種全面的掌握。征服者的記憶被正統化、集體化、制度化，成為文化記憶的內容。櫻花基於大義名分種植，又基於另一個大義名分停種。紀念空間中的基本元素不變（御大典紀念、忠魂碑、殉職人員墳塋），但主宰和營運的機構（駐在所、教育所、醫療所）卻隨政略需求，或解散或遷移。

變中不易的是，從討剿後的紀念，到深入後山撫育前的棄用，始終具有連貫性，那就是——「除了理蕃，還是理蕃」。作為族群治理操作一環而製造的這個紀念場所，在擾抗事件減少、象徵權力的起源大正天皇駕崩後，不再那麼重要。但這反倒使這個空間正式獲得了「官定史蹟名勝」的身分，在

地方政府出版物（州、郡要覽）中被逐年介紹。

史蹟名勝身分制度化以後，使得櫻山雖未參與八景十二勝角逐，也絲毫不損其作為櫻花名所的正當性和魅力。然而，不可忽略的是，1927 年以後官廳在記憶場所、物件和符號論述上，投資的減少，使得象徵資本停留在御大典史蹟，無法從八景十二勝等大眾文化景點，開拓新的場所性質和轉喻資源。場所記憶局限於政治層面的結果，不僅在天皇更迭後減損想像的資本，在戰後政權轉移時更快速衰退。

六、櫻花謝了，梅花開：從殖民爪痕中解放梅花村的 集體記憶

莫里斯‧哈布瓦赫（Maurice Halbwachs）曾說過：集體記憶必定生成於某種參考框架中。

> 框架（Cadres）構成並鞏固記憶，記憶的主體是單個的人，但他是受制於組織其回憶的框架。因此被一個人或一個社會忘記的，就恰好是那些在當下已經不再擁有參照框架的東西。（皮耶‧諾哈，2012：28-29）

吉野臺，是官廳主導的跨族群新集體記憶的生產空間，以天皇政權和花下忠魂為參考框架，召喚梅嘎蒗群形成國家領土想像，以及對警察治理的服從。四社居民雖通過參與警戒區的殖民治理而形成個體記憶、溝通記憶、集體記

憶，但殖民瓦解、交往中斷及參照框架的消失，便導致遺忘。

　　櫻花謝了，梅花開。1945 年以後的臺灣各大報，吉野臺或櫻山都沒有被提起。除了被改稱為錦屏觀櫻，列入新竹縣八景十二勝外，鮮少被報導，[28] 之後更因林務局造林砍伐，或土地轉作他用，導致這個景點徹底消失。梅嘎蒗警戒區的跨族群集體記憶快速破碎、錯位與忘卻，一直到梅花村的休閒農業、部落旅遊出現以後，有關櫻山或隘勇線戰鬥的往事，才由當地人的口傳、有心人的記錄，進入大眾視野。

　　較早重返櫻山探索這段歷史的，是新竹地區的生態團體和跑步愛好者，這也反映了此地的輕旅行傳統。2007 年，荒野保護協會新竹分會來到這個歷史舊址走踏，當地農場經營者兼部落解說員的巴魯先生，為他們導覽了今日已經看不見的景觀：「由於日本大正天皇曾來此巡視，因此梅嘎莨古道又稱為『太子步道』。步道的尾端是原『內橫屏山教育所』的小學遺址。」我們可藉此訊息看見，地勢特徵相當符合，只是忠魂碑早就不知去向，蒼涼的遺塚已是當地人口中的「亂石塚」，比較特別的還有巴魯說出了日文文獻上未見記載的──防空洞和觀景亭。

　　　駐在所遺址旁附近有一處亂石塚，約莫有日軍士兵十人。砲台遺址
　　處原是巨木林區，光復以後所有大樹便被砍伐殆盡。防空洞的入口
　　地形低窪隱密，原設有一座木橋。當日軍躲入防空洞後，即將木橋
　　收入洞中，便可阻斷通路，以石壁天險為屏障。涼亭原建於一處平

---

28 經筆者查詢《臺灣新聞智慧網》，僅在 2000 年以後出現五次報導。但此時所指的「錦屏觀櫻」，並非梅花村的內橫屏觀櫻，而是被挪用在鄉公所新設的錦屏村「那羅櫻花文學步道」的推廣方面。

坦的石壁基地，視野開闊，清晰可見油羅溪逶迤而去，內灣、橫山、
尖石、新樂、嘉樂等地盡收眼底。（鄭漪芳、林秋玫，2007）

在休閒農業帶來的第一波地方知識重整中，內橫屏山頂率先成為「被喚
醒的空間」，櫻山是梅花村人對外自我表述的場所，有著回憶的具體時間，
也有具體物件。這一段集體記憶表述，宣告了一個別開生面的記憶點——族
人也曾對占盡優勢的日本警察攻打和包圍。

本地族人擔綱的部落景點解說，是一種口傳文類。這種集體記憶的實踐
形式，翻轉了官方記憶中真實與想像的關係與視角。詮釋權回覆後，儘管許
多內容已經剝落，也可能為再次的曲解誤記，但詮釋空間打開了歷史想像的
入口，土地上的遺痕為部落記憶提供了真實依據，歷史視野也有機會溯越到
官廳植花改寫以前的抵抗時期，增加了集體記憶召喚的更多可能。

2013 年，又有一批重踏櫻山路線的訪客。這是一群環山長跑者，途經
日治時期 O 型路線，在尖石—梅嘎蒗—上坪—北埔進行團練。他們在網誌
上歸納梅嘎蒗古道的歷史，大要如下：1909 年日本人在內橫屏山設隘勇線，
並施放研發的氣球炸彈。1911 年李崠山事件發生時，馬里光部落要求梅嘎
蒗部落支援抗日，故日警在內橫屏山架設山砲與駐在所監視。此事過後多
年，山地為迎接皇太子親臨積極營造，1914 年角板山完成貴賓館（後稱太
子賓館），內橫屏山也種滿櫻花。1923 年裕仁太子「行啟臺灣」，因行程
緊湊未能親臨，但特派東宮侍從甘露寺伯爵代理「御巡」，先視察角板山，
次日抵達內橫屏山。後世便將他由內灣進入的這段櫻花夾道路線，稱為太子
步道或梅嘎莨古道（大岡，2013）。

當代在地人口傳的敘事，與臺灣日日新報社以蕃地外部的日文讀者為對

象的「主敘事」不同。當地人在「主敘事」的吉野臺據點之外，衍生了梅嘎蒗櫻花古道的「補充敘事」，反映了地方人的記憶和欲望。兩者有主、副層級，但看似從屬而破碎的部落記憶也有解構主記憶的力道。譬如，當地人道出日警被族人反攻時躲避的防空洞。又譬如，氣球炸彈（Balloon bombs）雖為二戰時日本人才研發出來的武器，但反映了當地人遭受砲擊的記憶。最後一點，甘露寺受長雖曾於 1923 年 5 月參訪角板山貴賓館，但並未造訪內橫屏山。但是當地人傳講天皇、太子或甘露寺來過的說法不斷，被臺灣原住民族委員會建置的臺灣原住民族資訊資源網採記，也被觀光局資助、鄉公所最新發行的地方旅行書列入記載（戚文芬，2020：93）。這些記憶／誤記，反映內橫屏山、櫻山、櫻花在族人心中濃厚的政治指涉，以及他們對尖石最早政經中心的自信和持續的欲望——梅嘎蒗社，在北臺山地中僅次於角板山的地位。

在族人聚會的公開場合，在出版發行的地方誌上，當地人又如何談論這段歷史呢？《尖石鄉誌》初編也曾記載梅花村耆老陳光松（*Sangas Tahos*）牧師的口述。1945 年教育所畢業的 *Sangas* 牧師，是霧社事件後出生的世代，他對於從櫻山山頂遷下的警官駐在所、教育所等，如數家珍。他說教育所創設時，學生有他的父親 *Tahos Nomin* 等 12 人，一個班，教師一人。警戒所設在接近山頂的高地，旁邊就是教育所，平台距離下方部落還有段路程。1929 年校址下移，1940 年學生數最多時有 100 人（宋神材，2009：584、603）。[29]

---

29 1945 年教育所停辦，1946 年 6 月國府設校，更名尖石國民學校，校長何阿煌。1948 年改名為梅花國民學校。鄉誌中另記載：1943 年集合柿山、新興教育所之後，共有六班，268 名學生。

官方透過吉野臺空間與相關設施的投資，創造認同想像的契機，和民間社會建立新感情，對次生代有一定的影響。陳牧師對於他幼年身處的大梅嘎蒗社區生活抱持肯定：

> 日本人來了以後原鄉部落逐漸穩定，也改變過去以燒墾游耕的生活型態。族人在日本政府的鼓勵之下，種植梧桐樹、苧麻、藺草賣給日人或漢人，將所得買油、鹽、牛、豬等日用物品及家畜，部落進入買賣交易的時代。因為泰雅族只在秋天到隔年的二至三月打獵，每年三到九月動物的繁殖期不會去打獵，所以生活很缺肉品……水田定耕是日本政府最重要的施政項目，族人開始努力開墾……，過著日出而作，日落而息的農業生活，幾乎沒有一個閒人，部落也很少紛爭。（楊傳國、羅恩加，2009：715）

不過，陳牧師在 2019 年的「部落願景烤火論壇」中，也曾公開傳承部落遭遇討伐的記憶。他的言談未被記錄下來，但參加活動的青年劉書亞（Botu Isaw）印象深刻地說：「日本人的欺壓跟手段，透過部落之間的仇恨關係」，「雖然耆老是用講的，可是我會去想像那個畫面。對我們而言，我們在課本上所學跟耆老親自講是有差的」（蔣淮薇、張治平，2019）。90多歲的耆老打動孫輩青年的正是——梅嘎蒗社殘存在梅花村的集體記憶。

內橫屏山梅嘎蒗群被討伐的集體記憶，屬性上是溝通記憶，若沒有其它有助於記憶保存的框架和載體，這一代青年可能就是這個集體記憶的最後世代。事隔四代，溝通記憶的內容只剩下大略概念，但倖存的冰山一角，卻是最痛的記憶——自己人對付自己人。

當地人回憶最多、最肯定的，是殖民現代性的部分；回憶最少，最難啟齒的是以蕃治蕃下的內部撕裂。新竹前進隊和報社以日文連年推播的尖石前山討伐訊息，以無視當地人存在的姿態發訊，在其它族群不敢置喙的情況下片面論述，其報導帶有三種特徵：一、營造蕃地險惡環境，突顯討伐隊英勇形象；二、指名道姓羅列「兇蕃」人名，點名不合作部落和傳統領袖名稱；三、宣揚前進隊戰功，銘記協力部落和協力者人名。主流媒體的傳播，使傳統領域喪失的沉痛記憶在山地國有化的殖民史中被消音。梅嘎蒗四社族人，被分類為拒絕歸順的「兇蕃」、人數最多的沉默他者，以及少數嚮導人。時移事往以後，當地人如何面對這些不忍卒睹的記憶和文獻，以及充滿矛盾的族群關係或人與人的關係？除了緘默不說、接受再覆蓋，就是刻意遺忘吧？

2013 年「PeoPo 公民新聞」訪問村民——「國民政府治理後，要求村落取漢名，你們當時為什麼要叫『梅花村』呢？」以下試舉當地人的三種回答：

一、「梅嘎蒗，光復前稱為櫻花村，光復後改為梅花村，但是杉木造林政策下，現在幾乎沒有梅花。」

二、「聽老人家在講，以前的老人家不喜歡日本人，光復以後日本人走掉之後，他們就把他們的櫻花全部砍掉，砍掉之後就說『沒有花了！沒有花了！』對啊！這是真實的故事，所以現在才叫『梅花』。」

三、「我們梅花村一開始命名就是櫻花村，因為我們本來就有櫻花。但是櫻花是日本的國花，當然日本已經離開臺灣了。我們上面核定的結果，就說你們如果那麼喜歡花的話，就把花留下來，但是櫻花這個要改掉。我們也是為了要迎合國民政府的國花梅花，就列入我

們村的名字。所以說梅花村就是這樣來的。」（阿 Ben，2013）

統整櫻花變梅花的主要原因包括：一、日本走掉那時的老人家不喜歡日本人，就把他們的櫻花全部砍掉；二、（林務局）杉木造林政策，把櫻花砍掉。三、改朝換代，村名必須配合國策。村民記憶中的前兩者是物質層面上被砍掉的櫻花，第三個則是象徵層面上必須自我清洗的政治符號。在土地所有權的占有、意象的清洗與重抹後，再次搖身一變，變成「沒花的，梅花村」。錦屏觀櫻的勝景，也隨木倒花落走入歷史，並在鄉公所的記憶再造下，在錦屏村再次開花。

綜上可見，內橫屏山梅嘎蒗群抵抗隘勇線推進的集體記憶，在梅花村族人心中已微乎其微。它再次浮現是在 2000 年以後，鄉公所推動休閒農業、部落旅遊的歷史語境下，回應與對話的群眾最初是外來遊客；其後的 20 年，基於族群自我教育、地方創生、人才培育等需求，鄉公所仰賴耆老進行代際傳播，逐漸加深挖掘（羅恩加，2009：739）。[30] 但有關這個「消失／轉移的勝景」的溝通記憶，其傳述能量已幾近極限（揚・阿斯曼，2015：50-51）。[31] 下一個召喚記憶出土的框架與契機，或許是尖石鄉方興未艾的泰雅族民族教育文化課程。民族本位的教育資源需求，如何影響梅花村和尖石鄉的集體記憶形塑，值得期待與觀察。

---

30 《尖石鄉誌（初編）》編纂期間也遭遇史蹟調查不易等困難，而倚重耆老幫助。
31 揚・阿斯曼（Jan Assmann）夫婦在 1980 年代提出文化記憶概念，指那些超越日常的長時間記憶，包括神話傳說、集體舞蹈和慶典等，並用來區隔那些記憶長度至多三、四個世代的溝通記憶。

七、結論

　　本文以吉野臺櫻花勝景的營造歷程切入，挖掘理蕃戰爭中內橫屏山梅嘎蒗群的抵抗史。這個工作希望能多少協力社區累積記憶資源，解放被遺忘或刻意遺忘的傷痛，解救更多尖石前山被壓抑的部落記憶。

　　尖石前山泰雅族被隘勇線討伐的記憶，在五年理蕃計畫結束後，遭遇第一度的壓抑。1915 年以後，梅嘎蒗警戒區形成一個多族群社區，統治階層的記憶政治操作，干擾其它族群，形塑環繞天皇國家和警察政治的集體記憶。1945 年政權轉移之後，梅嘎蒗地方經歷戒嚴體制、白色恐怖等意識形態控制，殖民初期遭難與抵抗的記憶遭受二度壓抑。一百多年前，無文字的梅嘎蒗群對於這段抵抗經驗必然有群體內部的流傳，但主要依賴口傳，口傳環境在現代社會逐漸被破壞。時至 2000 年以後，部落旅遊需求主體記憶作為資源時，梅花村人早已不知往事從何說起。

　　官方打造櫻花名所，列入史蹟勝景，並推動輕旅行。在橫屏觀櫻勝景的生產過程中，多種不同媒介對於記憶的內容與形象都帶來影響。在文字、圖像、發行量、周期性上，最能形塑詮釋的是報紙。官廳、警察與媒體主導了梅嘎蒗警戒區的集體記憶，但梅嘎蒗群仍有我群的記憶。殖民者在討伐敘事中毫不掩飾地描述如何操作族群治理方法，乃至將弱勢者作人質加以脅迫等等。殖民者忽略暴力性的自我，是新竹前進隊推隘報導的本質。

　　官方祭出的「以蕃治蕃」，招來亡命山林者的「以牙還牙」。官廳掌握第一時間的新聞發布權，也擁有事後歷史的編纂權，乍看之下勝利者的記憶，決定了梅嘎蒗警戒區的集體記憶。然而，在官方話語的縫隙，我們看見小眾起義的抵抗和這種作為的價值宣告。他們即使被標以「凶蕃」、「未歸

順番」、「線外蕃人」等污名，區隔於警戒區之外，並以襲警、復仇、馘首等罪名遭到嚴厲制裁，但他們堅持自己的信念和立場。

弒警逃亡者，從文明邊陲逃回野性綠林，以法外空間對抗警戒區（殖民者的象徵），形成抵抗的姿態。他們在界外自我的棲息空間，實踐族群主體性，那是身體的空間，也是泰雅族習俗與律法（Gaga'）的空間。逃亡者的空間和梅嘎蒗警官駐在所轄下空間對峙，是傳統地方與統治空間的對抗。逃亡者的空間，不被實存的社會空間與法律收編，他們甚至不惜以卵擊石，挑戰官方再現空間的權威。

內橫屏山頭，從殺伐之地變成家喻戶曉的風景名勝，州郡官廳、駐在所與登山團體聯手的新聞產製，居功厥偉。在新聞媒體的推波助瀾下，各種文化工具壓抑部落抵抗記憶的橫向傳播，併用同化教育之國家機器，干擾記憶的世代傳承。重大歷史事件被櫻花地景、休閒意象轉移，被日本國土論述遮蔽，這就是「內橫屏觀櫻」這個勝景誕生、流行、成為官定史蹟勝景的語境。

討伐期結束以後，部落在漫長的同化治理期間，進入梅嘎蒗群集體記憶的噤聲期。但是，遮蔽有其終點。當代梅嘎蒗族人的失憶（Amnesia）或刻意遺忘，一部分為規訓所致，另一部分與不堪回首有關。面對過去，重整記憶，需要智慧勇氣。但梅嘎蒗社的記憶仍有相當潛力，從殖民主義記憶中解開，在梅花村人的當代實作中，獲得新的集體記憶與歷史動能。

參考書目

Jan Assmann（揚 阿斯曼）著，金壽福、黃曉晨譯，2015《文化記憶：早期高級文化中的文字、回憶和政治身分》（Das kulturelle Gedächtnis：Schrift,Erinnerung und politische Identität in frühen Hochkulturen）。北京：北京大學。

Pierre Nora（皮耶 諾哈）編，戴麗娟譯，2012，《記憶所繫之處》（Les Lieux. de memoire）。臺北：行人。

大岡，2013，〈內灣　尖石　梅花　花園　上坪　大山背　團練〉，《Xuite 日誌》。https://blog.xuite.net/shanghua_tsai.tw/twblog1/125699000，取用日期：2021 年 7 月 20 日。

不著撰人，1903，〈上坪部內の蕃情〉，《臺灣日日新報》，第 2 版，11 月 13 日。

_____，1909，〈新竹前進隊情報　內橫屏山占領後の狀況〉，《臺灣日日新報》，第 2 版，8 月 12 日。

_____，1917a，〈內橫屏山の吉野櫻〉，《臺灣日日新報》，第 3 版，4 月 6 日。

_____，1917b，〈本島蕃地視察　活動寫真技師〉，《臺灣日日新報》，第 2 版，10 月 30 日。

_____，1917c，〈內地櫻の移植　內橫屏山の吉野臺〉，《臺灣日日新報》，第 7 版，12 月 6 日。

_____，1917d，〈內橫屏山警戒所　蕃人物產其他〉，《臺灣日日新報》，第 2 版，12 月 6 日。

_____，1919a，〈內橫屏の花信　蕃地櫻散つて內地櫻〉，《臺灣日日新報》，第 5 版，2 月 10 日。

_____，1919b，〈蕃情と新事業地〉，《臺灣日日新報》，第 2 版，10 月 17 日。

_____，1920a，〈母子同遭蕃害〉，《臺灣日日新報》，第 6 版，3 月 14 日。

_____，1920b，〈兇蕃の覆雠　マトエ社頭目馘首さる〉，《臺灣日日新報》，第 7 版，5 月 23 日。

_____，1927a，〈內橫屏山の山頂で擧行された　山嶽會發會式內橫屏山へ〉，《臺灣日日新報》，第 2 版，4 月 12 日。

_____，1927b，〈內橫屏山上之山嶽會新竹支會發會式〉，《臺灣日日新報》，第 2 版，4 月 12 日。

_____，1927c，〈竹州努力　推薦勝景〉，《臺灣日日新報》，第 4 版，6 月 13 日。

_____，1927d，〈クチナシ〉，《臺灣日日新報》，第 2 版，9 月 5 日。

_____，1928，〈花見季節　島內の花の名所〉，《臺灣日日新報》，第 5 版，1 月 24 日。

_____，1933，〈新竹州下內橫屏山の櫻滿開〉，《臺灣日日新報》，第 3 版，4 月 12 日。

_____，1937a，《新竹州要覽（昭和 12 年版）》。新竹：新竹州。

_____，1937b，〈內橫屏山へ　觀櫻ハイク　今が見ごろ〉，《臺灣日日新報》，第 3 版，4 月 10 日。

_____，1938a，〈山嶽會員が櫻見物〉，《臺灣日日新報》，4 月 8 日。

_____，1938b，〈內橫屏山へ　觀櫻登山〉，《臺灣日日新報》，第 7 版，4 月 8 日。

_____，1938c，〈竹東／乘合バス 發〉，《臺灣日日新報》，第 8 版，12 月 8 日。

_____，1940，《新竹州要覽（昭和 15 年版）》。新竹：新竹州。

石川欽一郎，1910/06/30，〈新竹內橫屏山隘勇線〉，《臺灣日日新報》。

村上特派員，1910a，〈マ社の投誠〉，《臺灣日日新報》，第 2 版，5 月 12 日。

_____，1910b，〈隘勇線前進　第四報〉，《臺灣日日新報》，第 2 版，5 月 12 日。

_____，1910c，〈隘勇線前進　第七報〉，《臺灣日日新報》，第 2 版，5 月 15 日。

竹東郡役所編，1937、1966，《竹東郡勢要覽》，新竹廳：竹東郡役所、臺北：成文。

竹塹道人，1921，〈屏山櫻〉，《臺灣日日新報》，4 月 21 日。

李承機，2003，〈植民地新聞としての《臺灣日日新報》論：「御用性」と「資本主義性」のはざま〉，《植民地文化研究》第 2 期，頁 169-181。

宋神材、尖石鄉公所，2009，《尖石鄉誌（初編）・教育篇》。新竹：尖石鄉公所。

林一宏，2007，〈從隘勇線到駐在所：日治時期李崠山地區理蕃設施之變遷〉，《臺灣史研究》14(1)：71-137。

林玫君，2003，《日本帝國主義下的臺灣登山活動》。國立臺灣師範大學體育學系博士論文。

林修澈，2018，《台灣原住民族部落事典》。新北：原住民委員會。

阿 Ben，2013，〈沒花的　梅花村〉，《PeoPo 公民新聞》。https://www.peopo.org/news/218339，取用日期：2021 年 7 月 20 日。

倪再沁，2002，《石川欽一郎：日本殖民帝國的美術教育者，創造台灣異己意象的水彩畫家》。東海大學美術學系碩士論文。

張夢軒，2017，《綏撫、監控到自治：日治到戰後前期山地交易的制度形成與變遷〉。國立臺灣師範大學臺灣史研究所碩士論文。

戚文芬，2020，《遠離塵囂，悠遊尖石：看見台灣最經典的山城》。新竹：尖石鄉公所。

黃奇烈，1957，《臺灣省新竹縣志稿卷三土地志（3）物產、名勝古蹟》。新竹：新竹縣文獻委員會。

國策記錄映畫，1937-1940/2008，〈南進臺灣〉，《片格轉動間的台灣顯影》。臺南：國立臺灣歷史博物館。

楊傳國、羅恩加、尖石鄉公所，2009，《尖石鄉誌（初編）·人物篇》。新竹：尖石鄉公所。

溫振華，2014，〈日治時期原住民部落的交易所〉，《臺灣學通訊》82：22-23。

劉澤民，2017，〈「故新竹廳巡查五十嵐長輝外拾名之碑」與馬里科灣原住民抗日事蹟探討〉。《臺灣文獻》68(3)：60-72。

蔣淮薇、張治平，2019，〈泰雅耆老陳光松　訴說梅嘎蒗部落史地〉，《原視新聞》。http://titv.ipcf.org.tw/news-50689，取用日期：2021 年 7 月 20 日。

鄭安晞。2011，《日治時期蕃地隘勇線的推進與變遷（1895-1920）》。國立政治大學民族學系博士論文。

鄭漪芳、林秋玫，2007。〈走入梅花部落，梅嘎莨古道探勘〉，《PeoPo 公民新聞》。https://www.peopo.org/news/3497，取用日期：2021 年 7 月 20 日。

顏娟英，2000，〈近代台灣風景觀的建構〉。《國立臺灣大學美術史研究集刊》9：179-206、240。

臺灣原住民族資訊資源網，2015。http://www.tipp.org.tw/tribe_detail3.asp?City_No=7&TA_No=8&T_ID=480，取用日期：2021 年 7 月 20 日。

Homi K. Bhabha.1994. The Location of Culture. Britain: Routledge.

由縫隙出發的歷史：
旮旯牌聚落的形成與離散[1、2]

羅文君

摘要

　　本文以日治時期進入蕃界定居之漢人社群旮旯牌為研究對象，透過史料與田野材料，一方面重構因學科分野而被遺落的人群之生活樣貌，映照出匯聚其上，更大尺度之帝國資本主義山林開發、區域經濟發展的變動過程；另

1　本文作者羅文君為國立政治大學民族學系碩士。本文初次發表於羅文君，2021，〈由縫隙出發的歷史：旮旯牌聚落的形成與離散〉，《臺大歷史學報》，67：107-169。改寫自碩士論文〈山地鄉的平地客家人：以新竹縣尖石鄉前山地區客家住民之經濟活動為核心之研究〉部分章節，感謝官大偉教授於在學期間的悉心指導。本文的誕生須感謝洪廣冀教授，筆者參與其所主持的行政院農業委員會林務局「還原歷史、促進與原鄉部落和解互信：林務局收藏日本時期至戰後初期林業相關土地檔案重整計畫」（tfbc-1070215）期間，深受其幫助與啟發。本文曾於 2018 年 10 月 6 日在臺灣人類學與民族學學會主辦、國立臺東大學南島文化中心、國立臺東大學公共與文化事務學系協辦之「『超越與復返』2018 年臺灣人類學與民族學年會」中發表，感謝主持人兼評論人林開世教授之肯定與建議；另於 2019 年 3 月 13 日在中央研究院民族學研究所「原住民、國家與治理：比較南島觀點」（AS-TP-107-H01）計畫團隊辦理之工作坊中發表，感謝郭佩宜、鄭瑋寧、陳文德、楊淑媛、黃郁茜等教授之建議。同時亦需感謝連瑞枝與黃宣衛教授在筆者撰文期間給予的諸多鼓勵、Aliman Istanda（胡忠正）與張嘉顯於資料蒐集上給予之協助，以及張正衡、顧雅文等教授與三位審查人給予的寶貴意見。
2　本文改寫初稿責任編輯為黃方碩，校對為吳昌峻、歐陽宣。

一方面，旮旯牌作為在山地治理框架下應被排除的特例，其居民如何在制度與經濟開發計畫的結構縫隙間求生，並透過日常生活實踐，形塑其社群認同。

旮旯牌位於現新竹縣尖石鄉嘉樂村內。本文首先梳理 1920 年代主導此區域開發邏輯的理蕃與林野政策。1921 年，日本資本家早川鐵冶（1865-?）向總督府取得蕃界內的土地，從事造林與農作等開發活動。隨後數年，早川與其代理者招募大量漢人入山開墾，以土地使用權交換其勞動力，藉此克服蕃地事業的種種困難。旮旯牌即在此林野的資本主義化過程中逐步成形。隨後描繪旮旯牌居民的日常生活，討論他們如何透過維生物資與勞動力的交換，將早川的事業地打造成一片漢人集居地域。即便如此，進入戰後，由於居民遲遲無法取得土地所有權，導致旮旯牌的瓦解。回應學界對底層歷史書寫、邊界研究與民眾史等主題的呼聲，「從縫隙出發」即在不否定現代國家與資本主義之力量的前提下，細究國家與資本打造之政經結構的孔洞與縫隙，從而聽見艾立克・沃爾夫（Eric R. Wolf, 1923-1999）所言「無史之人」的眾聲喧嘩。

關鍵詞：邊區研究、地方、摩擦

2015 年 3 月 29 日，我在據說曾有很多客家住戶的尖石鄉嘉樂村第 9 鄰閒晃。中午剛過，馬路邊低矮平房內未見人影炊煙，後方草埔、小樹叢與錯落的屋舍牆垣間，亦是寂靜無語。剛從長照中心聚會回來的張黃阿嬤，自她家三合院跨過幾處高起的水泥崁朝我走來，「妳快過來，我先生的弟弟有在！」原來那日正遇上在臺北打拚 50 幾年的阿祺先生（1942 年生）回鄉探親。[3] 當天下午，甫認識的阿祺伯便拉著我四處踏查，沿途交錯跳躍地講述附近幾處客家聚落的故事：一會兒告訴我以前這裡住著幾戶客家人，岸邊誰家漂亮的馬背式三合院被河水沖走；一會兒指著對面山頭說他少年時在那裡放過流籠，又在那處山腰打過工，還撞見鬼……，大量細碎的生活資料突然闖入這片覆蓋著泰雅敘事，以及被外來（當然，漢人的）觀光資本剝奪論述的山林。放眼望去，蓊鬱之間尋不著阿祺伯所說那些入山漢人的苦難遺跡。

　　該年 5 月，我前往阿祺伯位於臺北車站附近的辦公室，進行第一次深度訪談。透過 Google Earth 軟體，阿祺伯首次向我展示了他在山裡的故鄉——旮旯牌的四至：那是一片自帽盒山與六畜山稜線而下，沿著山脊線與溪溝向油羅溪河床開展的梯形山間谷地（圖 1）。訪談到最後，這位年逾 70 的老先生告訴我，他曾經多麼渴望能將家鄉種種記錄下來，只是年紀大了遲遲未能下筆，所幸遇到了我云云。

　　「旮旯牌」由泰雅語 *Klapay* 音譯而來。*Klapay* 原為泰雅族其中一群之名稱，首先被翻作日語「カラパイ」或「加那排」，同時作為蕃社名以及該社所在地之地名使用。隨後由移入此地區的客家人改以客語發音，泛指現尖

3　本文中出現旮旯牌聚落主要報導人的名稱皆為化名。有關報導人背景資料請參見附錄 1「受訪者一覽表」。

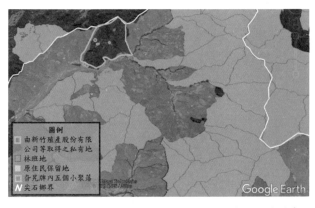

◆ 圖1 1946年由新竹殖產股份有限公司取得之原鄉土地（即
　旮旯牌之範圍），即報導人肯定之「聚落」範圍，亦是尖
　石鄉前山地區少有的大型私有地。[4]

石鄉嘉樂村內油羅溪右岸的仙河至嘉新大橋之間的區域（即第4至13鄰），亦是在這裡生長的客家人對老家的稱呼。此區域自日治時期即有漢人移入，1960年代以前，第4鄰與第5鄰為原漢混居，第6至8鄰為泰雅族人聚落，僅有9至13鄰為純粹的漢人集居區域（圖2），又以客籍農戶為主。為呈現受訪者的觀點，本文以「旮旯牌」指稱1963年之前漢人集居的第9至13鄰（即圖1的梯型區域，亦是下文由早川鐵冶〔1865-?〕申請之豫約賣渡地所在範圍）。[5]葛樂禮颱風侵襲之前，旮旯牌居民大多能透過向周遭泰雅族人租用農地，或利用新竹殖產提供之土地種稻，形成相對獨立且能自給自足的漢人集居區域。

　　除了與周遭區域有明顯差異外，從居民的角度來看，前述的旮旯牌還能細分為五個小聚落：山腳下的兩個聚落，居民們統稱為「下山」，對應著現

4　資料來源：「由新竹殖產股份有限公司等取得之私有地」之範圍，由筆者數位化自〈竹東調查區：新竹州竹東郡及新竹郡〉（1926），《日治時期「要存置林野」及「準要存置林野」相關資料》（臺北：行政院農業委員會林務局藏，中央研究院人文社會科學研究中心圖資掃描），新第13號。
5　「旮旯牌」三字是由第10鄰出生且專研客語的受訪人阿盛先生提供。客語「旮旯角」指角落，使用該詞彙有形容居住在偏鄉深山之意。H-1先生，2015/07/31、2017/08/20訪談紀錄。這片土地於戰後初期被編為6至10鄰，隨後改編至不同行政區，為求統一，下文均以9至13鄰稱之。

行政區劃下的嘉樂村第 9 與第 10 鄰；山腰處的三個聚落則為「上山」，指稱第 11 至 13 鄰。[6]之所以被當地居民視作一體並與油羅溪畔散落的客家住戶有所區隔，主要與該地區實為日治時期由資產家取得之私有土地，此種

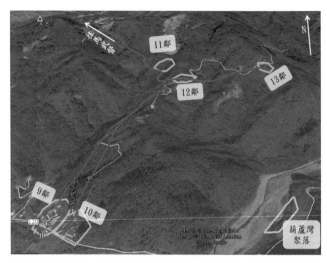

◆ 圖 2 旮旯牌中的五個小聚落與葫蘆灣聚落。葫蘆灣聚落為獨立的漢人聚落，與旮旯牌關係密切，1963 年被風災摧毀，部分住戶遷往旮旯牌。（筆者繪製）

特殊地權狀態吸引客籍移民集居並形成集約農業地景有關。在漢人無法輕易取得原鄉土地的情況下，這裡不僅是尖石鄉內少有的大面積、由單一非原住民取得之私有土地（參見圖 1），1960 年代聚落離散以前，這裡亦是鄉內少見的大型純漢人（多數為客籍）聚落，全盛時期聚落內家戶數曾有 70 餘戶。然而當我前往該地進行田野調查時，山腰處的居民已全數搬離，山腳下則不及五戶。恰如他們的敘事在原鄉流失一般，這個聚落幾乎被連根拔起。

6　相較於論及流域中其他地區時，受訪人僅用鄰里、某人的家或大型建築物來代稱，只有這個區域有一組彼此相關的稱呼。除了「下山」與「上山」外，旮旯牌第 9 鄰又被稱「下莊」、「徐屋莊」，10 鄰則為「上莊」、「雜姓村」（參見圖 10），距離較遠的 13 鄰則被稱為「尾窩」。從以上必須互相界定方能作成的類別中，我們可以讀出在居民的觀念中，這些細分的區域其實可以被包容在一個密集互動的較大想像共同體之中。

在此之前，我並不是以「山地鄉平地人」這個人群特徵為對象展開研究的。自 2011 年踏入尖石鄉起，我便一直以漢人對原住民鄉鎮的經濟影響作為田野調查工作的標的。當我嘗試從原住民研究中尋找這些外來漢人的身影時，或許正因漢人作為將市場力量帶入原鄉的角色如此無庸置疑，在以原鄉／原住民為核心關懷對象的相關研究中，他們往往只被視為原鄉經濟發展的背景短暫出現，進而以原漢在經濟活動中二元對立的論述被帶過。另一方面，沿山地區一直以來都是臺灣史研究關注的焦點，大量關於帝國與邊區、拓墾聚落的經典著作誕生於此。這些作品，一則以地方社會為討論主體，視之為能與國家互動的單位，即能與中央或官方相對、使地方能透過關係網絡施展權力的空間範疇（康培德，2011；施添福，2007；詹素娟，2003）；一則聚焦特定人物，強調其於邊境跨域的流動性與主動性，側重描繪個別的仕紳、土豪如何在不同領域遊走、施展手腕，提升家族社經地位的同時，也讓治理制度沿著他們落入地方，進而成為國家與邊區的中介角色。[7] 無論是地域關係網絡與國家關係或地方菁英的能動性，皆呈現底層社群與外在政經環境之間的互動張力，只是這類討論大致止步於清治隘線之外。

與日治蕃地相關的討論，多落在理蕃政策以及山地林野治理與經營的範疇之內，並以臺灣山林的「資本主義化」概念貫穿人、地，作為重要的分析架構（李文良，2001；洪廣冀，2004）。矢內原忠雄（1893-1961）著重殖民主義如何扶持臺灣的「資本主義化」：首先透過林野調查與整理事業，使近山地區林野具「官有」與「民有」的區分，並使所有權得以明確；隨後在

7　參見林玉茹（1999a、1999b、1999c）、林欣宜（1998）、陳秋坤（2009）、呂佩如（2009）、陳志豪（2019）。

森林計畫事業與帝國強權收奪的「助產」之下，蕃界內森林土地終將「合法而平穩地」集中轉移到資本家手中（矢內原忠雄，2014；李文良，2001）。然而，如李文良點出的，此種論調不啻為一種單線目的論，係將臺灣總督府打造為有明確目標且貫徹始終的治理者，不僅忽視了不同時期總督府對蕃地資源的態度轉變；同時，論者在使用「資本主義化」概念時，往往將臺灣總督府視為日本帝國權力與資本主義的延伸，輕忽其作為地方政府的相對主體性、林政部門與蕃政部門之間因基本立場不同而相互掣肘等等細節（李文良，2001；柯志明，2003）。是以山地的開發，並不只是幾番政策更迭即能成就的，「技術操作（而非法律）才是支配土地分配的核心力量」（李文良，2001）。透過對政策與行政材料的梳理，各種往返交鋒的人聲雜訊浮現，說明國家並非一座單調和諧的機器，其所運作的山林治理也不是自然而然或首尾呼應的。洪廣冀進一步提出，除了應考量新規對舊慣的順應與政府的精神氣質（ethos），森林也不是一片均質的「自然」：作為前者實作的舞臺，而有林木與林地之區分，又根據地勢爬升而變遷的林相進一步細分。因此便不只是土地近代化的資本主義進程，也有一套以歐陸科學林業為基礎的知識體系與其交纏；不只是林政與蕃政之間立場折衝，另有當單一政策降臨到複雜的自然所產生的調整修正，乃至對一般民眾與資本家的差別待遇（洪廣冀，2004）。

從關係網絡到人群的流動性以及主動性的視角出發，以殖民及資本主義介入甚深的森林作為生存之地的人們，又將實際經驗到什麼呢？無論是資本主義化還是整體視野下的林業史，其主要目的是梳理帝國政府、資本家或林業專家的策略與計畫，無法分身顧及生活其間的底層人群，其與人、與自然的其他互動模式猶待進一步討論。相較於山林與林業史，在缺乏更多細節材

料的情況下，地域社會似乎也成為一個假設內部均質的解釋單位，很難完全從「根植於文化」的迷霧中脫離：區域內具有一致族群身分的人群似乎都會回應動員、攜手同行並根據原生文化進行選擇。透過旮兒牌的案例，可以發現原鄉漢人的經歷與其所帶來的經濟影響之間應有實質關聯，但除了揭露其剝削角色，入山漢人的生活經歷是如何與其經濟影響相輔相成，都自然而然地被論述者捨去，似是艾立克・沃爾夫（Eric Wolf, 1923-1999）所指「沒有歷史的人」，僅只是推動經濟或計畫運行的零件 (Eric Wolf, 2013)。

在前人豐富的研究基礎上，本文將討論的時空往戰後的山地推進。首先，這片原本由泰雅族人世代居住的山林，如何在地方官與資產家的「技術操作」中，逐步轉變為可以容納漢人移民的空間？隨後，移民們如何透過「關係」維持其日常生活的運轉？更進一步地，在這些操作與關係的雜揉下，如何使聚落生活得以迸發出現？佃農們如何與資本主義化過程中的山林互動？最終又為何消散？為此，本文需另外借用 Anna Lowenhaupt Tsing（中譯作安娜・秦或安清）的「摩擦」（friction）與「縫隙」（gap）兩個概念，穿梭於資本主義現代性下的政治經濟結構與地方社會生活之間。

Tsing 的「摩擦」概念，指出大型的結構框架或者普世性計畫（project，即資本主義、科學知識與政治等）並不會自然完滿地席捲了各個異質地方，而是帶有差異地、不均勻地在每一次機遇的遭逢下，與各種地方性發生摩擦；摩擦帶來的效果並不是發展論述所預期的同質化，而是持續生產出差異性。邊境也是一種計畫：「邊境」的想像與敘事使其成為敞開（free-for-all）的荒野，供國家、跨國企業、採伐工人以及原住民置放其取用甚至剝削自然的欲望；它也因此是具有生產力的——「地方」、發展進程以及文化亦根據此種邊境想像調整其軌跡。而沿山地區研究所指的國家力有未逮之處，Tsing

將之定義為縫隙（gap），也就是普世計畫無法成功地依照其規劃完全改變之處。這些區域因此成為介於各種分類範疇之間、無法被收納的縫隙。

例如婆羅洲雨林中的 Meratus 人，其森林採集行為既是商業的也是維生的，兩者越界重疊、促成彼此；同時，受到人類採集行為干擾的自然將重新生長成次生林——對於開發者或保育者而言是縫隙、是不受歡迎的，但對 Meratus 人來說，卻是一處有親密感的、未來可供其森林知識與管理實踐的社會性地方（a social place）(Tsing, 2005)。若僅僅從一個範疇走入另一個範疇，那麼在這些縫隙之中，人與自然能重新長成的生命力與共生的可能性將無法被欣賞。

若聚焦於地方生活，身處現代性之下、「縫隙」之內的人們，也並非新古典經濟學與人口遺傳學所預設的是自我完滿個體（self-contained individuals）。如同前文所述，他們的「地方」社會與「文化」，都將在摩擦之下根據「邊境」計畫進行調整。以 Tsing 關懷的松茸採集者為例，這群來自世界各地的底層少數族裔，在各自國族歷史與受薪勞動經驗的摧殘之下，萌生追求自由的渴望，催促著他們進入美國奧勒岡森林尋找自由之寶。人、松茸與自然，在每一場遭逢的瞬間都改變了彼此，其所屬範疇互相滲透，才有可能進一步共生；而他／她／它們懷抱著各自不同的遭逢史與目的，透過邊界物—自由—的共同追求，促成「匯聚」，並以此層面為基礎逐步產生能為資本所用的價值 (Tsing, 2015)。

透過相關研究與理論架構的梳理，本文以族群、臺灣沿山地區、日治山林治理，以及戰後土地改革等研究較少關注的原鄉客庄為起始點，撰寫地方社會史，關注不再只作為推動現代性計畫的「無史之人」。從相關史料中梳理出山林裡的各式行動者，討論他們如何搭建出能讓此山地鄉平地人聚落降

生的歷史舞台。日治時期細碎的文書紀錄，為區域內不同單位的權力運作提供線索，個別人物的選擇，為當時的邊區治理增添不確定性。同時，透過訪談呈現出來的生活資料與自我敘事，使運作在邊境空間中看不見的關係逐一浮現：無論是神祇降臨還是勞動與物質交換，這些人與神、人與人，以及人與物的關係，如何推動日常交換，又如何時而鬆動、時而收攏人群對外的邊界。本文期待透過這一群在帝國林野經營、理番政策以及資本家計畫未預期之下開啟的縫隙間生存、而未被學術研究所包容的人群歷史，探究在各種不確定性遭逢的縫隙中，浮現出來的一樁生命力的樣貌。

一、尖石岩？尖石爺！

> 有一天，生乩起乩，說「趕快，大家趕快搬走，要疏散了，這裡會被水沖掉。」問他說：「你是甚麼神？」他說他是尖石爺。尖石爺嘛，就是現在尖石進來那個石頭有沒有，那就尖石爺。以前那前面有一個廟，我小的時候也沒有那個廟啦，……它是對著河，向著嘉樂這邊……。我爺爺那個年代啊，所以那個徐家、我們那個村莊都是從那裡搬出來的[8]。

8　Z-1，2015/05/22 訪談紀錄。所謂村莊指的是旮兒牌聚落中的第 9 鄰，為旮兒牌最早有客家人居住之處，又因多數家戶姓徐而被稱為徐屋莊。根據新聞報導，該廟應是新竹殖產現場主任黃福枝先生於 1970 年代號召客籍居民共同出資興建。2004 年 8 月 9 日，因長期有觀光客到縣府網站投書表示尖石爺廟破壞自然景觀，黃氏子孫與客籍住戶討論並擲筊，經尖石爺同意，將尖石爺金身搬遷至尖石大橋頭的伯公廟內（圖 4），並拆除尖石爺廟。參見李青霖、劉廣義（2004）。

辦公室中，當時 74 歲的阿祺先生是如此說的，他的祖父與幾戶客籍腦丁因此於百年前從葫蘆灣製腦地搬至河對岸的旮旯牌山坳處定居。這是一則玄妙地將客家移民攜帶的信仰符號、安身立命的欲念，與在地的地景、政經環境及自然災害進行拼貼的主體塑造敘事。首先，尖石鄉的地標——尖石岩成為客家人入山落戶的允許者與守護神（圖 3），越俎代庖詮釋了原鄉奇石；生乩則是神明入主異鄉的表現；最後，這個神蹟傳說又是建立在祖先進入山地受難的追憶之上。「受難經驗」與「神靈庇佑」遂成為移民可以從中動員既有元素並與地方嫁接，進行

◆ 圖 3 尖石岩與尖石爺廟宇。（中華民國交通部觀光局，年分不詳）

◆ 圖 4 廟宇拆除後移至麥樹仁伯公廟（福惠祠）繼續供奉的尖石爺。（筆者拍攝，2016 年 2 月 14 日）

新社群文化建構的象徵材料庫。[9] 故事中提到的葫蘆灣製腦地、腦丁與地景，

9　林秀幸（2012）以「象徵建構」的概念來處理主體與結構間的互動關係，尤其強調主體（地方／地方社群）原有的宗教或文化體系時常能在其與結構接觸的「縫隙」處，提供主體進行文化建造、避免直接受到新結構力量衝擊的緩衝空間。

也都能與地區既有史料相互呼應。以下先透過史料描繪出旮旯牌聚落所在的カラパイ地區與殖民政府、資本勢力遭逢之際──也是新移民入山之時──的景況。

（一）嘉樂地區的隘勇線推進與製腦事業

1895 年 10 月，總督府發布日令第 26 號〈官有林野及樟腦製造取締規則〉，要求清朝就領有執照的製腦業者必須在期限內重新提出申請，未經日方同意的樟腦製造者將遭到取締並抽取鉅額的樟腦與腦油稅。1896 至 1897 年間，五指山撫墾署多次派員前往製腦地點視察，若製腦事業遭查定為違法者，撫墾署或要求非法之腦寮、腦丁限期撤離，或要求業者須取得原住民部落之同意。[10] 1897 年 10 月 20 日，「麥樹仁頭目 *Yaraiminkui*、加那排（カラパイ）社頭目 *Maraiteeroo* 及其他七名頭目、蕃丁三人前來，與腦寮及莊民締結和平之約」（王學新，2003）。相較於上坪、橫屏背、南庄等地區時常有原住民出草殺害腦丁，內灣至カラパイ一帶則顯得較為平靜，雖然偶有齟齬，但並沒有重大情事發生。在撫墾署（以及改制後的辨務署）的官吏看來，不僅本島貧苦人士須仰賴製腦維生，業者支付的山工銀也成為蕃社重要的收入來源，甚至還在報告中記載有頭目因為其領域內沒有人前來製腦感到憂慮。[11] 對地方行政機關而言，開放合法製腦業者與原住民簽訂契約製腦，

10 如臺北縣大稻埕致和行之貞泰、隆興，原申請於馬福社製腦，卻至加那排、三重坑地區恣意製腦。經撫墾署於 1896 年 10 月間查獲，對此二人提出處罰，並要求兩周內撤離。參見王學新（2003：85-86）。

11 參見 1899 年 7 月分臺北縣新竹辨務署之報告。王學新（2003：820-821、824）。

將有助於促進原漢和諧，不失為綏撫原住民的一種重要施為，然而，若依據日令第 26 號進行申請，則意味著申請者同意其所申請土地屬於官有；既然是在官有地上合法製腦，理應無須向族人繳納山工銀（李文良，2001）。這毋寧是基層機關在邊界安穩的考量之下，從中央訂定的新法與民間舊慣之間選擇了後者，默許甚至鼓勵山林間固有的原漢交換關係持續運作。

　　1899 年 6 月 22 日，總督府以律令發布〈臺灣樟腦及樟腦油專賣規則〉，並宣布自 8 月 5 日起正式施行樟腦專賣（李文良，2001）。在此規範下，製腦利益逐漸從外國人與臺灣人處轉移至日本資產家手中。這些資產家挾著官方特許的身分，不再需要倚靠前述的互利關係，而是以國家為靠山，合法進入族人的生活範圍內開墾（林欣宜，1998）。1904 年總督府對原住民的治理政策從綏撫轉向威壓。1907 年 5 月至 1910 年 6 月間，カラパイ地區的隘勇線漸次推進完成，日資與本島仕紳組成的製腦會社遂將其事業版圖擴展至蕃界之內：前新竹縣知事櫻井勉與原本就領有製腦許可的北埔庄庄長徐泰新（1851-1911）合作，於 1907 年 10 月 13 日成立新竹製腦會社。受到內灣沿線製腦利益的吸引，新竹地區粵籍仕紳亦紛紛入股投資（不著撰人，1907a，1907b）。會社的製腦區域擴張，漸漸囊括了內灣溪上游、北埔支廳轄下及南庄支廳轄下的隘勇線內地區，1909 年 11 月更深入カラパイ地區增設 20 個腦灶（不著撰人，1911a，1910）。雖然本地區的隘勇線已修築完備，仍不時有腦丁或男子遭馘首的情況（井上伊之助，1997：36）[12]。這自然是

---

12 1911 年 12 月 22 日，井上伊之助借宿葫蘆灣監督所緒方先生住所，聽聞樟腦工寮中有腦丁夫婦、小孩遭難。另，ラハオ社新任頭目ヤプイナオガイ拜訪嫁到新店的姐姐途中，遇上キナジー社マーオン小社蕃人，責罵ラハオ社族人侵入ブロワン地區（即受訪者所述的葫蘆灣製腦地）隘勇線，殺害腦丁，使ラハオ社族人遭受警方懷疑（不著撰人，1911b）。

資本主義在帝國權力的幫助下伸手山林的過程，更細微地來看，這更是具有國家權宜選擇及在地自主性的制度套利手段（山工銀）的挫敗 (Szonyi, 2017)[13]。生活此處的泰雅族人，從原本作為原住者可以向入山者要求報酬、進行協商的主動角色，被轉變為因受到壓迫而被動出襲的、需要被防禦並進一步治理的對象。

（二）官有林野的拓殖熱潮

　　日令第 26 號及其相關法規整理了清治時期臺灣林野的權利，但其中並沒有讓人民可以申請新開發案的法源依據（李文良，2001）。1896 年 9 月的敕令 331 號〈臺灣官有森林原野及產物特別處分令〉，方揭開總督府領臺後對林野設置新規處分之緒，同年 10 月另以府令 44、45、47 號公布〈臺灣官有森林原野產物賣渡規則〉、〈臺灣官有森林原野預約賣渡規則〉及〈臺灣官有森林原野貸渡規則〉作為處分的法令依據（李文良，2001）。明治 30 年代初，總督府多以「造林」、「貸渡」的方式釋出蕃地原野供資產家租賃利用，原野賣渡則限制於一般行政區之內。1907 年左右，臺灣山地治安獲得初步控制，著眼於蕃地內廣袤且「遺利甚多」的林野以及日益擴張的理蕃事務，總督府期待資本家能開墾山林並作為理蕃的後盾，因而鼓勵內地大財團進入隘勇線推進後產生的包容地內進行拓殖經營（李文良，2001）。1910 年 10 月，總督府以敕令 437 號修正〈臺灣官有森林原野及產物特別處分令〉第一條第四號第四款，使以植林為目的者也可以透過豫約賣渡的方式取得土

13 有關制度套利（regulatory arbitrage）概念之說明，參見頁 59。

地所有權；翌年9月公布新的〈臺灣官有森林原野預約賣渡規則〉，規定以開墾、畜牧及植樹為目的者可以申請豫約賣渡，並於事業成功後獲得土地所有權（李文良，2001）。於此種制度設計之下，拓殖事業強調的是土地開發而非針對特定林產業（洪廣冀，2004；李文良，2001）。

　　1921年，日本官紳早川鐵冶提出新竹州竹東郡蕃地カラパイ之官有原野豫約賣渡願，共申請土地281.425甲（見圖5）；該申請於1923年1月31日正式通過，土地於3月10日實施引渡。早川任命居住在新竹郡舊港庄的西村新治郎為代理人，負責事業地的實際經營與簽約等事宜，後者又以通曉日文的本島人鍾阿錄為事業擔當人，協助佃農招募與實地作業。[14] 根據其年度規劃，早川與西村原本打算在許可通過後五年內將土地開墾完成，然而代理人西村的經營狀況並不理想，直到1924年3月底還是毫無進展。西村辯解道，都是因為事業地中有泰雅族人阻撓佃農工作的關係，並上書向新竹州知事抱怨地方警察辦事不力。理蕃部門也展開反擊，新竹州警部補中間政吉更直言西村「巧言令色」。原來早在1923年3月時，地方警長就已經向早川報告許可地內有原住民跑進去開墾之事；早川在6月13日入山察看後亦表示，雖然法律不允許原住民在這裡開墾，但大家還是要體恤族人的心情。

---

14 早川鐵冶，1865年生。1884年畢業於札幌農學校，赴美就讀哈斯汀法學院。1888年至1892年間，赴韓、美、德等國從事外交事務。1892年返國擔任農商務大臣祕書官，同省參事官，1897年升任辦理公使，隨後榮升政務局長。鑒於時局，辭官投入商業界。1912年當選眾議院議員。見人事興信所編（1928：頁八74）。China mail, 1906, *Who's who in the Far East, 1906-7*.Hong Kong: China mail, p. 135. 部分資料將其名稱誤植為「早川鐵治」，當時的地方官員經常弄錯他的名字，內務局的高橋曾特地寫紙條黏在公文上勘誤。以下關於早川鐵冶豫約貸渡地之相關段落主要資料來源，皆為總督府檔案，1933，〈官有原野豫約賣渡許可地一部返地願並成功賣渡願許可ノ件（早川鐵冶）〉，3月1日，《昭和八年臺灣總督府公文類纂永久保存第九卷地方》。臺北：國史館臺灣文獻館藏，典藏號：00004170002。

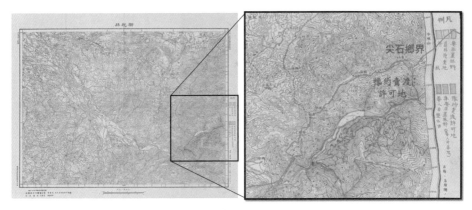

◆ 圖 5　由早川鐵冶取得之豫約賣渡許可地。[15]

　　同年 10 月，中間警部補也到當地查看，他發現這裡的泰雅族人性情溫和，並沒有西村所說的不穩言行。經歷一番調查後，西村被免去代理人職務。

　　1924 年年底，菅井博愛（原臺灣糖務局技手、新竹製糖工場長）向早川承租了 70 餘甲土地，闢成甘蔗園。《臺灣日日新報》記錄了他信心滿滿的宣告：明年會把剩下的土地都闢為蔗園，預估能生產出一萬俵赤糖，[16] 未來將全面改為稻田；而カラパイ至新竹火車站間的輕便軌道，將使他的甘蔗事業比其他產區更有優勢（不著撰人，1924）。1925 年 2 月 17 日，早川任命菅井為第二任代理人。就在菅井倚著甘蔗力圖振作之際，他的事業擔當人岩木卻捲款潛逃，使得菅井付不出薪資更無法招佃，甘蔗園又變回荒野。

---

15 資料來源：〈竹東調查區：新竹州竹東郡及新竹郡〉（1926），《日治時期「要存置林野」及「準要存置林野」相關資料》，附圖編號：樹杞林 B。此圖為筆者將原圖疊合於 Google Earth Pro 圖層上，以繪置尖石鄉界（右圖橘色線段）。右圖即擷取疊合後其中含「凡例」處，綠色範圍為豫約賣渡許可地。

16 1 俵＝ 4 斗，一萬俵約 60 萬公斤。

1925 年 11 月 31 日，本山直枝（1873-?）接受委任，成為早川的第三任代理人。[17] 1926 年 3 月，本山以許可地內三分之一土地的經營權為代價，找來內灣住戶林有諒擔任其復代理人。林有諒不負所托，從關西馬武督、龍潭三洽水等地招攬了 26 戶佃農，著手開墾事業。經營狀況逐漸改善，但距離成功仍有相當大的距離。

1928 年 8 月 10 日，代理人變更為本島資本家鍾番（1896-1960），[18] 其事業員賴雲祥（1888-?）根據其專業，[19] 成功帶領農人種出大片的芭蕉樹與桐樹，並盤算著要找更多佃農入山。賴氏的努力也讓早川認識到本島事業家的好處。許可地逐漸由佃農墾成，鍾番便與他們簽訂了 25 年的租佃契約。[20] 1930 年 7 月，早川鐵冶提出賣渡許可願，實測開墾成功面積約 296 甲（表 1）；隔年 10 月早川便以 5,936 円 65 錢的土地代金取得許可地的所有權。

---

17 本山直枝，高知縣士族。1896 年通過文官考試後，陸續於兵庫及高知縣擔任公職。1911 年渡臺擔任總督屬，1920 年擔任新竹州稅務課長，1924 年擔任臺中州知事官房稅務課理事官，並於年底提出辭呈，1925 年 7 月又成為專賣局指定第十二區煙草批發人，1930 年起擔任新竹州協議會員。參見原幹次郎（1931）。

18 鍾番，1911 年新竹公學校畢業，具備良好的日語能力。隨後經營多項事業：1917 年擔任新社製酒公司書記，1922 年成為桃園街酒類指定批發人，1930 年成為新竹殖產株式會社董事；1936 年創立大同商業株式會社、接任泉興製傘株式會社社長，並當選為新竹州會議員。參見興南新聞社（1943）。

19 賴雲祥，東勢下新庄人。1905 年東勢公學校畢業後，進入總督府農事試驗所，1909 年進入日本愛知縣安城農校，1914 年創立東勢角興業株式會社，並於 1917 年起開始於新竹州獅頭山、臺中州大坑、東勢、中科、卓蘭等地進行大面積的造林事業。1921 年間，賴雲祥與其手下佃農成功馴化了本地的薄葉桐，成功解決了造林界提倡適地適種卻苦無樹種的問題。參見洪廣冀，（2003）。

20 〈新竹縣桃園鎮民黃河沐為鍾番侵占日產田山三百餘甲以種方法暗中取利，請依公有土地放租辦法將土地改由原佃人承租陳情案，經省參議會電請參議員劉？才調查嗣檢具報告報會〉（1950 年 11 月 14 日），《臺灣省議會史料》。臺北：臺灣省參議會藏，編號：0011230239008。（按：資料誤將黃阿沐記作黃河沐）

◆圖 6 早川鐵冶。（山
　田毅一，1941）

◆圖 7 鍾番。（原幹次
　郎，1931：55）

◆表 1　1930 年早川鐵冶成功豫約賣渡許可地面積實測

項　目	面　積（甲）
造林	158.8590
畑（園）	134.1525
田[21]	2.0845
建物敷地	1.7365
總　計	296.8325

資料來源：〈官有原野豫約賣渡許可地一部返地願並成功賣渡願許可ノ件（早川鐵治）〉（1933 年
　　　　　3 月 1 日），《總督府檔案》，典藏號：00004170002。

---

21 鍾番於昭和 7 年（1932）8 月提出的「豫約賣渡代金減額願」中，說明此 2.0845 甲的田地實為「蕃
　　人讓受之地」，早川因此支付了 1,918 円作為補償，買斷了族人與這塊地的緣故關係；然而相關
　　文件未見這塊地是何時、因何故、又如何由泰雅族人開墾。參見總督府檔案，1933，〈官有原野
　　豫約賣渡許可地一部返地願並成功賣渡願許可ノ件（早川鐵治）〉，《昭和八年臺灣總督府公文
　　類纂永久保存第九卷地方》，典藏號：00004170002。

在早川鐵冶與鍾番（作為代理人）共同署名的賣渡願中，描述了告兒牌地區的土地經營狀況：溪谷間或能引用山地湧水的地區開闢為水稻田，並種植綠肥改善地力；緩斜地或平坦地者闢為園，以甘薯或茶為主要旱作，亦種植其他雜作；闢成的田園交由招來的佃農耕作，收成時每甲繳納約 35 石作為租金，不適合作為水田、園之傾斜地則保留小面積之原生雜木林，並僱傭工人種植桐樹、桂竹及相思木等經濟樹種（臺灣省議會史料，1950）。

從早川鐵冶幾經波折的經營歷程中可知，隘勇線推進後的拓殖搶占並非就是當時淺山林野區分的配置結果：許可地上四位代理人及其助手的更替，自然說明了經營者地方經驗的重要性；更進一步地，這些紀錄顯示淺山地區雖然名義上被收編到國家法治體系之內，實際上仍保有人治空間。比如地方警察與早川之間針對事業地內原住民處置問題的意見交流，內務局官員視察報告中對於事業地的正反面評價，代理人基於自身所長以及對當時國際情勢下日本山林資源需求的認知作出經營判斷，[22] 甚至是助手們的能力與性格等等，都實質參與在這片土地的權利移轉過程中，隨後也影響了告兒牌人的維生方式。

另一方面，1910 年代以來由拓殖經營理念主導之林野體系，於 1920 年代面臨破局，臺灣總督府的山林政策亦從拓殖逐漸轉向保育，大規模出讓森林土地或林木利權的情勢減緩，不再出現呈帶狀的漢人拓墾地域或待砍伐之不要存置林野，深入山地的早川許可地因此成為區域內的特例。1924 年總督府以訓令 102 號公布、1926 年以訓令 5 號改正之〈臺灣總督府官房並各局事務分掌規程〉，賦予殖產局山林課「調查、計畫、實測、管理與經營」營

---

22 例如葉爾建（2004）即指出該地的造林事業係因應當時木材市場的需求選擇樹種。

林用國有林野的相關權力，使殖產局終得依照「國有林保存主義」重新規劃臺灣的林業政策（洪廣冀、羅文君、Aliman Istanda（胡忠正），2019）。「森林計畫事業」遂於 1925 年間展開，由總督府殖產局山林課基於國土保安與森林利用更新等考量，進行保安林與伐木事業相關調查統整以及延伸調查等工作。圖 8 即殖產局於 1925 年開始的森林計畫事業中竹東調查區的區分調查結果，從圖中可見區域內僅有兩處大面積許可地（位於北邊的為早川鐵冶申請之許可地），兩者都位於調查區的最外緣，鄰近周邊並沒有其他許可地，因而此二許可地被要存置與準要存置林野所圍繞。

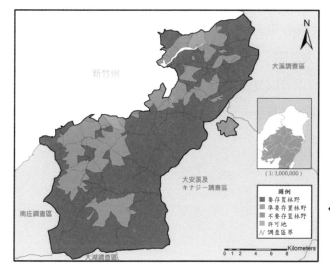

◆ 圖 8 1925-1935 年間森林計畫事業竹東調查區的區分調查結果（比例尺為 1:150,000）。[23]

23 資料來源：筆者數位化自〈竹東調查區：新竹州竹東郡及新竹郡〉（1926），《日治時期「要存置林野」及「準要存置林野」相關資料》，「新竹州新竹郡及竹東郡要存置林野及準要存置林野圖」（調查時間為 1928 年 8 月 28 日至 12 月 28 日），新第 13 號至新第 17 號。圖中兩處面積較大的許可地，從北至南分別由早川鐵冶（1921 年提出申請，1930 年開墾成功，1931 年取得所有權；位於現新竹縣尖石鄉內）與鄭雅詩（1921 年提出申請，1933 年開墾成功，1935 年取得所有權；位於現新竹縣五峰鄉內）申請經營。

帝國林野政策改弦易轍下的意外效果，便是早川的許可地被夾在一片準要存置林野之間，建立其上的旮旯牌遂變成泰雅族聚落間的一處飛地，此種狀態到國府來臺之後亦未改變。同時，由早川鐵冶取得之許可地隨後並未被國民政府接收，而是持續作為處在原住民保留地之間由資本家持有之私有地。因此，諸如山地平地化、公地放領等等應該在這個區域中發生的政策幾乎都不適用於旮旯牌。對旮旯牌而言，這並不單純只是邊區或界域研究所呈現的，因「天高皇帝遠」、「多重治理系統的交疊與分歧」生成具有可操作性之空間 (Szonyi, 2017)，而是無法被平地治理或山地治理收納的縫隙，亦同時是被兩套治理方式夾擊的縫隙。

不過，在這些大歷史事件與大的行動者之下，本文要追究的是從日治末期到 1960 年代旮旯牌消失之間，這些從鄰近農村溢出而移入山地的勞動力：他們一家一戶地被日治時期帝國及資本家的林野經營企圖牽扯進來，在無法取得土地所有權的情境下如何營生，又如何在異域與異族群之間進一步堆疊出「旮旯牌人」的形貌？

二、「作」出家鄉

當我在 2015 年 3 月間第一次與旮旯牌人遭逢時，我便發覺這是一個未曾被仔細書寫過的群體：過去並沒有研究者或文史工作者關注過這群人（甚至沒有以原鄉中的漢人聚落為研究對象者），我僅能從鄉內幾次大型災難的報導中找出非常零星的隻字片語。同時，旮旯牌於 1960 年代左右因人口持續流失而消亡，在這半世紀間，過往居民早已散落各處，不僅要找到他們十

分不容易，許多長者的記憶也因長時間遠離旮旯牌而失根飄散。

　　為此，我在 2015 年 3 月至 2016 年 3 月間，密集地拜訪能聯繫上的旮旯牌人，並針對幾位關鍵報導人進行深度訪談與交叉問詢。[24] 除了前述針對旮旯牌耆老的口述史採集外，本文也蒐集了環繞在旮旯牌周邊的自然資源採伐資料，輔以 2011 年以降我在尖石前山蒐集到的原鄉漢人訪談材料，嘗試從居民們參與過的產業與經濟活動出發，重構日治末期至 1960 年代間旮旯牌的社會生活。據此，本節根據居民主要從事的產業類型分為兩個部分，依序描繪這群無法取得土地者如何作為「佃農」租地務農，在山林與家屋之間頻繁移動成為「臨時工」，投入到鄉內興盛的自然資源採集事業之中。

（一）佃農

　　自 1948 年《臺灣省各縣山地保留地管理辦法》（以下簡稱管理辦法）頒訂起，各地方政府便針對非原住民耕作及使用保留地提出各式疑問，可見戰前非原住民越界使用山區土地者不僅數量甚多且狀態複雜。1958 年，省府以府民四字第二四八〇二號「核示平地人民使用山地保留地處理事項」回應此等情況，僅設籍山地之非原住民可透過與地方政府簽訂短期租約的方式繼續使用原鄉土地，並以「逐漸回收」其使用權利為原則（臺灣省文獻委員會編，1998：864-865）。然此令一出，引起更多疑問。[25] 例如新竹縣內就

24　參見附錄 1。他們大多是旮旯牌移民的第二代或第三代，最年長者目前約 88 歲，最年輕者亦齡近 70。

25　參見臺灣省文獻委員會編，《臺灣原住民史料彙編 3》，頁 871-876。詳細內容與頁碼列舉如下：身分資格：未設籍山地但於日治時期入山且有生活需要者，頁 871；被原住民收養者，頁 874；山地工作人員，頁 874-875；抗拒依該辦法辦理相關手續者，頁 874；使用方式與該辦法不相符：墓地，頁 872-873；既有地上物處理，頁 875、876；原住民將保留地擅自轉租或轉售予非原住民，頁 870、871、873。

有以下狀況：日治時期獎勵非原住民自行開墾或收買族人之水田者、非原住民與族人自訂租約並繳納租金者、使用河川浮覆地者，以及因擔任公營事業機關之臨時工而長期居住在原鄉但未設籍者。由省府對此案及相關案件的回應──屬保留地（或可按保留地辦理）者應按照管理辦法辦理租約、未設籍之非原住民不適用該管理辦法、原住民自行出租或出售保留地為違法──可知，至 1960 年修正《管理辦法》前，省府對於非原住民使用保留地的態度相對保守（臺灣省文獻委員會編，1998：870-871）。那麼，居住且設籍原鄉、但無法獲得私有地放領亦不受山地政策青睞的旮兒牌人如何營生？

從表 1 可知，新竹殖產的土地開發是以造林、種茶等經濟作物種植為主，只有少數幾戶人家（如 9 鄰的第一代移民徐阿夫先生或上山 3 鄰的范姓等被認為與鍾番關係較好的大戶人家）能在新竹殖產的土地上開闢稻田。無法取得新竹殖產田地者，或以臨時工維生，或是私下向鄰近部落的泰雅族人租／借土地開墾：

> 我們在山裡面沒有資格去開發，所以用原住民的名義去開發。原住民去把他山上的樹砍一砍、草砍一砍然後就放火燒，燒了以後那塊就登記他們的地，我們漢人就去幫他開墾種茶。種了以後收穫就要給他們分哪。[26]
> 他們砍伐樹木啊，砍一砍燒一燒，我們說：「這地給我們種地瓜好嗎？」他說：「好啊，你拿去種吧。」[27]

---

26 Z-1，2015/05/22 訪談紀錄。
27 H-1，2015/07/31 訪談紀錄。

我〔泰雅族〕的老公〔客家人〕喔，之前跟人耕田哪，他就讓人作媒人啦。做媒人之後，我嫁那邊去喔。我爸爸說，我有那麼多田嘛，給他耕。[28]

其中，開闢水稻田、茶園者，或四六分或五五分，必須繳納部分收入（稻穀或販售茶青取得之價金）作為地租。[29] 種植地瓜、花生等則因不需要改變地貌，同時也能幫助族人維護平時不用的土地，僅需要事先告知便可以使用。無論種稻還是雜糧，旮旯牌人與泰雅族地主間僅有口頭之約，若族人需要使用土地時就必須返還。地勢阻隔加上文化、語言不同，旮旯牌居民日常很少與鄰近泰雅族人接觸，卻多能與租／借予他們土地的泰雅地主維持良好關係。換言之，除了鍾番這位大地主外，許多居民也同時是泰雅族人的佃農；佃人的維生領域也從新竹殖產持有地，擴展至山巒之間點狀散布的片片山田，並且隨著泰雅族人使用土地的需求變化產生局部轉移。

　　阿盛先生（約 1948 年生）有次向我描述了他對於旮旯牌的頭家——鍾番先生的印象。那時還年幼的他與其他學童們一樣，對 10 鄰謝先生那臺聚落唯一、閃亮亮的伍順牌腳踏車既好奇又羨慕，但有次頭家返家，大家都停下腳步，轉頭望著頭家的吉普車威風地朝旮旯牌駛來；他們的父母親忙著從家裡翻出最好的藤椅，綁上竹棍做成轎子。此時，身形矮胖的頭家走下車，10 鄰的邱阿成先生恭敬地邀請他到家中喝茶歇腳。在「承勞」黃福枝先生的指示下，居民將轎子擱在邱家前面，幾位長工輪班將頭家扛到山上的別墅

28　Z-7，2015/03/29 訪談紀錄。Z-7 為泰雅族人，引文中提及的丈夫原是她父親的長工，Z-7 婚後（丈夫入贅）隨夫婿搬入旮旯牌第 9 鄰，係該聚落唯一的原漢通婚家庭。
29　Z-1，2015/05/22 訪談紀錄；H-1，2015/06/04 訪談紀錄。

去。通往 12 與 13 鄰的路口處，過去曾有一座鍾番先生的銅像（參見圖 9），該會社於本地區的重要性可見一斑。[30]

住在 9 鄰的阿祺，家裡早期便是務農維生，在他念中學以前，母親曾先後向新樂村的陳姓與曾姓泰雅族人租用土地種植水稻。稻田墾成後一年能兩穫，傍著山坡闢成梯田，田面有時甚至不及田崁的二分之一，幾塊小田地還能湊合著家裡食用。若是遇到鳥害、天災造成稻米歉收，就必須向商店買米。令阿祺印象深刻的是，母親有時會請地主的孫子陳先生到家裡用餐，這對當時完全不敢踏入部落的他來說是十分稀奇的。這位陳先生也是阿祺弟弟的同學，總會穿著整齊的卡其制服，帶上手帕、衛生紙來到家裡。此外，阿祺的媽媽也常常將自己醃製的黃豆豉、醬菜分送給幾位地主，地主有時會以捕獲的竹雞作為回禮。阿祺家的茶園是向泰雅族人租的，這在呇屳牌並不常見，多數居民的茶園仍是坐落在新竹殖產範圍之內。然而這個故事有趣的是，他們在種茶樹時，泰雅族地主也種杉木苗。十餘年後杉木逐漸長成、遮蔽日光時，茶農就得把土地還給地主。[31]

為了維持穩定的租佃關係，呇屳牌居民在進行農業活動時，常有以勞力或物品餽贈地主之行為。其中，新竹殖產與佃戶之間租佃的運作，主要建立在文字契約以及當地代理人等明確的產權制度上，兩造間的往來關係主要展現在一些契約之外的服務中：例如新竹殖產無償提供居民住家及園圃用地，並允許佃戶可於緊急時向「頭家」借貸現金；居民則會在「頭家」入山時為

---

30 H-1，2015/07/31 訪談紀錄。「承勞」為客語夥計之意。黃先生為聚落居民，負責申請新竹殖產所屬土地之竹木砍伐證、監督稅收並打理頭家上山等事宜，又被居民稱為現場主任。

31 Z-1，2015/05/22、2015/03/29 訪談紀錄。

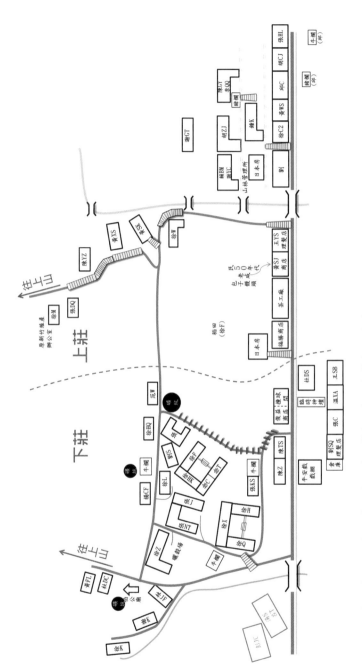

◆ 圖 9 旮旯牌 9、10 鄰聚落示意圖（下莊為 9 鄰、上莊為 10 鄰）。[32]

32 本圖為筆者改繪自受訪人胡紅波先生與徐家先生原稿，圖示中畫有橫橫的道路鋪有枕木，標示的家戶長皆為受訪人的長輩。因聚落存續時間較長，家戶數量及所在位置因分家、遷移等多有變動，因此各報導人繪製內容有些許差異。筆者以胡紅波先生最為細緻的手繪地圖為基礎，結合其他報導人的繪圖資訊，確認地圖內各家戶及各家戶長之標示是否合宜；輔以系譜調查，方彙整出報導人兒時記憶中的聚落地圖。

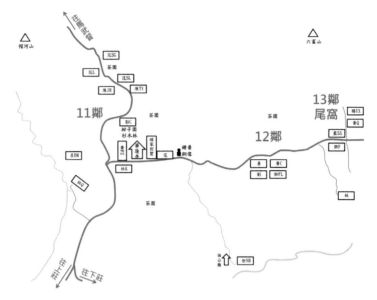

◆ 圖 10 旮旯牌 11 至 13 鄰聚落示意圖。[33]

其服勞役。[34] 契約保障了租佃關係的執行，額外服務則透過進一步在山地環境給予彼此方便，促使租佃關係經營得更加長久，而農戶與泰雅族人之間的土地租借關係僅依賴雙方的信任來維持。居民與泰雅地主間宴請與相互餽贈之行為十分常見，一來一往間，人情債不斷往上堆疊，使彼此難以輕易從關係中逃脫，形成穩定的成對交往關係。居民對於原地主願意將土地續租給自己更有信心，也替地主省去了監督的成本。

---

33 本圖為筆者改繪自受訪人胡紅波先生與范仁雄、張好喜先生原稿。圖中標示的家戶長皆為受訪人的長輩。第 13 鄰位置應距離第 12 鄰較遠，惟訪談當時受限於紙張範圍，繪圖之報導人僅能以口述強調其距離較圖紙上所呈現者更遠。因聚落存續時間較長，家戶數量及所在位置因分家、遷移等多有變動，因此各報導人繪製內容有些許差異。筆者以胡紅波先生最為細緻的手繪地圖為基礎，結合其他報導人的繪圖資訊、確認地圖內各家戶及家戶長之標示是否合宜；輔以系譜調查，方彙整出報導人兒時記憶中的聚落地圖。

34 C-1，2015/08/26 訪談紀錄。

除了奠基於租佃此種具有不對等關係的服務或禮物餽贈外，旮旯牌內另有以「互相」為基調的勞動力與物品近乎等價的交換。少了原居地的親屬網絡，在稻米插秧、收割或採收茶青的時節，鄰里間輪番換工並藉由農事祭儀互相宴請為常態；米糧不夠時，居民必須以空的鳳梨罐頭向左鄰右舍借米，向誰借了幾罐，未來就要還幾罐。此種交換是由同性質物的短暫缺乏所推動，且以等價返還的方式進行，並不具有圖利的空間：大部分家戶的勞動人口皆不足以應付農忙時期的勞動力需求。而在當時，因依山闢出的田地面積有限，亦沒有家戶有足夠多餘的米糧可以專門用來販售、施捨或出借。面對不確定的未來，[35] 旮旯牌任何一個家戶都有可能遭遇勞動力或糧食短缺的危機，當他們確信旮旯牌的社群網絡可以保障他們借出的必會得到償還時，此種「互相」交換便能穩定地運作下去。

　　竹木園的砍伐則為例外。竹木的生產周期較長，各家戶砍伐的時機也不盡相同，「互相」義務較難在此種情況下被履行，只能交由現金與勞動力的商品交換來執行。在旮旯牌內，此種臨時受薪工作也沒能完全脫離鄰里互助意識的掌控，時常是肥水不落外人田——請旮旯牌內的工頭召集需要現金收入的居民一同完成。例如杉木，於栽種前三年必須時常砍草，樹苗長大後只需要定期修枝即可。[36] 部分家戶會以雇工的形式請其他居民幫忙照顧樹木，一請就是幾十年。砍伐前得請新竹殖產的現場主任黃福枝先生（晚期換成從外地來的藍先生）代為申請砍伐證。種植者自請工人砍伐並拖到山腳下賣予

---

35 旮旯牌生活的不確定與局促感，可以從報導人的話語中領悟一二：「我第一個心願是颱風來的時候不用擔心竹房子屋頂會飛走；第二個，我家有一個月的餘糧，我一個月不賺錢還有米可以吃；第三個，生病的時候有一些看病的錢，不必東家借、西家借。所以我現在（指目前在臺北的生活）三個願望都完成了，可以過得無憂無慮啊。」Z-1，2015/08/26 訪談紀錄。

36 Z-1，2015/08/14 訪談紀錄。

黃先生聯絡來的竹木行，銀貨兩訖後將四成獲利分予公司。[37]

（二）煤礦業、林業與臨時工

1960 年代以前，旮旯牌被尖石地區蓬勃發展的煤礦開採、竹木砍伐以及鄉內基礎建設等新興產業所包圍，居民或多或少都曾參與其中，並以臨時工的身分成為第一線勞動者。尖石前山地區的林木與煤礦等自然資源，在日治中期就被資本家看上，隨後進入日本統制並於國府來臺後收歸國營。其中原木的大規模開採是由 1940 年成立的植松木行株式會社主持，至國府接收時，各小事業地中的蓄積量已不多。[38] 六畜山至嘉樂一帶的煤礦礦脈雖然在日治初期就被發現，日治末期亦有統制會社入山探勘，然而大規模挖掘得等到戰後由國營的新竹煤礦局辦理。[39] 在出生於日治末期的受訪者心中，他們的父母親早年忙於農作，正式進入山林打工應是在光復之後，大家開始需要現金之時。日治時期旮旯牌周邊資源開採事業僅是受訪者們童年生活場景中比較特殊的一塊：聚落裡多了幾間漂亮的日式建築，比如 9 鄰張家後頭的「八

---

37 Z-1、L-1、H-1，2015/09/25 訪談紀錄。

38 1940 年 9 月，植松木行株式會社成立竹東支店，並取得現尖石鄉嘉樂、新樂、錦屏地區的伐木權利，積極砍伐天然原始林，以供應日本軍方所需。其中旮旯牌對岸即對應植松木行的蒲羅灣事業地之所在。參見臺灣省政府農林處林產管理局編（1948：180）；張乾榮（2005）；袁明道（2005）；鄭森松（2005：87-91）。

39 有關日治時期六畜山、嘉樂至鳥嘴、八五山一帶煤礦礦脈的發現、探勘、試採，以及臺灣石炭統制會社的開採事業等，參見黃旺成、郭輝（1976：16-18）；何春蓀、徐鐵良（1951）；陳存恭、陳美惠（1993：2、99、105、183）。有關戰後此區域礦場的接管，以及經濟部新竹煤礦局與中國煤礦開發公司之經營過程，參見楊家彰（年分不詳）；不著撰人（1959）。

間屋」，10 鄰劉家後面的「管理所」，道路對面則蓋有一整排的日本宿舍。[40] 而數次的煤礦探勘，在旮兒牌第 9 鄰留下了三個坑洞（參見圖 9），並有枕木從坑口沿著道路鋪設直連到河岸對面的輕便軌道，礦坑挖出來的廢土便堆成了張家菜園。[41]

　　光復初期，河對岸有新竹煤礦與民營的宏明煤礦兩大礦場，山腳下有洗煤場、變電所、電器修理廠、卡車修理廠、福利社等，自成一個生活區。傍晚時分，家裡頭還捨不得點上油燈，對岸卻總是燈火通明，好不熱鬧。[42] 帶來人潮之餘，煤礦產業也提供不少工作機會：坑內工作有採礦、掘進、改修、機電、搬運、雜工等，坑外則有選煤、搬運、雜工、煉焦等。由於坑內工作危險性較坑外高，兩者薪資相差可至一倍以上。其中「採礦以車」、「掘進論丈」、「煉焦論爐」、「運輸以車」，採論件計酬，其餘工作則按日薪支付（臺灣礦業史編纂委員會，1966：1479）。只有進入坑內工作者才會被稱為礦工，坑外工作就只是去打零工的。然而，進入坑內工作的旮兒牌人很少，長時間擔任礦工者只有 9 鄰的張阿九、徐阿木、阿坤先生以及 10 鄰的胡紅金先生；在坑外打零工就屬家常便飯了，婦女或學童等都常常到礦區外洗煤、

---

40 Z-1 先生，2015/03/29、2015/05/22、2018/04/22 訪談紀錄。在受訪者的理解中，「八間屋」是二戰末期日人往鄉間「疏開」時留下的建築；「管理所」則可能是鍾番擔任早川鐵冶代理人時興建的，Z-1 表示他記憶中的管理所原本是在 9 鄰上方，後來才搬到第 10 鄰（參見圖 9）。日本人撤走後，前述的「八間屋」被拆除，10 鄰的「管理所」成為竹東中學尖石分班（尖石國中前身，最初設置時乃是借用尖石國校養蠶室作為教室）的臨時宿舍（供後山原住民學童居住），國軍入山砍樹者就住管理所對面的日本宿舍。
41 H-1，2015/07/31 訪談紀錄；Z-1，2015/03/29 訪談紀錄。
42 H-1，2015/07/31 訪問紀錄。

做雜工賺錢。[43]

　　礦工阿坤先生（1931 年生）自 1949 年即進入新竹煤礦服務，剛開始從事坑外電機管理的工作，見坑內工工資較高，遂於 23 歲進入嘉樂礦區作掘進、改修等。1956 年 5 月 7 日上午，阿坤站在自家稻田中，望著緩緩漲起來的田水發愣，腦海裡還是前一晚的夢境，他正彎著身子往那闃黑的坑中探去，礦區同僚倉促的身影便跌了進來。10 點 40 分左右，新竹煤礦嘉樂礦區第一坑發生瓦斯爆炸，造成 24 人死亡（不著撰人，1956）。因為惡夢錯過上班時間的阿坤躲過一劫，急忙跟著同僚趕回去救人。坑外，10 鄰的彭先生也被眼前的景象嚇住了。十分鐘前，提早來接班的葫蘆灣巫先生才與他打過招呼，要他早點回家吃飯……。彭先生不敢再往下想，忙跟著大夥回頭救

◆ 圖 11　尖石前山新竹煤礦礦區分布概址。[44]

---

43 H-1，2015/07/31 訪問紀錄。

44 資料來源：底圖參見何春蓀、徐鐵良，〈臺灣新竹縣嘉樂煤田地質〉，《臺灣省地質調查所彙刊》第 3 號（1951，臺北），附圖一。此圖為筆者將底圖定位於 Google Earth Pro 上，描繪該圖呈現之台車軌道（黑單線）及道路（黑雙線），並套疊尖石鄉界（白線）、礦區概址（紅區塊）及卡兒牌（綠框線）等資訊。

援。當日下午，自芎林中學放學回家的阿祺在內灣西裝店老闆那裡聽到了這個消息。「幸好沒有我們旮旯牌的人」，阿祺想著，「這大約是聚落裡供奉的義民爺與城隍爺的庇佑吧」。[45] 礦災過後，嘉樂礦坑封閉，不少礦工收拾細軟回家去了。阿坤為了養育家中弟妹，留下妻子顧家，孤身轉往新樂村的鳥嘴礦區工作直到退休；而幸運逃過一劫的彭先生，在巫先生出殯時為他獻上豬、羊等五牲，之後便不再進入礦坑工作。不及兩年，宏明煤礦亦發生礦災，演完鎮煞的傀儡戲後，對岸山腳下便迅速地沒落了。[46]

相比於風險較高、分工明確、薪資穩定的礦工，臨時工才是旮旯牌人常見的工作選擇，比如阿祺就做過好幾種：國小時期的阿祺曾幫忙把木頭扛到山上的坑口去，讓改修工人做成支撐坑道的坑木。中學畢業後，因兩個哥哥都在當兵，阿祺為了養家，於八五山與鳥嘴礦區作了三年的雜工：洗選煤、趁夜將礦工頭燈電池挑去充電，再挑回坑口；因山泉水凍結，工人全部下山，而獨自一人在下雪的八五山上顧流籠等等。「雲霧這樣『喝斯』過去，……慢慢、慢慢消失在山林裡面。那個日子真的是難以……」，[47] 正因有著這些四處打工的經歷，阿祺先生才能在初見到我時，這山、那山的說個不停。

於此同時，前山雖尚有竹東林場，卻同樣沒給旮旯牌居民帶來太多穩定的工作機會：林場在葫蘆灣伐採的時間並不長，砍伐大棵原木時通常仰賴外來的專業伐木工人。居民較常參與的伐採工作，其實是位於國有林地、新竹殖產或鄰近地區泰雅族人土地上的竹木砍伐與搬運等臨時性受薪工作，幾乎各家各戶都有自己的伐木工具。通常會由一位消息較流通的居民擔任「工

---

45 Z-1、Z-2，2015/03/29 訪談紀錄；Z-1、Z-6，2015/08/26 訪談紀錄。
46 Z-2、Z-1，2015/03/29 訪談紀錄；H-1，2015/07/31 訪問紀錄；Z-1、L-1，2015/08/14 訪談紀錄。
47 Z-1、Z-2，2015/03/29 訪談紀錄；Z-1，2015/05/22 訪談紀錄。

頭」，並在第9與第10鄰找「小工」來幫忙，偶爾也會找葫蘆灣的居民加入。上山3鄰則因距離遙遠，又多忙碌於自家田園，較少參與此種臨時工作。

　　居民參與鄉內小型建設工程的方式，也與竹木砍伐的工班制相似。外頭的廠商、公家單位大多會找地方上有地位或某些對工程比較在行的人擔任工頭，工頭只要放出有工作做的訊息，鄉親互相告知，很快就能找到人手。葫蘆灣的徐阿財先生懂土木也懂風水，專作鄉公所或煤礦區發包的小型建築、道路修理的工頭；10鄰有鍾阿開先生作一般道路修築的小包；邱阿成先生與楊春福先生包攬竹木砍伐，楊先生另經營造林業務；新竹殖產現場主任黃福枝先生則協助頭家找工人造林、砍草等。其中建築、修路等工程由大承包商提供砂石車、怪手等工具，竹木砍伐的工具則由莊內工人自行準備。[48]

　　相較前述建立在租佃關係並以家戶為單位，進行勞動力投入與交換的農事活動，居民投入於以賺取現金為目的的勞動工作時，顯得較為個別化：於何時投入何種工作中，乃是根據各個家戶剩餘勞動力多寡以及對於金錢需求的迫切程度來決定，且時常是隻身赴工的。然而，這並不意味著刳兒牌的社會關係在以貨幣為目的之生產中完全無法施展，只是影響力較小，生產過程與鄰里其他活動之間的結合較為單薄。

　　同時，層層分工的受薪工作，在刳兒牌內形成了工頭／小包商與勞動者兩個新的社會層級。由於工頭或小包商並不需要擁有昂貴的生產設備或卓越

---

48 H-1，2015/11/05 訪談紀錄；Z-1、Z-6，2015/08/26 訪談紀錄。根據 H-1 的描述，鄉內工程一般由外面商人透過招標管道得標後，再分攤給地方的工頭。工程承包者與工頭不同，客語稱做「貌事」與「貌頭」。「貌事」指承包工程的承包商，「貌頭」則指招攬工人的工頭。擔任工頭者必須有號召力，並且能如期、如價完工。另有相對於大承包商的「小包」，指承包商將整體工程分成數段，再發包予各下游工頭投標施作，這些承標的工頭即為「小包」。如道路工程分段進行或伐木工作分砍伐與搬運，由各小包負責等。H-1，2015/11/06 訪談紀錄。

的技術，這兩個層級之間存在的明顯分野，與成員之間是否有資本累積落差關係較小（雖然有幾位固定的工頭或小包商，但到後期也有年輕一輩的居民參與其中），主要是由居民面對外部環境時的反應能力差異所形成：當時山地地區的國民教育尚未普及、資訊及對外交通都不暢通，對於文字、政府語言與資訊、外部市場需求，以及聚落內外生意人脈等掌握程度較高的人，便能在生產過程中占居較高的位置，並在勞動過程中具備更多的主動性。

又，透過同為旮兒牌成員的這層人際關係在其中穿針引線，維持了工頭／小包商以及勞動者兩個層級之間的穩定合作。旮兒牌內外各類勞動工作的招工訊息以鄰里間「互通有無」的形式由勞動者們共享，有意願參與者也常會招呼親友一同上工。在沒有文字契約的情況下，居民們的互相牽引能快速召集充足的勞動力，且又與工頭彼此熟識，勞動者之間的互惠行為進一步成為上層工頭可以運用的人力資本，最終形成以鄰里或相同族群背景者為同事的勞動環境。同樣是只與同一文化背景者共事，農事活動中的換工與貨幣生產中的互相邀約上工，仍是十分不同的。前者是基於家戶勞動力的缺乏，以家戶為單位進行的換工，不僅是生產實際運作上的需要，也同時與社群公認的互助美德綑綁在一起；對於處在山林資源採取區域內的旮兒牌社群而言，後者所牽涉的勞動工作機會是不虞匱乏的。同時，互相邀約仰賴的是居民個人間的情誼，在生產過程中並非必要，只是當事人之間互惠關係的疊加。

三、獻給伯公的豬

> 在鄉下開店，大家都是鄰居，若完全要鄉親現金買賣，那保證無人

上門買東西。所以店家讓你賒帳也有一套方法，既不傷感情又不至於虧本的方法，就是凡賒帳必加計利息。[49]

　　由 10 鄰吳阿福先生（1897 年生）所開設的福勝商店，是旮兒牌最早的雜貨店，也是鄰里乃至鄰近泰雅族部落中最重要的雜貨店。[50] 首先，福勝商店入口處懸掛著的那兩塊食鹽與菸酒專賣鐵牌，便使得其他雜貨店難望其項背。「沒有公賣牌嘛……根本不會去跟他交關哪。」[51] 店內陳列有米糧、瓜果、乾貨及日用品等，項目齊全，即便沒有，只要到櫃檯囑咐一聲，阿福伯就會在打貨時順便買回來。店門外還擺著一個簡陋的信箱，供整個旮兒牌居民使用。[52] 不過，真正使福勝商店無可取代的成功利基，是它允許賒帳，同時能以物易物的債償系統。

　　福勝商店是嘉樂地區唯一兼營竹木集散與豬隻屠宰事業者，附近部落的泰雅族人常會拉竹子或木頭到店內換購日用商品，阿福伯會將這些竹木堆在店面旁，達到一定數量後，便請貨運業者入山收購。[53] 旮兒牌居民則用豬隻抵債，養豬就等於儲蓄，無論再怎麼忙碌，每個家戶每年都會養二到三頭豬。宰殺豬隻的工作由阿福伯的大兒子與 9 鄰的杜先生負責，忙不過來時還會請

---

49 H-1，2016/09/30 訪談紀錄。
50 吳阿福先生不僅是聚落內最成功的雜貨店店東，也曾當選過尖石鄉的鄉民代表（新竹縣文獻委員會，1983：29）。
51 H-1，2015/07/31 訪談紀錄。
52 H-1，2015/07/31、2016/04/20 訪談紀錄；Z-1，2015/03/29 訪談紀錄。寄到山裡來的信件放在收件信箱中，任由居民翻閱，若有上山三鄰的信件，則由學童放學後帶回山上。寄出的信件則放在送件信箱，郵差每日只到聚落送／收信一次，若有限時或掛號信件，必須託付給外地念書的學生帶到竹東郵局辦理。
53 Z-1、L-1，2015/08/14 訪談紀錄。

葫蘆灣的馮先生來幫忙。[54]福勝商店因此成為嘉樂村第一家販賣豬肉的商店，由於店內沒有保鮮設備，居民平日也很少吃肉，通常只有在農曆每個月初二、十六（或初一、十五）拜拜前夕才會殺豬。[55]

拜拜的前一日下午，阿福伯仔細核對了店內的通簿，精心挑選出這次要收豬的對象——通常是債務累積較多且豬已經養成者（有時也有急需現金的家戶主動提出殺豬需求）。合上通簿，阿福伯讓大兒子及杜先生帶上「大量」、[56]繩索及大竹槓出發，要求他們趕在天黑前將待宰豬隻綑綁、秤重後扛到店外。通常一隻成豬就可以滿足整個旮旯牌的供品需求。隔天天還未亮，福勝商店已經忙著將豬隻放血、除毛，等村幹事蓋好完稅章後，豬肉舖就開賣了。成豬送宰殺後，阿福伯會根據山區雜貨店向農戶收購豬隻的「時價」（根據豬肉的品質以及各種不同部位來定價）來計算這頭豬可以換得之金額。此種「時價」比山上豬肉零售價格低，店家便是賺取其中的價差。價格計算完畢後，居民便以這個金額抵銷店家在通簿上記載的欠款以及利息。若販售的豬肉價格不足以抵債者，基於客家人不欠錢過年的習俗，居民通常會在除夕前帶著累積起來的現金去還債，少數缺乏現金來源的居民會透過幫店家工作來還債；若豬肉價格與欠債相抵後還有餘款，則居民可以選擇向店家取得現金，或押在店內作為下個年度的購物金。居民將豬交給雜貨店宰殺後，豬血、豬腸子等必須拿回家煮湯、入菜，店家會將這些部分以零售價格從豬隻販售的金額中扣除。其中最重要的是要將整付豬板油拿回家，炸成豬

---

54 這位馮先生後來轉往新樂大橋橋頭處，自己開業殺豬。

55 H-1，2015/07/31 訪談紀錄。

56 「大量」，是一種用來秤豬的大秤子。

油後放入大油甕中，那可是一整年炒菜、澆飯要用的。[57]

1960 年代末期，旮𪸩牌人口減少、飼養的豬隻減少，主刀者也因年事漸高無法負荷殺豬工作，福勝商店便慢慢結束自行宰殺的工作。居民有的改向其他聚落的商店買肉，有的便搭客運到鄉公所、內灣購買豬肉，或是直接從竹東帶回來。沒空出門購買時，也會托吳阿福先生向尖石客家聚落的古先生代訂豬肉。[58]

不只是穿梭在個人與其家戶、勞動力與物質之間，福勝商店的豬隻抵債服務溝通了山腹內各個家戶，形成以旮𪸩牌為範圍、並透過共同信仰祭儀調節的交易體系。首先，近似以物易物的交易方式，對於當時普遍缺乏貨幣又忙於山林工作的山地居民來說是非常必要的。

根據訪談資料顯示，鄉內有不少雜貨店都有這種可以賒帳且接受物物相易的債償系統。[59] 這些店家大多曾位於當地可通車道路的尾端，他們會在店內或附近闢出一塊空間擺放顧客用來交換的山產物（尤其是體積龐大的竹木材），累積到一定數量後再聯繫貨運公司或中盤商入山收購。因此，物物交換的債償系統常發生於交通建設剛起步且具有較大腹地的聚落中，交易的對

---

57 H-1，2015/10/31 訪談紀錄；Z-1，2015/03/29 訪談紀錄。

58 H-1，2015/07/31 訪談紀錄。

59 例如位在客家人聚居區域的新樂村、嘉樂村，各有一家兼收竹木與豬隻的雜貨店，分別為余木村先生經營的雜貨店和旮𪸩牌的福勝商店，義興村也有向客家居民收豬隻的雜貨店；新樂村另兩家被泰雅族人稻田環繞的雜貨店，即昌隆商店以及由蕭家經營的雜貨店，則兼營碾米廠，會收取稻米、穀殼等，也會收取香菇、木耳；錦屏村的盛順雜貨店規模較大，會向泰雅人收取獵物、香菇、木耳等山產物，並雇有長工，專司竹木中盤；尖石的俊益商店則以現金交易為主，可賒帳，只有幾例因實在收不回欠款，才讓客戶以香菇抵債。後山地區的雜貨店因貨幣更加不流通，普遍會收香菇、苧麻等小型乾貨。Z-6，2015/08/26、L-4，2015/03/13、C-7，2014/09/06、F-2、J-1，2014/12/15、Z-4，2015/07/05、H-2，2016/02/17、Z-8，2014/03/01、L-5，2011/07/06 訪談紀錄、2011 年至 2018 年筆者田野筆記。

象必須有從事勞力密集的山林採集或農耕，並能在一定程度上決定其產物分配者。這樣的聚落與平地市場之間存在較多的阻隔：不僅僅是地形、距離以及交通條件不佳所產生的空間阻礙，勞力密集的農業活動亦降低了旮旯牌居民自行前往市場詢價與交換的可能，因而更加依賴能隨時補充平地商品的雜貨店。

　　福勝商店具有以上各項可以兼營山產物中盤的條件，成為少數能同時經營與泰雅族人以及與漢人之間兩套不同物之交換系統的商店。在鄉內普遍缺乏貨幣的情況下，泰雅族人帶來的竹木成為商店向平地業者換取現金的重要商品，是整套物物相易系統能持續運作的重要物質基礎（參見圖12）。而旮旯牌作為前山地區少有的大型漢人農耕集居區的特殊性質，使商店內的物物交換更具規模，並能有系統地被執行。居民對於福勝商店的依賴也不只是商品的交換，經營者本身具備當時居民所缺乏的文書能力以及熱衷公益的人格特質，讓這家商店（設置聚落收信信箱）乃至個人（傳達政令與選舉資訊等，亦曾當選鄉民代表）都成為整個旮旯牌的訊息窗口，並進一步透過引領居民進行投票及抗爭行動，為整體社群爭取更多利益。換言之，旮旯牌與平地社會之間的重重阻隔，將福勝商店推向代理人的位置；而經營者選擇與社群共生息的運作模式，則使得這個代理關係更加穩固。

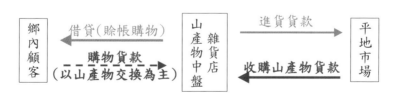

◆ 圖12 兼營山產物中盤雜貨店之貨幣流通示意圖。（筆者自繪）

福勝商店的例子也呈現由關係網絡構築的旮旯牌如何與市場邏輯交融並進。我們可以說福勝商店巧妙地將旮旯牌固定且頻繁的祭祀活動挪為己用，保障能定時定量地取回債款；通簿上的一筆一畫也意味著這裡的交換不再互惠，債與利息都是實在的，家戶互助或個人情誼固然能使交易過程留有些許彈性，但並不會因此使得債務被輕易抵消或減少。然而，從被作為償債媒介的豬隻／豬肉來看，旮旯牌也不盡然只是被動接受市場的操弄。如同前文所述，對於旮旯牌居民而言，豬肉是奢侈品，只有在節慶祭儀中才會食用；因為物品容易腐敗的特性，豬隻的宰殺必須搭配一套再分配機制，才能使豬肉被妥善利用。[60] 從挑選崽豬（或配種）開始，這些豬隻是家戶成員通力合作並日夜期盼其能順利肥育的勞作成果，進入商店被短暫轉譯為商品，隨後又以彰顯家戶誠意的供品形式回到聚落家戶手中。某種程度上，豬完成了它在這個社群中的使命：祭祀以及被飼養者食用。反過來看，這套系統之所以可以穩定進行，是因為它取用的償債媒介並非居民日常必須的稻米、蔬果甚至貨幣。雜貨店在抵債之餘，也得順應整體社群的生活作息，進一步以交換網絡體現旮旯牌作為互賴共生團體的疆界。

　　對於涉入債償系統中的泰雅族人而言，利用竹木材償債的過程與感受卻是跟旮旯牌居民以豬隻償債截然不同的。竹木材因為需要運銷到平地市場，採伐的工序及成本也比宰殺豬隻多出許多，必須一次性大量生產才符合經濟效益，因此竹木抵債的時機以及代價，基本上是由商店經營者根據市場需求調控，脫離了原所有者以及所屬社群的規範；隨後在不同人群的層層分工之

---

60 然而，從旮旯牌「伯公會」的運作過程中，我們可以發現居民其實都具有宰殺並妥善分配豬隻的能力。豬隻之所以成為交易媒介，仍是與雜貨店把守著「平地市場代理人」這個崗位有關。

下，竹木的挺拔（世代栽植的臨場感）與蔥鬱（自然資源與精力投入）被一步步削減，最終剩下方正、乾黃的木料被拖曳到外地市場中。雜貨店老闆在旮旯牌人心裡是熱心又公道，在泰雅族人口中就顯得小氣又計較，這些可以用文化資本以及階級來形容——又往往被以族群身分異同來解釋——的感受之所以如此實在，無不與這套交換系統使得山地雜貨店業者成為物流與金流的匯集點是如此明確有關。

四、從縫隙間流失

〔葛樂禮風災前，供奉在 9 鄰徐家的義民爺與城隍爺找來〕乩童指示，就說這個村莊會有災難哪，必須要插三枝令旗：一枝要插在大河對面，張××的丈人那邊〔油羅溪對岸〕；一枝就插在河邊上面彭××他耕的田頭上面〔9 鄰與 8 鄰交界的溪溝附近〕，……這條河就沒有事；村莊整個都沒有事，但是新樂葫蘆灣的那隻令旗沒有插，那邊可能就沒有去，結果那整個就滅村。[61]

1947 年起，政府陸續實施三七五減租、公地放領、耕者有其田等土地改革政策，企圖逐步將農地從不以農事為業的大地主手中釋放予佃農。然而旮旯牌卻僅有約 30 甲訂有三七五租約之土地成功放領，剩下 200 多甲土地

---

61 L-1，Z-1，2015/09/25、H-1，2015/11/07 訪談紀錄。

則由頭家鍾番收回造林。[62] 受訪者表示，一方面可能是莊裡的老人家不懂契約，因此錯過了放領的機會；另一方面則有說頭家為了日後能收回土地，故意不向佃農收租兩年，企圖消滅其與佃農之間的租約事實；又由於其下土地大多登記為林地而無法放領。[63] 只是，旮旯牌的失落或許早有端倪。若回到1930 年的那紙賣渡願（表 1）便可猜測，戰後針對水田進行的土地改革，對於以旱田及林地為主的旮旯牌助益甚微。

　　1950 年 5 至 6 月間，三則針對鍾番侵占日產的聲明啟事刊登於《台灣新生報》與《中華日報》上（參見圖 13），這是佃農們首次嘗試採取法律手段維護其權益。10 月 17 日，12 鄰住戶黃阿沐代表 25 名旮旯牌居民向臺灣省參議會遞交陳情書，措詞嚴厲地控告鍾番塗改租佃契約上的

◆ 圖 13 黃阿沐於《中華日報》刊登之聲明。[64]

---

62 1946 年，新竹殖產株式會社改組為新竹殖產股份有限公司，取得整片土地之所有權。時至今日，該地區大多數的土地仍登記在該有限公司名下。為使行文流暢，以下將該會社或公司簡稱為「新竹殖產」。參見臺灣省政府檔案，1950，〈函復新竹殖產公司所需造林資金土行本年已貸一萬五千元如該公司經營確有成績可由土行於頭寸稍裕時酌予增加貸放數額由〉，12 月 15 日，《關於資金》。南投：臺灣省政府藏，後收錄於《國史館臺灣文獻館數位典藏整合查詢系統》，典藏號：0042632012246008。

63 H-1，2015/07/31 訪談紀錄；Y-1，2015/04/01 訪談紀錄。

64 資料來源：〈新竹縣桃園鎮民黃河沐為鍾番侵佔日產田山三百餘甲以種種方法暗中取利〉（1950 年 11 月 14 日），《臺灣省議會史料》，編號：0011230239008。

租金、欺壓佃農；且鍾番至 1949 年間仍使用株式會社代理人及早川農場等名義，與佃農立定文書、收取租金，因此居民質疑聚落所在土地應為日產，且是各位農人自費工本辛苦墾成的，應先收歸國有後，再依法放領給大家。這封堪稱條列清晰的據理力爭，每一項罪嫌皆是村人從法律文件中挑出來的錯處，卻未能讓「愛護自耕農」的省府為其主持公道（臺灣省議會史料，1950）；等待著他們的，是在與地主、臺灣省公產管理處及新竹地方法院之間長達一年的對壘中節節敗退。

首先是新竹地方法院。1950 年 6 月至 10 月間，鍾番與黃阿沐分別就登報刊載不實言論妨礙名譽，以及被盜砍租耕地之樹木等由互相提告。一系列訴訟案件於 1950 年年底前定調，幾乎都是以黃阿沐無法舉證「鍾番侵占日產」為事實作結，黃因而被判誣告及妨礙名譽。[65]

1950 年 10 月間，黃阿沐向行政院、臺灣省政府、省參議會等單位呈控鍾番侵占日產，此事隨後由公產管理處及省參議會著手調查。而鍾番也於同年 12 月向公產管理處提出發給產權證明書之請求。至此，事件的性質逐步從老百姓集結向新執政者訴諸情理、黃阿沐隻身於法庭嘗試證明「鍾番侵占日產、欺壓佃人」為真的論辯交鋒，轉變為由公產管理處、省參議會等機關就前日產所有權是否合法移轉的文件審核。

根據該年 1 月 10 日公布實施之《臺灣省日產移轉案件審查辦法》，日產移轉案件最重要的判準，一是須在 1945 年 10 月 6 日前成立合法買賣契約，二是檢具權利移轉或設定之相關證明（何鳳嬌，2010）。從鍾番提交

---

65 關於黃阿沐控訴與新竹殖產產權問題之相關段落主要資料來源，皆為財政部國有財產局，1951，〈新竹殖產株式會社〉，《清算》。臺北：國史館館藏，數位典藏號：045-070603-0153。

的證據文件可知，旮兒牌的土地於 1936 年 2 月 15 日由新竹殖產株式會社以 7,000 円的代價取得；該會社的所有日人股權，已於戰前全數移轉給鍾番及其親屬。[66]1951 年 3 月 16 日，公產管理處向省政府呈報了審核結果：多數日人股票於 1939 年前移轉竣事，剩餘日人股票亦於 1945 年 5 月前移轉；只是在 1945 年間移轉的文書中，日人使用的印鑑前後不一，且依照一般慣例，股票過戶應蓋代表取締役之印鑑。經派員赴桃園法院分處及鎮公所調查，並參考該會社規定與相關前例後，公產管理處認為股票移轉「略有瑕疵，但似無足資認定其為無效之理由與證據」。6 月 20 日，臺灣省政府秘書處法制室亦回覆此案「難認其移轉為無效」。為求慎重，省政府除發文告知黃阿沐土地與新竹殖產的移轉均屬有效外，也請黃限期提出確實的證明文件，否則即予結案。

黃阿沐遂於 1951 年 4 月至 10 月間，多次以其作為佃農及被告的見聞，輔以此兩種身分所能取得的相關書據，向省政府與公產管理處指出鍾番許多不合理之處，並以鍾番侵占新竹殖產會社財產之名再次向新竹地院提告。然而黃阿沐不知，對機關而言，此案既已定性，需要理會的就只有能推翻其「有效」判定的有效證據。8 月 16 日，新竹地院檢察處以黃阿沐因曾被鍾番控訴，懷恨在心，且已經向公產管理處確認審核結果為由，認為鍾番無侵占之情事至為明顯，而黃多次興訟只是「無理取鬧」，判定被告鍾番罪嫌不足不起訴。10 月 20 日，公產管理處也以侵占案既已偵結，且黃被判誣告在案等為據，認為黃所控「毋庸再議」，並另案向鍾番填發非日產證明書。機關之

---

66 鍾番提供的有效證明文件包含：（1）法院登記簿謄本；（2）賣渡證書抄本；（3）土地台帳謄本；（4）股票；（5）股票讓渡請求書、同意書、委任狀；（6）國籍證明書；（7）34 年度、35 年度營業報告書等。參見〈新竹殖產株式會社〉（1951），《財政部國有財產局》，數位典藏號：045-070603-0153。

間根據各自斷案需求，互相徵引、堆疊一方事實之際，對於佃農們透過黃阿沐提出的所有疑義（如 1928 年土地墾成後簽訂的 25 年契約，為何未在土地讓渡及公司易主時換約？為何仍以會社代表人的名義與其簽訂三七五租約？有多張租據為證，為何遲至 1950 年鍾番仍以會社及早川農場的名義向佃人收租？（參見圖 14）為何其在法庭之上出示的證明文件時有時無？等等）均不予回應，公文書上僅以「呈復空言」一筆帶過。放領一事繼而不了

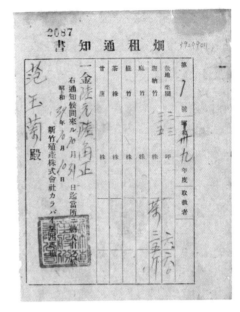

◆ 圖 14 1950 年鍾番仍以「會社」及「早川農場」名義收取租金之證明。[67]

了之，帶頭抗爭的黃阿沐最終被公司逐出聚落。[68] 直到筆者訪談之際，受訪人仍不知為何早川農場會落到鍾番手上。

　　1954 年，徐家大家長徐阿夫先生代表 40 多名鄉親再次向省府、監院、高等法院等各機關遞交陳情書，並於 11 月 14 日嚴家淦省主席前往竹東鎮參與自來水廠通水典禮時，領著農人攔路陳情。這次他們質疑的是，數代耕作並簽有租約的農田（畑）為什麼在地籍資料上顯示為林地，懷疑是頭家鍾番為了少納田租而刻意為之，導致他們無法如願透過三七五減租承領土地。新

---

67 資料來源：〈新竹縣桃園鎮民黃河沐為鍾番侵佔日產田山三百餘甲以種種方法暗中取利〉（1950 年 11 月 14 日），《臺灣省議會史料》，編號：0011230239008。
68 Z-1、F-1、Z-6、C-1，2015/08/26 訪談紀錄。

竹縣政府查證後，指出旮旯牌農人確實有與新竹殖產公司簽訂租約，且是以造林為目的，至於為何地目為林地，於實作上卻成為田園，則不得而知（子銘，1954）。

為此，省政府於 1954 年 12 月 27 日至 30 日間，派各廳處人員辦理雙方座談、現場察勘並試行調解。然而此次調解亦未能得到好結果。佃農們仍認為早川農場應屬於日產，委任律師也指出，佃農們提出的土地登記簿謄本上記載，會社的日籍取締役（董事）本山幸三與監察役（監事）津田亮顯直到 1946 年 6 月 15 日才退任，足可證明新竹殖產在法定移轉期限過後仍保有日資。[69] 不過此事早在 1950 年底鍾番辦理產權登記時，就已經向公產管理處解釋過了。他以股票賣渡相關文件為證，說明此二人在 1945 年 3 至 5 月間讓渡所有股票之際就已失其職位。之所以與退任登記日期相左，鍾番解釋道，一是因為當時該公司尚有融款未清，擔心影響債務而不敢提出變更手續；二是時值戰亂，即便即時提出，日治政府也未必能辦理；而戰後百廢待舉，一切手續均待政府指示，因而遲至 1946 年方召開股東總會，完成董監事的退任手續與登記。

即便如此，何以不能依《實施耕者有其田條例》進行放領呢？前述由省政府主持現場察勘的結果證實，多數佃農均將林地變更為田畑使用，按時納租即意味著保有租賃關係，似可根據《實施耕者有其田條例臺灣省施行細則》第三條「原地目非田、畑，而已變更為田、畑使用者，應仍依本條例處理，並逕辦地目變更登記」之規定辦理放領。新竹縣政府的放領處分稱：

---

69 關於徐阿夫與土地放領糾紛之相關段落主要資料來源，皆為〈徐阿夫與業主鍾番放領耕地糾紛〉，1955，《行政院農業委員會林務局》。臺北：行政院農業委員會林務局藏，編號：0044/造 A(一)1/238/0001/001。

「原係承租開墾、造林，且土地登記簿記載地目係林，未便放領」、「關係造林事業及水土保持至鉅，其中縱有部分已由佃農開墾作畑，亦未便予征收放領」等等。但在律師與佃農看來，地目無礙於放領，而所有權與水土保持之間亦無絕對關聯；即便是基於法理、人情，也不應讓佃人無所仰給。

然而 1950 年代也正是美國恢復對臺援助、以制訂永續經營之林業政策為目標、積極在臺推動森林保育計畫的重要時刻。因此，旮旯牌「未便放領」、持續作為一片面積較大且範圍完整的私有林地，其背後因由或許並非律師所想的那樣單純。中國農業復興聯合委員會（農復會）在完成對臺灣森林狀況的一般性調查後，於 1951 年 11 月成立森林組，開始從事實際的造林工作。除了針對國有林重新擬訂經營計畫外，農復會也致力於透過經費與技術的援助，鼓勵地方林業之建設（中國農村復興聯合委員會，1954）。1952年 10 月 11 日，森林組組長美籍森林專家沈格夫（Paul J. Zehngraff）即在桃園縣政府建設局人員的陪同下，來到桃園地主鍾番位於新竹縣尖石鄉的私有林——旮旯牌——進行實地技術指導（不著撰人，1952）。

歷經陳情與調解，旮旯牌佃農們的放領請求依舊無果，而領頭人徐阿夫先生遭到懲罰。據說他那片位於 9 鄰的大面積農田被頭家收回，隨後成為嘉樂天主堂的腹地。[70] 佃農們老了，也無力再爭，只能等著田地、房舍被收回。「等我讀書讀到『土地改革』、『三七五減租』、『公地放領』、『耕者有其田』等時，就大感困惑，『為什麼我家還是佃農？』」[71] 政權轉換並沒有為旮旯牌的居民帶來轉機，不僅新的政策與法律工具無法被順利操演，現代

---

70 Z-1 先生，2015/05/22 訪談紀錄。
71 H-1 先生，2015/10/31 訪談紀錄。

營林觀念也對其不利。時代推移，介於山地與平地／林地與農地之間的他們，仍舊是原鄉中沒有土地的佃農。原本促使這些漢人能在原鄉落地生根的特殊地權狀態，在 1960 年代鄉內農業與資源採伐事業衰退，而土地權利又始終無法下放予人民的情況下，最終動搖了旮旯牌存續的可能。

1963 年葛樂禮颱風襲擊尖石鄉，又一次地，駐足旮旯牌的地區神明成為居民理解山地災禍與區分／生產出「自我」的媒介。雖說有神明與山脊的屏障，聚落不致毀滅，長輩們於浮覆地辛苦墾成的水田，卻盡數被暴漲的河水吞沒。比如 9 鄰的徐阿河先生在河岸旁墾闢 20 餘年的良田，一夜之間被沖毀殆盡，三個兒子先後當兵回來卻無地可種，也無法像老一輩的農人有技藝能自行開田，只好外出到工廠上班。耕作過程中所需投入的人工、農藥、肥料等成本亦逐漸揚升，若還要支付土地租金，實在划不來，過去向族人租來的農田，也只能任其荒廢不再續耕。[72]

同時，鄉內林業、煤礦業逐漸沒落，伴隨著 1970 年代臺灣經濟起飛、工廠林立，村落裡的年輕人大多依賴鄉外親屬網絡的引介，往外地謀職、學手藝、做幫傭、學開車，或進入工廠工作；生活逐漸穩定後，出售家裡原有的林產物或房屋，湊出一筆錢，便帶著無法工作且需要看顧的老人家一起搬往城市定居。住在半山腰第 11 至 13 鄰的居民，因交通等公共設施不足，而較早且大量遷往外地（部分住戶先遷至第 9 或 10 鄰，隨後亦搬離）；山下的第 9 與第 10 鄰雖然水、電、公車、道路等都十分暢通，仍不敵城鎮拉力，陸續搬離。阿盛先生說，1968 年至 1972 年間他在臺南讀大學，每次返家都會聽說哪戶人家搬去哪裡的消息。1973 至 1974 年間，9 鄰徐家的一位青年

---

72 H-1，2015/07/31、2016/02/21 訪談紀錄；Z-1，2015/05/22 訪談紀錄。

前往新竹牛埔一家翻砂工廠工作，便一個拉一個地將9鄰好幾位年輕人一起介紹到該工廠工作。[73] 時至今日，旮旯牌內僅剩山下三戶人家留居此地（9鄰兩戶張姓人家，以及10鄰一戶保有房舍但已鮮少入山的邱姓人家），與後來遷入的泰雅族人混居。

從維生農業、非正式之受薪臨時工到雜貨店內的商品交換，與其說旮旯牌人是在政策與資本開發之間進行落差套利，或是說他們是盡其可能地動員身邊所有的文化與物質資源、讓自己能嵌合在因政策與資本家意圖重疊而產生的可能性框架之內，進一步促成了一種同性質的社會生活模式會更加貼切。然而，正如前文所提及的，地權的缺失是旮旯牌的重大隱患。這個如砂礫般流入縫隙內的群體，即便他們曾試圖並渴望在此落地生根，最終還是因為根系過淺，在幾波結構性變遷後，難逃土崩瓦解的命運。

當然，旮旯牌人的故事並未隨著聚落消逝而黯淡。2015 年 8 月 14 日下午，阿祺先生與我約在臺北深坑假日大飯店，笑盈盈地將他從小的摯友阿斌先生介紹給我。阿斌拿出一疊飯店的 buffet 餐券，我只能以剛從臺南帶上來的阿盛先生手繪聚落地圖回報。兩人沿著圖紙回憶起旮旯牌各個家戶曾發生的事，假日飯店的小餐桌上，「旮旯牌」透過他們的離愁以及論述策略，美好又活潑地「重生」在我們之間。訪談中段，兩位老先生談起旮旯牌青年離開家鄉後的生活：青年阿盛正為著是否要進入私立大學就讀而煩惱，便寫了一封信給商科畢業、在臺北貿易公司工作的阿祺前輩。阿祺思索著鄉親的經濟狀況，並根據其對就業市場情勢的觀察，回信建議他重考。隔年，阿盛不負眾望，考上了國立成功大學中文系。接到好消息的阿斌，剛隨著遠洋船隊

73 H-1，2015/07/31、2016/02/21 訪談紀錄。

抵達美國，[74] 感嘆著「這是我們旮旯牌的第一位國立大學生啊」。

記得每年正月初迎媽祖婆，做平安戲，還過九月十九觀音生，山頂觀音廟〔華蓮寺〕做戲，莊肚唯一个，也可以講全尖石鄉唯一个子弟班，安到「嘉樂軒」，定著出動唱曲、打八音，大銅鑼哐哐滾，阿清哥歕个笛兒聲在幾條山窩肚項鑽來鑽去、每个人心肝強強跈等燒起來樣兒。撈大旗鑼鼓陣，吾爸打个大鼓聲配合銅鑼、參差，哐唥—哐唥—叱咚哐咚哐—叱咚哐咚哐，……使平常恬肅肅个旮旯牌莊，上山下山一下兒鬧熱起來。咁樣个光景維持到民國六十年左右，就漸漸兒變更忒了。先係打鼓唱曲个阿發哥出外食頭路，罕得轉山肚。到尾來山肚个聲勢頭路越來越微末，子弟班成員各顧各，無人行頭集

◆ 圖 15 Z-1 與 F-1 手繪聚落地圖。（筆者拍攝，2015年 8 月 26 日）

74 阿斌在海上航行了三年、繞行了半個地球後，在加州長灘跳船，被美國移民局遣返回臺。他隨後進入剛成立的亞東工專就讀電力相關科系，畢業後任職於台灣電力公司。充滿冒險精神的他，爭取搭上台電技術外交的列車，調任沙烏地阿拉伯數年，成為 1970 年代以電力技術換取石油此種跨國經濟合作的一顆小螺絲釘。

合，就散忒咧。[75]（胡紅波，2010）

　　這是畢業後於成大中文系服務並致力推動客語文字與文學的阿盛先生所寫，於 2010 年被收入《客語文學選集》的文章片段。而在 2015 年的飯桌上，我望向同樣就著來自遠方阿盛捎來的紙張溝通的兩位長輩，思索著這個曾經看不到未來的旮旯牌是他們遠走他鄉的起點，而旮旯牌的「離散」又成為他們回憶過往、聯繫彼此的支點。透過文學、通訊設備或是一名刨根究底的問詢者，他們試圖在新時代中重新打造旮旯牌。一種型態的地方消失，一種新型態的地方繼而浮現。「我們可是三個指標性人物哪！」阿祺接著說道。[76]這是指率先離開旮旯牌、積極前往外地求學的指標。我還記得他們之前談論的「上一代」指標性人物，分別是向新竹殖產發起抗爭的 9 鄰大家長徐阿夫、經營最大雜貨店又熱衷公益的吳阿福以及政商關係良好的地方士紳邱阿成。[77]「這一代」旮旯牌人早已自旮旯牌揚帆起舵，然而過往的經緯仍舊在他們的生命地圖上若隱若現，在他們日後的遭逢史中持續編織著。

---

75 引文中的「華蓮寺」位置參見圖 10；「嘉樂軒」則是由旮旯牌人自發組成的八音班，成員以第 11 到 13 鄰的陳姓、杜姓、范姓三個姓氏為主，9 鄰的阿坤先生為第一代胡琴手，呂發先生為指揮。山腳下另有鑼鼓陣，包含一面大鼓，由阿盛先生的父親負責，另有鑼、鈸三付以及大旗一面，平常都放在 10 鄰邱阿成先生家的空房裡。過年前夕，女人忙著炊粄，男人忙著練習：八音班成員請師傅上山教學；鑼鼓陣的成員則聚集到邱阿成先生家前庭敲敲打打。新年還沒到，旮旯牌早已瀰漫著歡樂的氣氛。H-1，2015/07/31 訪談紀錄；Z-1，2015/03/29 訪談紀錄。
76 Z-1、L-1，2015/08/14 訪談紀錄。
77 Z-1，2015/03/29 訪談紀錄；Z-1、L-1，2015/08/26 訪談紀錄；H-1，2015/10/31 訪談紀錄。

五、結語

在臺灣沿山地區研究的討論基礎之上,本研究首先將研究的時空往前推展,討論在日治山林政策之下進入蕃界內土地定居的漢人社群之社會生活;同時也在日治臺灣山林史研究者的殷實成果之上,描繪出由國家與資本家協作引入山林的佃人樣貌。相較於清治政府的邊區治理,日治政府及國民政府初期的山林治理,對於平地人移入山地具有更強的約束力,同時將山林資源收歸國有並進行更大規模、更具組織的開採,此種情況下形成的移居聚落,勢必將比清治時期的拓墾聚落更被外在環境所宰制。

首先,在日本殖民政府以精細地圖治理人群並落實邊界的情況下,旮旯牌並不是移民選擇合適的自然環境後,移植原鄉經濟行為的結果;而是在資本與國家協商後所圈選的土地以及給定的產業型態之下,透過他們的平地與山地經驗逐步使山區自然環境可適、使邊區生活可能的過程。同時,帝國理蕃行動對原住民的壓抑,讓移民不再有武裝防隘的需求,也不再以親屬集團等方式大規模進駐,甚至在移入山地後與故鄉的關聯越來越微弱;新居地層疊的地緣關係逐漸在日常生活中被實踐出來,進一步定義旮旯牌的內涵與邊界,不僅所謂「地域社會」生成的條件發生巨大轉變,國家對山地資源的幾度需索,讓居民的生活不再局限於地圖上標示的豫約賣渡地/私有地的範圍之內,移民們做為基層勞動力而再次移動,沒入山林與市場之間。

換言之,旮旯牌誕生於國家山林政策與資源開採計畫落下巨輪並產生「摩擦」之處。以國家為後援的資本力量對邊境開發的渴望,使政策意旨原本預期的封閉效果大打折扣,居民們因此得以在其間掙扎求生:或透過交換穩固的租佃關係以動用山林土地資源,或通過頻繁的鄉民式自我剝削－長距

離移動－加入到新興資源開採事業之中。此種不在法的規範之下，也不怎麼符合經濟理性的生活方式，即（不）「社會」又（不）「資本」的性質，也恰如 Tsing 討論結構與地方時，所謂「無法被收納」且時常「不有趣、不可見、使論點無效的」範疇間的「縫隙」。

　　回到居民社會生活的層面來看，岧兒牌生產與交換的關係網絡向外發散之餘，隱約具有一個明確的疊合或匯聚點，此種帶有內縮感的共同體，是以特殊的地權狀態以及產業類型為基礎，經由成員共同篤信、遵守的「互相」禮節與祭儀活動將之束緊所形成。居民們的每日生活中都有著各自於群體內外的交換關係，並不妨礙他們具有相似的縫隙生活體驗。同時，透過其與頭家的關係、固定的祭儀活動，以及與之相配合的雜貨店交換活動等集體實踐、動員「神明」來解釋社群起源、異地自然與職災經歷的論述策略等，一方面區隔他／我，在日常去領域化的同時，也不斷再領域化岧兒牌的界線，使得「岧兒牌」成為能被其成員認知並認同的「家園」；[78]另一方面則是在「未違背原有文化體系框架」的情況下，各個移民主體透過「如戲法般的拼貼」，在異域的社經及制度脈絡中找到可以行動的位置（林秀幸，2012）。亦即，岧兒牌居民在這片由國家治理以及資本所規劃並力圖掌控的空間上，將其所共有的「文化」作為建構物質與共同體想像的工具，並在生活實踐的過程中，把邊境治理與開發計畫所未及之空隙給填補起來，使得組裝在佃農身上的國

---

78 張正衡（2016：47-100）於〈根莖狀的社區〉一文探究在現代化與都市化發展的進程下，「社區」可能的意象與指涉範疇。其研究之「慢慢村」，坐落於近似「禮俗社會」的幾個自然聚落之上，這些聚落人民在國家治理技術的打造上，疊上一層以地方行政區劃為一「共同體」之想像；隨後循日本「地方振興」的脈絡，由保有眾多異質性的地方工作者或移住者透過日常實作——動員「慢慢村」的概念本身，以及周身各式人、自然、制度、產業、物質等等資源——共同組成具「共同生活」可能性的組裝體。

家與資本家意志，得以在與市場距離遙遠的山地間施展開來。

　　然而，在此處運轉的「互相」禮節，不僅僅只是所謂的客家文化或鄰里美德，更是移入異鄉的少數族裔（因不能取得土地所有權而再三被對比強調出來的族裔身分）在從事維生式集約農業時必要的生存手段：對內，缺乏原生親族協助的旮旯牌居民必須在農忙期間互助換工、缺糧時互相借取；對外，居民透過勞役與贈禮，使得土地租佃關係的運作更加順暢，也透過贈送物的差異，以不同的生計模式（收租的頭家／佃農；狩獵的泰雅人／農畜牧的客家人）不斷劃分著彼此。因此，以「互相」精神為平台，居民、資本家、泰雅族人得以實現各自的利益：在落地無法生根的異地生存，使遙遠山地的土地開墾與林業經營得以實現，在交通不便的情況下輸出林產物換取市場商品與少量現金等，完成各自在新的領域中的計畫。族群身分確實是涉入人員用以區分並指認彼此的分類範疇，但卻是由生產模式的效應所加強的。

　　旮旯牌的研究不僅「由下而上」補充原鄉漢人可能的營生樣貌，其位於日治蕃界邊緣、猶如飛地一般無法化約為界內或界外的獨特性格，若有似無、終至消散殆盡的集體存有狀態，亦能與沿山地區及邊境研究進行對話。旮旯牌本身不只是帝國與地方行政單位進行山林治理時所界定出來的邊區，與國家以及資本主義相伴而生；亦是事業經營者與個人的種種行動之下做成的、與周遭截然不同的異域。移民們處在山地治理與森林經營的多重政策間隙之內，一方面渴望著「界域」所暗示的流動性甚至策略性營生的可能（連瑞枝，2016；何翠萍、魏捷茲、黃淑莉，2011），另一方面卻在多重治理系統的圍限中難以脫身。更仔細地來看，旮旯牌作為跨越蕃界並在營生之餘滿足資本家需求的漢人群體，既不在國家之外，也不是山地治理直接要處理或攏絡的對象，同時，它也不是成形後相對穩定、能被動員而與國家互動抗衡

的社群。從略顯鬆散的居所、成員們各行其是的日常生活到最終宿命性地流失，除了每年固定的祭祀活動，以及兩次無力回天的抗爭以外，似難再見到旮旯牌作為集體被有效動員的時刻。換言之，位在邊境的旮旯牌既缺乏立場及手段能據之與國家相對，其成員亦少有透過跨境進行積累的主動性；似是偶然流入縫隙中的沙礫，雖然塑出了群體的外形卻終難穩固。

至此，我思索著如果要用一個意象來描繪到底什麼是在旮旯牌這個空間尺度上所能觀察到的資本主義樣貌，我想起報導人描述的一個場景：

> 〔三更半夜，方才將茶青賣掉，翻山返家的幼年阿祺〕回到這邊的時候，經過竹園一片是亮亮的啊。燐，燐光。……我們都拿回家裡去，沒有〔剩下〕什麼，就竹葉而已，暗的地方才看得到亮亮的。[79]

燐火閃動的短暫瞬間，是由自然生長與代謝的特定季節、完成交易的特定時段、缺乏照明的山間小徑，以及因家裡種植茶葉換取貨幣收入而需要夜間勞作，且對周遭環境富有好奇心的孩童視角共同促成的。從地名到社會生活，旮旯牌的萌生，是特定歷史情境與懷抱著各式目的之人群，行動在一個過往不太被關注的狹縫中匯聚的結果；反之，從旮旯牌映照出來的，亦是匯聚其上更大尺度之帝國資本主義山林開發、區域經濟發展的變動過程。

---

79 Z-1，2015/05/22 訪談紀錄。

旮旯牌居民

代號	性別	年齡	入山原因	職業／目前居所
F-1 化名： 阿義	男	7X	（12 鄰）祖父為新竹殖產佃農。	與 Z-1 同為尖石初中的第一屆學生。 中學畢業離鄉就業，退休。 家族租用新竹殖產土地耕作稻田、茶園、經營竹園。 現居桃園。
	受訪日期		2015/08/26	
H-1 化名： 阿盛	男	70	（10 鄰）祖父受到 9 鄰外親牽引，帶著阿盛父親從楊梅移入旮旯牌，為新竹殖產佃農。	大學畢業後離鄉任教，已退休。 家族租用族人土地種稻、租用新竹殖產土地種茶、經營竹園。 現居臺南。
	受訪日期		2015/06/04、2015/07/31、2015/09/25、2017/08/20 文字訪談：2015/10/31、2015/11/02、2015/11/05 〜 2015/11/07、2016/02/19、2016/02/21、2016/04/20、2016/09/30、2016/10/14	
H-2	男	79	1940/10/13 生 （9 鄰）祖父為新竹殖產佃農；父親於旮旯牌開設雜貨店，後搬至尖石繼續營業。	郵局代辦所經營者、郵差、雜貨店業者，父親曾任嘉樂村村長。 現居尖石鄉嘉樂村麥樹仁。
	受訪日期		2014/11/27、2014/12/15、2015/08/19、2016/02/13、2016/02/16、2016/02/17、2016/03/24	
Z-1 化名： 阿祺	男	78	1942/1/18 生。 （9 鄰）祖父入山擔任隘勇、腦丁，新竹殖產置產後，移入旮旯牌成為佃農。	中學畢業北上就學、就業，退休。 家族租用泰雅族人土地耕作稻田、茶園；租用新竹殖產土地經營竹園。 現居臺北。
	受訪日期		2015/03/29、2015/05/22、2015/06/02、2015/08/14、2015/08/26、2015/09/25、2018/02/25、2018/04/22	
Z-2 Z-1 長兄 化名： 阿坤	男	88	1931 年生。 同編號 Z-1。	23 歲至 55 歲擔任復興煤礦改修工，退休。 持續居住在旮旯牌聚落內。
	受訪日期		2015/03/29、2018/02/25	

代號	性別	年齡	入山原因	職業／目前居所
Z-3	男	6X	（9鄰）父親為泰雅族人佃農，婚後移入旮兒牌。	桃竹苗地區林場技術人員（搭建流籠），退休。 家族成員多為木工或於各地林場工作。 退休後返回旮兒牌定居。
	受訪日期		2015/03/29、2016/03/22	
Z-7 Z-3 母親	女	93	1926/8/10 生。 拉號部落泰雅族人，22歲泰雅族丈夫過世後，與家中客籍長工結婚，搬入旮兒牌。	曾經營雜貨店，擔任第 11、12、14、15屆鄉民代表。 持續居住在旮兒牌聚落內。
	受訪日期		2015/03/29	
L-1 化名： 阿斌	男	78	1941 年生。 （10鄰）父親自橫山鄉移入旮兒牌。	中學畢業北上就學、就業，退休。 家族以鄉內臨時性工作維生。 現居臺北。
	受訪日期		2015/08/14、2015/09/25	
C-1	男	7X	（10鄰）原葫蘆灣聚落居民，聚落遭風災摧毀後搬入旮兒牌。	父親經營鄉內小工程包商。
	受訪日期		2015/08/26	

其他

代號	性別	年齡	入山原因	職業／目前居所
Z-5	男	7X	（新樂）5歲時隨父親進入嘉樂村仙河地區定居，父親從事臨時工作養家。 於鳥嘴礦坑工作時搬入新樂村煤源地區定居。	新竹曠野科畢業後，擔任新竹煤礦監工，退休。曾當選鄉民代表，妻子經營部落雜貨店。 現居尖石鄉新樂村煤源。
	受訪日期		2015/03/16、2015/05/09	
Y-1	女	5X	（尖石）外祖父因缺乏耕地入贅做泰雅族女婿。	尖石鄉土地代書。
	受訪日期		2015/04/01	
Z-6 一旮兒牌 Z-3 親戚	男	6X	（新樂）父親入山從事木工。	林場工作者。
	受訪日期		2015/08/26f	
L-4	男	5X	（新樂）父親為新竹煤礦之醫生，母親為拉號部落泰雅族人。	經營雜貨店（迄今）；曾任機要秘書、新樂村村長。
	受訪日期		2014/12/04、2015/03/13	
C-7	女	8X	（新樂）馬武督泰雅族人，婚後移入新樂村。	經營雜貨店、兼營碾米廠、小吃店。
	受訪日期		2014/09/06	
F-2	男	8X （歿）	（尖石）跟隨父親進入礦區居住。	挑夫、礦區工人、小型代工承包商。
	受訪日期		2014/11/26、2014/12/15、2014/12/17、2015/08/03	
J-1 -F-2 之妻	女	7X	（尖石）嫁入。	家庭主婦。
	受訪日期		2014/11/26、2014/12/15、2014/12/17、2015/08/03	

代號	性別	年齡	入山原因	職業／目前居所
Z-4	男	8X	（尖石）日治時期父親於五峰、尖石鄉擔任警丁。後期轉調嘉樂，退休後搬入尖石。	挑夫、礦工。
	受訪日期		2015/05/08、2015/07/05、2016/03/23	
L-5	男	8X	（錦屏）中壢客家人，退休後移入並接手岳父開設之雜貨店。	經營雜貨店（迄今）。
	受訪日期		2011/07/05、2011/07/06	
Z-8	女	6X	（新樂）水田部落泰雅族人。	務農。
	受訪日期		2014/03/01	

參考書目

〈竹東調查區：新竹州竹東郡及新竹郡〉，1926，新 13 號至 17 號，附圖編號：樹和林 B，
　　《日治時期「要存置林野」及「準要存置林野」相關資料》。臺北：行政院農業委
　　員會林務局藏，中央研究院人文社會科學研究中心圖資掃描。
〈徐阿夫與業主鍾番放領耕地糾紛〉，1955，《行政院農業委員會林務局》。臺北：行
　　政院農業委員會林務局藏，編號：0044/ 造 A（一）1/238/0001/001。
人事興信所編，1928，《人事興信　第 8 版（昭和 3 年）》。東京：人事興信所。
子銘，1954，〈鄉城小調　林地變為田　耕者不能承領〉，《聯合報》，第 5 版，11 月 16 日。
山田毅一，1941，〈噫！早川鐵冶翁〉。《南進》6(7)：6-9。
中國農村復興聯合委員會，1954，《工作報告》第 5 期。臺北：中國農村復興聯合委員會。
井上伊之助著，1997，石井玲子譯，《上帝在編織》。臺南：人光。

王學新，2003，《日據時期竹苗地區原住民史料彙編與研究》上、中冊。南投：國史館臺灣文獻館。

不著撰人，1907a，〈竹塹郵筒／製腦會社之創設〉，《臺灣日日新報：漢文版》，第4版，7月27日。

_____，1907b，〈新竹通信／腦會社股金申入〉，《臺灣日日新報：漢文版》，第4版，10月16日。

_____，1910，〈蕃界拓殖〉，《臺灣日日新報：漢文版》，第3版，3月24日。

_____，1911a，〈本刊實業彙載　本年新竹製腦〉，《臺灣日日新報：漢文版》，第2版，6月24日。

_____，1911b，〈新竹番情種種片片〉，《臺灣日日新報：漢文版》，第2版，2月17日。

_____，1924，〈 地人小作人歡迎〉，《臺灣日日新報》，第5版，12月20日。

_____，1952，〈沈可夫等昨赴桃園　指導間伐技術　即轉往新竹尖石鄉〉，《聯合報》，第6版，10月12日。

_____，1956，〈嘉樂煤礦慘案　俞物恆等判刑〉，《聯合報》，第3版，10月9日。

_____，1959，〈新竹煤礦局與中煤合併〉，《聯合報》，第5版，1月6日。

矢內原忠雄著，林明德譯，2014[1929]，《日本帝國主義下之臺灣》。臺北：吳三連臺灣史料基金會。

交通部觀光局，〈尖石岩下方有座供奉尖石爺的小廟〉，http://taiwan.net.tw/m1.aspx?sNo=0001090&id=10367，取用日期：2015年11月16日。

艾瑞克‧沃夫著，賈士蘅譯，2013[1982]，《歐洲與沒有歷史的人（全新增訂版）》。臺北：麥田。

何春蓀、徐鐵良，1951，〈臺灣新竹縣嘉樂煤田地質〉，《臺灣省地質調查所彙刊》3：1-22。

何翠萍、魏捷茲、黃淑莉，2011，〈論James Scott高地東南亞新命名Zomia的意義與未來〉。《歷史人類學學刊》9(1)：77-100。

何鳳嬌，2010年，〈戰後臺灣公產管理審議委員會的組成與運作（民國38年11月-42年9月）〉。《國史館館刊》25：115-156。

呂佩如，2009，《清代竹塹內山地區的拓墾：以合興莊為主軸的探討（1820-1895）》。國立交通大學客家社會與文化研究所碩士論文。

李文良，2001，《帝國的山林：日治時期臺灣山林政策研究》。國立臺灣大學歷史學系博士論文。

李青霖、劉廣義，2004，〈尖石岩　重見原始風貌　艾利颱風前　尖石爺搬到伯公廟廿多年廟宇拆遷一空〉，《聯合報》，第 B1 版，9 月 4 日。

林玉茹，1999a，〈清代竹塹地區在地商人的活動與網絡（上）〉，《臺灣風物》49(2)：15-64。

_____，1999b，〈清代竹塹地區在地商人的活動與網絡（中）〉，《臺灣風物》49(3)：61-93。

_____，1999c，〈清代竹塹地區在地商人的活動與網絡（下）〉，《臺灣風物》49(4)：61-89。

林秀幸，2012，〈縫隙中的抉擇：地方與國家交鋒下的象徵建構〉，《臺灣社會學刊》49：103-146。

林欣宜，1998，《樟腦產業下的地方社會與國家：以南庄地區為例》。國立臺灣大學歷史學系碩士論文。

施添福，2007，〈國家、賦役與地域社群：以清代臺灣北部的後壠社群為例〉，「中研院臺史所週二學術演講」。臺北：中央研究院臺灣史研究所。

柯志明，2003，《米糖相剋：日本殖民主義下臺灣的發展與從屬》。臺北：群學。

洪廣冀，2003，〈殖民化與地方化的辯證：日治時期山林治理架構的轉化與「中部」區域特性的形成〉，收錄於劉益昌等撰稿，《臺中縣開發史學術研討會論文集》，頁325-343。臺中：臺中縣文化局。

_____，2004，〈林學資本主義與邊區統治：日治時期林野調查與整理事業的再思考〉，《臺灣史研究》11(2)：77-144。

洪廣冀、羅文君、Aliman Istanda（胡忠正），2019，〈從「本島森林的主人翁」到「在自己的土地上流浪」：臺灣森林計畫事業區分調查的再思考〉，《臺灣史研究》26(2)：43-111。

胡紅波，2010，〈老了正來學歕笛，學得會來鬚都白！〉。頁 75-78，收錄於邱一帆主編，《客語文學選集》。新北：客家臺灣文史工作室。

原幹次郎，1931，《自治制度改正十周年紀念人物史》。臺北：勤勞と富源社。

財政部國有財產局，1951，〈新竹殖產株式會社〉，《清算》。臺北：國史館館藏，數位典藏號：045-070603-0153。

袁明道，2005，〈竹東林場的發展歷程〉。《新竹文獻》20：30-48。

康培德，2011，〈族群、歷史與地域社會：「地域」一詞的理解與討論〉。頁353-371，收錄於詹素娟主編，《族群、歷史與地域社會：施添福教授榮退論文集》。臺北：中央研究院臺灣史研究所。

張正衡，2016，〈根莖狀的社區：新自由主義下的日本地方社會〉。頁47-100，收錄於黃應貴、陳文德主編，《21世紀的地方社會：多重地方認同下的社群性與社會想像》。臺北：群學。

張乾榮，2005，〈竹東林場沿革〉。《新竹文獻》20：6-14。

連瑞枝，2016，〈山鄉政治與人群流動：十五至十八世紀滇西北的土官與灶戶〉，《新史學》，27(3)，1-61。

陳存恭訪問，陳美惠紀錄，《趙正楷先生訪問紀錄》。臺北：中央研究院近代史研究所，1993。

陳志豪，2019，《清代北臺灣的移墾與「邊區」社會（1790-1895）》。臺北：南天。

陳秋坤，2009，〈帝國邊區的客莊聚落：以清代屏東平原為中心（1700-1890）〉。《臺灣史研究》16(1)：1-29。

黃旺成、郭輝，1976，《臺灣省新竹縣志》。新竹：新竹縣文獻委員會。

新竹縣文獻委員會，1983，《新竹文獻會通訊》。臺北：成文。

楊家彭，〈延伸專題：尖石鄉簡介〉，收錄於耕莘文教基金會，《泰雅四十典藏尖石：新竹縣尖石鄉泰雅部落老照片數位典藏專題》網站，http://www.meworks.net/userfile/80/yagi_new/monograph_01.html，取用日期：2017年5月29日。

葉爾建，2004，《日治時代頭前溪上游地區的環境變遷》。國立臺灣師範大學地理學系碩士論文。

詹素娟，2003，〈贌社、地域與平埔社群的成立〉。《臺大文史哲學報》59：117-242。

鄭森松，2005，《竹東鎮志：歷史篇》。新竹：竹東鎮公所。

臺灣省文獻委員會編，1998，《臺灣原住民史料彙編3：臺灣省政府公報中有關原住民法規政令彙編（3）》。南投：臺灣省文獻委員會。

臺灣省政府農林處林產管理局編，1948，《臺灣林產管理概況》。臺北：臺灣省農林處林產管理局。

臺灣省政府檔案，1950，〈函復新竹殖產公司所需造林資金土行本年已貸一萬五千元如該公司經營確有成績可由土行於頭寸稍裕時酌予增加貸放數額由〉，12月15日，《關於資金》。南投：臺灣省政府藏，典藏號：0042632012246008。

臺灣省議會史料，1950，〈新竹縣桃園鎮民黃河沐為鍾番侵佔日產田山三百餘甲以種種方法暗中取利，請依公有土地放租辦法將土地改由原佃人承租陳情案，經省參議會電請參議員劉？才調查嗣檢具報告報會〉，11月14日，《民政》。臺北：臺灣省參議會藏。典藏號：0011230239008。

臺灣礦業史編纂委員會，1966，《臺灣礦業史》上冊。臺北：臺灣省礦業研究會、臺灣區煤礦業同業公會。

興南新聞社，1943，《臺灣人士鑑》。臺北：興南新聞社。

總督府檔案，1933，〈官有原野豫約賣渡許可地：部返地願並成功賣渡願許可ノ件（早川鐵治）〉，3月1日，《昭和八年臺灣總督府公文類纂永久保存第九卷地方》。臺北：國史館臺灣文獻館藏，典藏號：00004170002。

China mail ,1906, *Who's who in the Far East, 1906-7.* Hong Kong: China mail.

Szonyi, Michael, 2017, *The Art of Being Governed: Everyday Politics in Late Imperial China.* New Jersey: Princeton University Press.

Tsing, Anna Lowenhaupt, 2005, *Friction: An Ethnography of Global Connection.* New Jersey: Princeton University Press.

Tsing, Anna Lowenhaupt , 2015, *The Mushroom at the End of the World: On the Possibility of Life in Capitalist Ruins.* New Jersey: Princeton University Press.

原住民族領土權、空間政治與轉型正義：以 *Tayal[Bngciq]*（泰雅族大豹社群）為例

Iban Nokan

摘要

　　本文以 *Tayal[Bngciq]*（泰雅族大豹社群）為研究對象，企圖究明其領土（territory）、空間政治（spatial politics）與轉型正義（transitional justice）三者間之關係。在當代國際人權法關於原住民族權利的法律框架內，原住民族不僅要求對其領土、土地（lands）和自然資源（natural resources）享有所有權和使用權，對於被占領和破壞的領土、土地和自然資源，則要求歸還或享有從國家政府獲得賠償的權利。

　　Tayal[Bngciq] 的領土大部分在日本統治後期先被劃歸為臺北州海山郡未

1　本文作者 *Iban Nokan* 曾任職中央研究院民族學研究所，後擔任考試院第十屆考試委員，現任考試院顧問。本文以下述論文為基礎增修而成：伊凡諾幹，2010，〈由「蕃地」到「山地鄉」：戰後初期臺灣行政區域調整下的空間政治與原住民族領土權〉。論文發表於「新區劃‧新思維：2010 年地方自治新局的開創與展望學術研討會」。東海大學政治學系主辦，6 月 18 日。另為資區別，文中之泰雅族語特以斜體呈現。

設街庄蕃地，後來被逐次劃歸為三峽庄的行政區域內，而喪失「蕃地」的特殊地位。戰後，更被劃歸由三峽庄改制而成的臺北縣三峽鎮（今新北市三峽區），而未劃為獨立的「山地鄉」或併入鄰近「山地鄉」。筆者主張應依循《聯合國原住民族權利宣言》所肯認的原住民族土地權利，要求國家歸還臺灣各原住民族自己歷來擁有、占有或以其他方式使用或獲得的領土、土地和自然資源；對於歸還確有困難者，則給予公正、合理和公平補償。*Tayal[Bngciq]* 被劃入主要是今新北市三峽區的領土，應予歸還，始能符應宣言的規定以及空間正義／轉型正義的精神與原則。

總統府原住民族歷史正義與轉型正義委員自 2016 年 12 月 27 日召開第一次委員會議預備會議正式運作迄今，業已召開 16 次委員會議，歷次會議雖都由總統蔡英文親自主持，惟成效仍不彰；尤其與原住民族領土權（一般稱傳統領域權）相關的空間正義／轉型正義，進展遲滯，更應積極推動以符原住民族人期待。

關鍵詞：*Tayal[Bngciq]*（泰雅族大豹社群）、領土權、空間政治、轉型正義

一、前言

　　國家的領土被定義為國家所聲稱並得到其他國家承認的土地、內部和相鄰的水域，這些區域之上的領空和一般近海兩岸上的資源。但「領土」一詞來自拉丁文，其原意指座落在城邦周圍或屬於城邦的土地，即為古代世界中的城市居民提供基本資源的土地。因此，領土通常被理解為一個特殊的團體（如 *Tayal[Bngciq]* 泰雅族大豹社群）[2] 或政治實體所聲稱或與之相連繫的地區。「領土權」是政治行為體將它們對領土的控制轉譯為對人、資源和關係的控制途徑（Carolyn Gallaher（卡洛琳‧加拉爾）等著、王愛松譯，2013[2009]：55-64）。本文是在此意涵及概念下使用「領土」、「領土權」，[3] 請參照「圖 1 大豹群（社）傳統領域地圖」。

2　*Tayal[Bngciq]* 屬 *Tayal*（泰雅族）泰雅亞族 *Sqoleq*（賽考列克群）*Mli'pa*（馬立巴系統），本文以 *Tayal[Bngciq]* 記之。日治初期，殖民統治者將其視為 *Tayal[Msbtunux]* 的一支，而 *Tayal[Msbtunux]* 的領土據殖民統治者調查係「由插天山北方的稜線至獅仔頭山，經西南方草嶺山至麥樹仁山，向東回到插天山。東有屈尺番，南有 *Mrqwang* 和 *Gogan* 兩番，北與三角湧支廳，西與大料崁支廳下的民庄鄰接」（小島由道、安原信三編，1915[1983]：13；臺灣總督府臨時臺灣舊慣調查會原著、中央研究院民族學研究所編譯，1996：14）。其中，*Tayal[Bngciq]* 的領域主要在今大豹溪一帶（三峽溪中、上游）；再據〈內灣蘇澳間蕃地豫察圖〉（臺灣總督府警察本署蕃務掛製圖，1903-1908），當時 *Tayal[Bngciq]* 至少包括大豹社、有木社、ラワ社、詩朗社、墩樂社及東眼社六社。

3　2001 年 6 月 11 日，聯合國經濟及社會理事會人權委員會增進和保護人權小組委員會第 53 屆會議特別報告員 Mrs. Erica-Irene A. Daes（埃麗卡－伊雷娜‧澤斯夫人）編寫的最後工作文件「防止歧視和保護原住民族和少數：原住民族及其與土地的關係」(Prevention of Discrimination and Protection of Indigenous Peoples and Minorities: Indigenous peoples and their relationship to land) 中使用「原住民族與其土地、領土和資源的關係 (Indigenous Peoples to Their Lands, Territories and Resources)」（聯合國正式文件 /E/CN.4/Sub.2/2001/21）。但目前臺灣在法律、行政與學術上一般以原住民族「傳統領域」稱之。

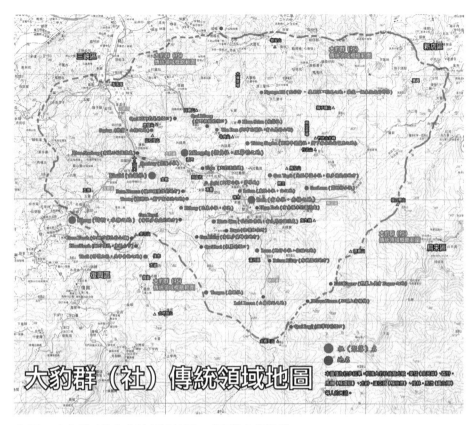

◆ 圖 1 大豹群（社）傳統領域地圖。（高俊宏提供 [4]）

4　本圖為高俊宏助理教授於 2021 年 1 月 16 日提供給作者。圖上聲明：「本圖僅為初步結果，根據大豹社後裔尤敏 · 樂信（宗民雄）、酉狩 · 馬賴（楊耀祖）、尤幹 · 達亞賀（楊崇德）、侯林 · 馬信（黃永輝）等人的口述。」高俊宏為國立臺北藝術大學美術學院藝術跨域研究所兼任助理教授，1995 年起舉辦過多次國內外個展、聯展，並於香港、英國、法國等地駐村，作品聚焦於生命政治、離散與原民性。與本文相關之著作有：高俊宏，2017，《橫斷記：臺灣山林戰爭、帝國與影像》，新北：遠足文化；高俊宏，2018，公共電視紀錄觀點〈拉流斗霸〉導演；高俊宏，2018，原住民族委員會〈鬼芒草之地〉導演；高俊宏，2012，〈行動者網絡理論〉與森林黑暗襲產：以泰雅族大豹社（群）事件隘勇線為例〉，發表於「第九屆博物館研究國際學術研討會」；《拉流斗霸：尋找大豹社事件與餘族》，新北：遠足文化。

Stuart Elden（斯圖爾特‧埃爾登）的《領土論》（The Birth of Territory）是在西方政治思想史的語境裡，討論「領土」這一概念是如何溯源、誕生、發展，直至塑造了今天全球萬國林立、彼此領土神聖不可侵犯的局面。他指出儘管在政治理論、地理和國際關係方面，領土都是中心詞彙，但對它的概念還是缺乏研究。在定義上，領土要麼被視為一種關係，要麼被視為一種有界空間。因此，這部研究著作試圖向讀者說明的是：領土是一個詞語，一個概念，還是一種實踐，這三者之間的連繫只能通過追根溯源來掌握。領土是一個政治問題，不過是廣義上的政治問題，涉及經濟、戰略、法律還有技術；且舊式意義上的「領土權」，是領土的狀況或狀態，而不是對領土的操作方式。就領土狀態問題而言，在世界的劃分和整頓中會產生許多「罪惡、戰爭、謀殺……」（Stuart Elden（斯圖爾特‧埃爾登）著、冬初陽譯，2017：3、344-345）。

Henri Lefebvre（亨利‧列斐伏爾）指出：「空間不是一個被意識型態或者政治扭曲的科學的對象，它一直都是政治性的、戰略性的。」也就是說，空間是政治性的、意識形態性的。它是一種完全充斥著意識形態的表現。空間，還有一些其他的東西，都是歷史的產物，而且，這裡所說的歷史，是那種典型意義的歷史（Henri Lefebvre（亨利‧列斐伏爾）著、李春譯，2015：37）。而空間正義是社會正義在「空間轉向」過程中的空間化。[5] 集空間正義理論大成的 Edward W. Soja（愛德華‧索雅）提倡認識世界的新方法論基礎「三元分析架構」（或三元辯證法），即人類世界是社會／社會

5　社會學理論中「空間轉向」(spatial turn) 的理論想像始於法國社會學家 Henri Lefebvre（亨利‧列斐伏爾）對空間的重新認識。他認為空間中滿布社會關係、存在空間的政治，因此空間的生產除了應考慮經濟的合理性（效率），亦須考慮倫理的正當性（正義）。

性（social/societal）、時間／歷史性（temporal/historical）、空間／地理性（spatial/geographical）的存在。他提出對不公正的地區發展失衡、公共空間私有化、地理上的分配不平等、新殖民主義等適合於應用空間性的正義：批判理論下的空間正義、文化建構主義的空間正義、結構功能主義的空間正義、日常生活實踐中的空間正義解釋範式加以觀察（劉兆鑫，2019：86-92）。[6] 易言之，空間正義問題主要是在空間生產過程中產生的問題。但是，空間生產是資本創新所造就的歷史場景。「空間中事物的生產」轉變「空間的生產」的直接推動者或者背後的根本力量卻是資本的空間擴張。因此，資本創新是空間生產的動因，也是空間正義問題產生的根源。空間正義問題的解決必須立足於資本的運作邏輯，高揚資本批判的大旗。資本主義的剝削方式、統治模式與財富的生產與分配形式都發生了調整。與此同時，空間資源占有與分配的不均、空間權力與權利配置的失衡等問題也造就了新的社會不平等。特別是資本對都市空間的不斷重構導致了空間的斷裂化、層級化、碎片化，加劇了社會資源占有與權利配置的非正義性。

6　1983 年，Gordon H.Pirie（戈登 · H · 皮里）的《論空間正義》(On Spatial Justice) 使用「空間正義」概念。1990 年，Iris Marion Young（艾莉斯 · 楊）另闢蹊徑，提出「差異政治」正義論。她認為應當把支配和壓迫，而非分配的公平性，作為分析不正義的起點，強調對空間化穩固、強化壓迫和不正義的分配過程的關注。2010 年，Edward W. Soja（愛德華 · 索雅）在《尋求空間正義》（Seeking Spatial Justice）論證空間正義理論，明確闡釋空間正義的形成邏輯與理論任務。質言之，空間正義理論構建最終是由 Edward W. Soja 在前揭書中完成的。他首創「三元分析架構（或三元辯證法）」理論，指出正義包含空間性、歷史性和社會性三大特點，並認為為了實現「空間正義」，就必須以「反對空間生產不正義的反抗意識」，去「減少階級、種族、性別以其他不同社會權力源泉的壓迫和不平等」，建立一個「彼此聯繫、互不排斥的反抗社會」。因此，「空間正義」既是一種客觀狀態，也是一種心理感知（愛德華 · 索雅，2019）。

爰本文以 *Tayal[Bngciq]* 為研究對象，企圖究明其領土（territory）、空間政治（spatial politics）與轉型正義（transitional justice）三者間之關係。[7]

二、領土問題和歷史認識：*Tayal* 的土地觀

（一）十九世紀末 *Tayal[Bngciq]* 之土地制度

　　本文所稱土地係指 *Tayal[Bngciq]* 領土內因陸地、水流、天然資源等因素組成的自然歷史綜合體，同時還包括 *Tayal[Bngciq]* 的成員於 19 世紀末當時及前此生產活動的成果。土地制度則指土地的生產、分配、交換、使用各面向所形成的土地關係於其制度化後的總稱。而制度化後的各面向間相互連繫、制約，構成一個有機的整體。它涉及土地由誰來生產、如何生產；土地如何分配、歸誰所有；土地能否交換、以何種方式進行交換；土地由誰來使用、如何使用等問題。上述各關係構成較為完整的土地關係內涵，且當其被制度化後就構成土地制度。換言之，*Tayal[Bngciq]* 的成員間以及成員與非成員間在相互接觸的過程中形成了一定的與土地有關的關係，又在一定的土地關係中產生了對土地的產權要求（如具體的表現於土地保有權、土地使用

7　*Tayal[Bngciq]* 空間的性質，在空間與政治、空間與權力、空間與資本的相互作用、塑造下，已發生根本性的變化。國家暴力、資本主義通過對於 *Tayal[Bngciq]* 空間生產實現了自身的重組，更催生了社會關係的深層變化。空間資源占有與分配的非正義性與不平等，在資本化的空間生產過程中得到擴大與延續，且空間生產過程又不斷地生產與再生產社會空間不平等（伊凡諾幹，2000）。

權、土地收益權、土地領有權以及土地處分權四項土地所有的形態上），而在條件成熟時，上述權利要求制度化後就產生土地制度；也可以說，土地制度的確定相對地界定了 *Tayal[Bngciq]* 成員間以及成員與非成員間的土地產權，並藉此影響其土地經濟行為關係。

關於 19 世紀末 *Tayal[Bngciq]* 的土地制度與社會組織，主要是記錄在小島由道、安原信三編《臨時臺灣舊慣調查會第一部，番族慣習調查報告書：第一卷》（小島由道、安原信三，1915：256-275；臺灣總督府臨時臺灣舊慣調查會、中央研究院民族學研究所，1996：195-207）有關土地所有之觀念，該報告書指出 *Tayal* 的財產所有觀念早已發達，但沒有明確表示財產及所有觀念之語詞，意思相當的民俗語彙有：1.*kya'*，表示「存在」或「所有」的意思。如 *kya'qmajah* 可表示耕地之存在，亦可表示有耕地之意。2.*cin*，表示「所有人」之意。例如 *cinrhijal* 意指地主。3.*btjux*，狹義指稱貨幣；廣義則為貨幣、飾品、織物、衣物、器具、家畜、米穀及土地等總稱。4.*qaja*，狹義專指飾品及家具；廣義則尚包含貨幣、織物、衣物等動產，但並不包含家畜、農作物等。

由上述的 *kya'*、*cin* 等民族語彙，以及 *long maku*（意謂「屬於我的」）、*rhijal maku*（意謂「我的土地」）等語法，可以確認 *Tayal* 土地所有觀念的存在。而殖民統治者更指出：

> 蕃人對於土地的觀念向來頗為強烈，彼等之暫居地由於是祖先開拓領有的遺寶，雖是寸毫若分讓他人則認為將辱及祖先。現耕地自不待言，休耕地、植林地等亦皆有占有者，其境界劃然。如其狩獵地，各部族或各社均注重傳統，而徹底主張其權利。若異種族前來

侵犯，則蹶燃起而抗拒。（桂長平編，1938：395）

亦即，深刻體認到其領土權觀念強烈之程度。

經過解讀，可以初步知悉 19 世紀末的 *Tayal[Bngciq]* 社會，不僅已存在領土權的觀念且頗為強烈。而土地依其用途分化為宅地（*rhijal kki'an*）；森林（*llahui*），包括狩獵地（*qyunan*）、竹林地（*rhijal ruma*）、林地（*rhijal khonyeq*）、造林地（*rhijal mmuyakhonyeq*）、禁忌地（墓地 *buqul*、嫌棄地 *rhijal inlaxan*：亦即發生意外傷亡或埋有屍體的旱田等）；耕地包括現耕地（*qmajah*）、休耕地（*guqi'*）、水田（*slaq*）；水流包括大河（*llyung*）、小溪（*gong*）、池沼（*pitung*）；以及原野（*bnux mma*）、沼澤地（*rhijal yaba pitung*）等。土地利用之方式，在耕作上大致上仍採取山田燒墾的游耕型態，耕作物主要是陸稻、甘薯及芋；而來此拓墾的漢人則主要採取水田定耕的型態（部分特定的漢人則在此經營製腦）。且各地種尚未進化到相同的所有形態，大多是因應該社會之種種必要，而呈現相應之形態。

具體而言，*Tayal[Bngciq]* 尚無將宅地視為永久私有，或予以處分的習慣，許多地方僅有相當於收益權的存在；耕地中旱地（即輪耕地）分屬各家；水田是由各戶開墾而成，或由 *qalang*（部落）成員共同墾成後分配各戶，因此完全由各家所有成為其私有財產；狩獵地採取共同所有的形態，共同所有體稱 *qutux qyunum*，其範圍主要為特定的數戶，或更多戶的集合，或是一個 *qalang*；溪流是每個 *qalang* 境界分明並所有之；竹林地幾乎完全屬於各家所有；林地、造林地則幾乎完全屬於 *qalang* 所有，*qalang* 的成員可在該 *qalang* 的林地內自由採伐樹木；禁忌地中墓地、嫌棄地可視為事實上已遭遺棄的土地。換言之，現耕地由個別家族保有，領域由部落領有，並具有多項

收益及處分之權，如借貸（如租借水田給漢人，以及同意漢人採樟製腦）、買賣、轉讓；而作為保有主體之家族，有行使借貸而收取代償之權；然實際上家族是否有自由行使處分之權則仍未能加以判明。上述內容整理成表 1 及表 2 。

◆ 表 1 *Tayal[Bngciq]* 之土地分類

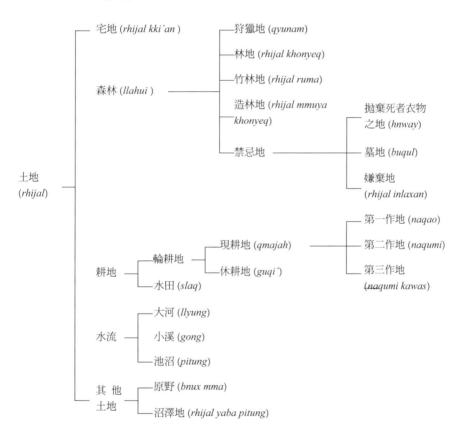

資料來源：作者自行製作。

◆ 表 2 Tayal 土地所有的性質

資料來源：作者自行製作。

（二）第二次世界大戰後 *Tayal[Bngciq]* 之歷史意識與領土觀

　　每一個民族都需要一定的「生存發展空間」[8]，隨著在特定土地上生活、與其相關的神話傳說被代代傳述，與特定土地相關的集體記憶和情感會因此增長，民族和土地二者間的關聯逐漸成為真實，經過一個漫長的歷史過程被自然化為該民族的領土，或透過某種政治行動將此空間「領土化」，以維繫民族命脈與文化的發展，不歡迎異族的侵墾（見圖 2）。[9]「空間」一直是民族在其中競逐政治控制的場域。由於歷史上的帝國國界和民族生活領域常有

8　Anthony D. Smith（安東尼・D・史密斯）認為：「民族可以被定義為一個被命名的人口總體，它的成員共享一塊歷史性的領土，擁有共同的神話、歷史記憶和大眾性公共文化，共存於同一個經濟體系，共享一套對所有成員都適用的一般性法律權利與義務。」（安東尼・D・史密斯，2018：23）。

9　特定民族的各種活動在某個空間中被世代實踐，這些實踐性活動就會賦予該空間某種特殊意涵，並將此空間轉變為對該民族而言是獨特且具倫理意義的「領土」。而 Joan Nogue（胡安・諾格）認為領土對民族主義極為重要，甚至可以把民族主義視為一種領土觀念（胡安・諾格，2009）。

◆ 圖 2　生熟兩蕃互不親近圖。（富田柳堤，
1896。本圖由國立臺灣歷史博物館提供）

變化，致使部分民族或國家在領土及國界問題上，常以民族主義運動為動員力量，以收回失去的故土（失地）為訴求，向鄰近民族或鄰國提出歸還領土，可稱之為「領土收復主義」（或收復故土主義）（Irredentism），主張以各種不同實質或宣稱的共同民族或其他擁有權記錄，將另一民族或國家所管轄的土地收回或合併，其中包括本文所關注的型態，那就是在現代民族國家為主的國際關係體系形成時，承繼原來帝國主義及殖民主義歷史下的行政區劃，使得原住民族所認知、宣稱的領土與實質不相同的問題。先舉四例，應證以 *Tayal[Bngciq]* 後裔為主的泰雅族人，要求國家歸還其領土的要求與努力：

　　首先，1947 年 6 月 8 日，*Tayal[Bngciq]* 的後裔 *Losin Watan*（日野三郎＝林瑞昌）等 102 人向臺灣省政府民政廳遞出陳情書，「請求遷回大豹社原址居住」（下節詳述），就是一個顯著的例子。

　　其次，2000 年 5 月 20 日，同樣是 *Tayal[Bngciq]* 後裔的 *Iban Nokan*（即

本文作者），[10] 假立法委員孔文吉於立法院群賢樓第一會議室召開的《地方制度法部分條文修正草案》公聽會上，以泰雅人獨立聯盟的名義全場散發〈泰雅人獨立宣言〉（圖3），主張：「泰雅人領土的主權屬於全體泰雅人」。

接著，2015 年 5 月 2 日，泰雅爾族民族議會發布〈要求國家進行憲法改革，履行原住民族與臺灣政府新夥伴關係再肯認協定〉聲明稿（圖4），要求

◆ 圖3 〈泰雅人獨立宣言〉。（作者自藏）　　◆ 圖4　泰雅爾族民族議會聲明稿。（作者自藏）

---

10 *Iban Nokan* 的祖母 *Atay Buta* 出身桃園縣復興鄉霞雲村 *qalang Hbun*（霞雲部落），其父母均係 *Tayal[Bngciq]* 人；跨越日本及中華民國兩殖民政權臺灣原住民族政治領袖、白色恐怖政治受難者 *Losin Watan*（日野三郎＝林瑞昌）的父親 *Watan Amuy*（＝*Watan Shetsu*）的三姊 *Pisuy Amuy* 是其外曾祖母。

總統陳水扁執政的國家履行其包括「恢復部落及民族傳統領域土地」等 7 項與原住民族的約定。

最後，*Tayal[Bngciq]* 後裔 *Iban Nokan* 於擔任蔡英文競選總統辦公室輔選專員撰擬〈2016 總統大選蔡英文原住民族政策主張〉（蔡英文，2015）時，將「臺灣原住民族是這塊土地與沿海的原始擁有者，享有獨特的文化、語言、社會與政治制度。當漢民族及其他族群陸續抵達臺灣之前，原住民族已在這塊土地上奮鬥數千年，原住民族先於國家而存在的主權、人權與自由，應獲得尊重與承認。」寫入政策主張的「壹、背景與理念」；九大具體政策主張的第四項就是與原住民族領土權相關：

四、尊重原住民族與其土地的獨特關係，立法保障原住民族土地權

政府應依法成立原住民族土地調查及處理委員會完成調查原住民族傳統領域、海域，並盡速立法回復原住民族傳統領域權。原住民族過去被奪取的土地和自然資源無法歸還、或無法提供相等的土地和自然資源作為交換，或政府在原住民族地區之生態保育政策使原住民族土地利用遭受限制時，給予原住民族適當的補償。

總統候選人蔡英文於 2015 年 8 月 1 日正式公布該政策主張，成為她對於原住民族的政治承諾與契約，並於當選、就職後，行政院於 2016 年 7 月 29 日核定「總統原住民族政策主張各部會分工」，積極推動各項政策主張

的具體實現迄今。[11]

三、*Tayal[Bngciq]* 及其領土

　　1947 年 6 月 8 日，*Tayal[Bngciq]* 的後裔 *Losin Watan*（林瑞昌）等 102 人向臺灣省政府民政廳遞出陳情書「請求遷回大豹社原址居住」；該廳於 8 月 7 日「轉飭三峽鎮公所查復」，要求「切實查明原大豹社現住人民及轄內土地實況報府憑辦為要」（國家發展委員會檔案管理局，1947）。[12] 陳情書中指稱：

> 日本帝國之野心下，日清戰爭之結果，日本占據了臺灣，以強權平定了平地。終於明治三十六年（民前九年）對山地開始討伐，經過四年之抗日戰爭，眾寡不敵，明治三十九年（民前六年）時，失守祖先墳墓之地大豹，退居大溪地區之山地，分散居住。其後明治四十年（民前五年）為收復祖先墳墓之地，與同志相謀，再復起奪

---

11 為具體落實總統原住民族政策，行政院於 2016 年 7 月 29 日核定「總統原住民族政策主張各部會分工」，該項分工係依據蔡英文於 2015 年 8 月 1 日原住民族日首次以總統參選人身分公布的原住民族政策五大目標及九大具體主張，提出共 32 項政策、80 個工作事項，涉及總統府、行政院所屬 23 個部會與各地方政府，將全面性展開原住民族政策的推動（行政院新聞傳播處，2016）。

12 陳情書提出日期出現兩種版本：一為 1947 年 6 月 8 日（依據林瑞昌等，〈臺北縣海山區三峽鎮大豹社原社復歸陳情書（日文及譯文）〉，樂信‧瓦旦、林茂成、范燕秋、瓦歷斯‧諾幹撰稿、楊和穎主編、莊育振總編輯，2005：99-103）；二為 1947 年 6 月 9 日（依據檔案管理局國家檔案 /A376410000A/0036/117.9/7/1/001）。

回自大溪郡枕頭山經「ルブ」山到文山郡「リモガン」（現福山）之隘勇線，但由平地增援之日本警察隊反攻下，又歸日本手中，終告失敗，永遠無法復歸至今。……。原來我們臺灣族（高山族）是臺灣的原住民族，……。幸虧我國八年抗戰，日本投降，光復了臺灣，可享受三民主義民族平等之德政，尤其對民生、教育問題之關懷實為感激，誠懇的表示謝意。脫離日本之壓政，還歸自由平等，光復了臺灣，被日本追放後山之我們，應復歸祖先墳墓之地祭拜祖靈是理所當然之事。光復臺灣，我們也應該光復故鄉，否則光復祖國之喜何在。（摘自「臺北縣海山區三峽鎮大豹社原社復歸陳情書（譯文）」，1947 年 6 月 8 日）

Tayal[Bngciq] 在日治初期被視為 Tayal[Msbtunux] 的一支，根據殖民統治者的調查，Tayal[Msbtunux] 各 qalang（部落）大多獨自擁有領域，但是其中亦有二、三個 qalang 共同擁有領域者。又各 qalang 之間因有溪流或山脈而形成自然的境界。惟後來各 qalang 因人口漸漸增多，領域顯得狹小，常常造成 qalang 與 qalang 之間在獵場及其他耕地分界上的爭議（小島由道、安原信三，1915：326；臺灣總督府臨時臺灣舊慣調查會原著、中央研究院民族學研究所，1996：239）。

前已述及，「蕃人對於土地的觀念向來頗為強烈，若異種族前來侵犯，則蹶燃起而抗拒」（桂長平，1938：395）。另 Losin Watan 亦曾為文指出：

在當時，山界一切土地屬於山地同胞，而他們對這權利的保全甚為固執，凡侵入者均受獵首的報復。因之，日本人在山地的各項事業，

如製腦、伐木、採礦等，均頗受阻梗。（樂信·瓦旦、林茂成、范燕秋、瓦歷斯·諾幹，2005：110）

如上所述，本文所稱領土係指 *Tayal[Bngciq]* 生存空間內因陸地、水流、天然資源等因素組成的自然歷史綜合體，同時包括 *Tayal[Bngciq]* 成員生產活動的成果；領土權則指涉 *Tayal[Bngciq]* 對於其領土所擁有的一切權利。

> 就政府的領土行為、對領土的行政管理和區劃、對生活在此領土上的社會的鎮壓（如果有必要）來說，國家可以採取各種不同的戰略。無疑，領土戰略是其中之一，這種戰略特別體現在廣泛的領土劃分上，特別是名目繁多的政治行政劃分上：選舉區、司法轄區、公證區、稅收區等等。（**Joan Nogué i Font**（胡安·諾格）著、徐鶴林、朱倫譯，2009：43）

上述國家對於其主張的領土範圍內所採取的戰略與行動，本文稱之為「空間政治」，並以其中的「行政區劃」為研究焦點。

行政區劃就是國家對於行政區域的分割，行政區域的分割過程是在既定的政治目的與行政管理需要的指導下，遵循相關的法律法規，建立在一定的自然與人文地理基礎之上，並充分考慮歷史淵源、人口密度、經濟條件、民族分布、文化背景等各種因素的情況下進行的，其結果是在國土上建立起一個由若干層級、不等幅員的行政區域所組成的體系（周振鶴，2001：31-

36）。[13] 行政區劃屬於上層建築，是國體、政體結構的重要表現形式（田燁，2010：1）。行政區劃的變遷不只是研究政區的延續和統轄關係，還應該探究政區幅員的伸縮、邊界的釐定、行政中心的確定與移易等內容。而且，除了大尺度領域（即注重國家與國家之間的關係）、中尺度領域（即一般的行政區劃）等正式的政區以外，日治時期所稱之「蕃地」等非正式政區，其變遷亦應包含在本項研究之中，畢竟以往臺灣學界對於行政區劃與原住民族領土變遷問題關注的力度顯然是不足的。

　　2007 年 9 月 13 日，第 61 屆聯合國大會全體會議表決通過的《聯合國原住民族權利宣言》（United Nations Declaration on the Rights of Indigenous Peoples, UNDRIP），確認了原住民族土地權利，並以八個條款的篇幅對該權利的內容作了全面性的規定，包括原住民族對自己歷來擁有、占有或以其他方式使用或獲得的土地、領土和資源（lands, territories and natural resources）的所有權、使用權、保護權、參與管理權、知情同意權和獲得公正、合理和公平補償權（聯合國，2007）；又 2009 年 10 月 7 日，中華民國行政院函請立法院審議《行政區劃法草案》，其中第 21 條規定：「原住民族自治區行政區域範圍之劃設、變更及廢止，另以法律定之」。

　　本文主要是利用原國史館臺灣文獻館「日據時期與光復初期檔案」、「省籍機關檔案及委員會議資料庫」、臺灣省諮議會「臺灣省議會史料總庫」與今國家發展委員會檔案管理局「國家檔案資訊網」等資料庫，究明戰後初期

---

13 周振鶴（2009：3）亦指出：「行政區劃既是國家為實行有效的行政管理而設，體現了中央與地方的縱向分權關係，所以是一種政治現象。同時，行政區劃又是人為的地理區劃，政區邊界和幅員的確定都是在自然與人文地理環境中進行的，所以它又是一種地理現象。最後，由於行政區劃源遠流長，並具有承襲性和穩定性的特點，它當然又是一種歷史現象。」

臺灣行政區域調整的過程中，*Tayal[Bngciq]* 領土由日治時期的「蕃地」，而戰後未被劃設為（或劃入）「山地鄉」的空間政治，以及今後對於保障其領土權的轉型正義／空間正義探討，俾作為日後劃設各原住民族自治體行政區域範圍時之參考。[14]

四、行政區劃與空間政治

（一）「蕃地」被劃編為行政區域及其範圍變遷

1.「中國疆域」與「化外蕃地」

　　界線、極限是「疆」的原本之意，用於政治地理即表示一個政權或政治實體的邊界或政權間的界線。「域」原指一定的範圍、區域，用之於政權，就是該政權的管轄或行使權力的範圍，以及一個政權所擁有的空間範圍。所謂「疆域」，大致相當於現在的領土，相當於英語中的 territory。領土是一個國際法的概念，意指一個國家管轄的範圍。領土以明確的主權為根據，但疆域所指涉的就未必有非常完全的主權歸屬。例如，中國歷史上的中原王朝除了擁有主權很明確的正式行政區以外，往往還有不少屬國、藩國、羈縻單位等各種附屬的、接受監護的或自治的區域。今天吾人所謂的領土和邊界，

---

14 上述各文獻檔案資料庫，近年業經重新改版、命名為國史館臺灣文獻館「典藏日據時期與光復初期檔案查詢系統」、「文獻檔案查詢系統」，以及國家發展委員會檔案管理局「國家檔案資訊網」等。惟本文仍沿用下載各檔案時之資料庫、檔案文件名稱及典藏號，特此說明。另鄭安晞，2011；王學新，2012；洪建榮，2013、2019 諸篇論文，亦與 *Tayal[Bngciq]* 的發展密切相關。

一般是得到本國和世界其他國家以及國際法的承認和保障，因此對於領土的擁有者而言，它具有非常明確的主權意識和觀念；反觀疆域的擁有者，卻未必有這樣一種主權意識，往往是根據各自的標準來決定哪裡屬於自己的疆域。[15] 在相當長的年代裡，中國中原王朝的統治者和信奉儒家學說的學者都認為，中國是天下之中，文明的中心，中國的皇帝就是君臨天下，擁有一切的最高主宰；「溥（普）天之下，莫非王土。率土之濱，莫非王臣」。因此，王朝的疆域範圍不在於實際上應該在哪裡，而是皇帝認可接受到哪裡，或者是哪裡的人有資格做皇帝的臣民。被稱為「夷」、「狄」、「戎」、「蠻」的人是所謂「天子不臣」的對象，是沒有資格做皇帝臣民的，所以其聚居區不能算「中國」的疆域，只能是「化外」（葛劍雄，2007：8-9）。譬如，《漢書·地理志》載：「昔在黃帝，坐舟車以濟不通，旁行天下，方制萬里，劃野分州，得百里之國萬區。是故，《易》稱：「先王建萬國，親諸侯。」《書》云：「協和萬國。此之謂也。堯遭洪水，懷山襄陵，天下分絕，為十二州，使禹治之。水土既平，更制九州，列五服，任土作貢。」前文所謂唐堯時已分十二州、夏禹「制九州」之說，雖頗受後世質疑，但「劃野分州」的政區思想實已明豁無疑。因此，中國作為以內陸為主體的大國文化，因地制宜不僅是發展經濟的需要，也是政治文化建構的思想主旨，所以「劃野分州」的行政區域設置，集中體現了帝京文化對地域文化的統攝（許結，2006：23）。

　　以臺灣為例，原屬長期生存發展於斯的各南島語族領土，後來居住在中國大陸沿海的漢人等，冒險犯難，橫渡黑水溝，前來他們所認為的「海上之

---

15 惟本文是以一個特殊的團體（如 *Tayal[Bngciq]*）或政治實體所聲稱的或與之相聯繫的地區來理解、使用「領土」，「領土權」則是政治行為體將它們對領土的控制轉譯為對人、資源和關係的控制途徑。

荒島」，篳路藍縷，以啟山林，大肆墾殖，壓迫原住民族的生存空間。[16] 清同治 6 年（1867）3 月 12 日，美國 Rover（羅妹號）商船在墾丁南方七星岩觸礁失事；13 日，Capt. Hunt（韓特）船長及夫人、汕頭籍船員共 13 人被龜仔角社人殺害；4 月上旬，美駐香港領事 Isacc J. Allen（亞倫）建議國務院派兵奪占臺灣；4 月中下旬，美駐廈門領事 Charles W. Le Gendre（李仙得）來臺處理羅妹號事件，無功而返；4 月 23 日，清國總理各國事務衙門咨行閩省：「生番雖非法律能繩，其地究係中國地面，與該國領事等辯論，不可露出非中國版圖之說，以致洋人生心」，亦即認為臺灣「番地」係屬中國疆域。惟清同治 10、明治 4 年（1871）陰曆 11 月 6 日，琉球宮古島山原號船在八瑤灣失事；11 月 8 日，54 名漂流民被高士佛社及牡丹社民殺害，餘 12 人獲番割收容；12 月 29 日送至臺灣府（臺南）；清同治 11 年（1872）陰曆 1 月 10 日，轉至福州，6 月 7 日返抵那霸。7 月 28 日，鹿兒島參事大山綱良上奏天皇，建請出兵懲兇；清同治 12、明治 6 年（1873）6 月 21 日，[17] 總理各國事務衙門總署值班大臣毛昶熙、董恂接見日本副使柳原前光，主張臺灣「生蕃暴惡，彼實化外之民，居於本國政權所未逮之處」，讓日本取得征臺之口實（Edward H. House（愛德華‧豪士）原著、陳政三譯著，2008：259-261），則認為臺灣「番人」為「化外之民」，「番地」係屬中國國家權力所不及之「化外之地」。

---

16 連橫之言可為佐證：「臺灣固無史也，荷人啟之，鄭氏作之，清代營之，開物成務，以立我丕基，至於今三百有餘年矣。」（連橫，2008：7）。

17 明治 6 年（1873）元旦起，日本改行陽曆。

2.「化外蕃地」的「中國疆域」化與日本「領土」化

據《臺灣省各縣市行政區域調整案經過概述》內容所述：

臺灣自鄭成功先生始置郡縣，以迄甲午之役，由簡而繁，屢有興革，其有史可考者，計凡六次嗣後日治五十一年中，行政區域，亦共改劃九次，[18]至大正十五年，改為臺北、新竹、臺中、臺南、高雄五州，及臺東、花蓮、澎湖三廳，是為最後一次變動，始成政治，文化，經濟之單位，惟五州三廳，地廣人眾，行政管理，諸感不便，因於州廳之下，復設具有相當職權之五十一郡，二支廳，十一市，以輔助州廳之不逮，而期提高行政之效能。（內政部編，1950：1）

綜觀日治時期臺灣的行政區劃，計達十次。始而置廳、縣，繼則廢縣留廳，終乃置州、廳，一般將之分為置縣時期（自 1895 年 6 月至 1901 年 11 月）、置廳時期（自 1901 年 11 月至 1920 年 8 月）以及置州時期（自 1920 年 9 月至 1945 年 10 月）三個時期。其中，大正 8 年（1919）10 月 29 日，首任文官總督亦即第八任臺灣總督田健治郎履任，其治臺採行「同化」政策，將文武分立，普通行政與警察行政區隔，並推行地方自治制度。大正 9 年（1920）7 月 26 日，以勅令第二百十八號發布《臺灣總督府地方官官制》，大幅改革地方行政制度，廢支廳改設郡、市，廢區、堡、里、澳、鄉改設街、庄，

---

18 本文將 明治 34 年（1901）恆春廳之設置亦以一次計，而主張日治時期臺灣的行政區劃計有十次。

並自 10 月 1 日起施行。[19]

　　此次重劃的內容為：

（一）地方第一級，全臺共設 5 州 2 廳：除保留花蓮港、臺東兩廳外，廢西
　　　部及澎湖 10 廳改設臺北、新竹、臺中、臺南、高雄 5 州，即合併原
　　　臺北、宜蘭 2 廳及桃園廳之一部分為臺北州，合併新竹廳及桃園廳之
　　　一部分為新竹州，合併臺中、南投二廳為臺中州，合併臺南廳之一部
　　　分與嘉義廳為臺南州，合併阿緱、澎湖二廳及臺南廳之一部分為高雄
　　　州。

（二）地方第二級，廢支廳設郡、市：州下共設三市 47 郡，廳之下共設 6
　　　支廳。

（三）地方第三級，廢止基層自明鄭以來開始發展的堡里鄉澳制度，以大幅
　　　整併過的街、庄取代：郡下設街庄，支廳下設區。

1920 年共設有西部 35 街、228 庄，花東 18 區，以及未設街庄的蕃地 724 蕃
社（太田猛、水尾徹雄，1920）。

　　換言之，州下設郡、市，郡下設街、庄，廳下設支廳，支廳下設區，其
不設街、庄、區之地則設社，屬郡或支廳管轄。[20] 州、市、街、庄劃有各自
的行政區域範圍，屬地方公共團體，有獨立法人資格及自己的民意機關（如

---

19 另以律令第三號發布《臺灣州制》；以律令第五號發布《臺灣市制》；以律令第六號發布《臺灣
　　街庄制》；以府令第百十號發布《臺灣州制施行令》；以府令第百十一號發布《臺灣市制施行令》；
　　以府令第百十二號發布《臺灣街庄制施行令》；以府令第四十七號發布《州、廳ノ位置、管轄區
　　域及郡、市ノ名稱、位置、管轄區域》（河野道忠發行兼印刷人，1920）。

20 日本領臺以來對於「蕃地」的行政區劃一般而言僅具宣示性效果，但經過其 25 年來「討蕃」的
　　經營，終於在此次調整行政區劃時，名副其實地將「蕃地」編入行政區劃中，不僅編入各州廳，
　　更分別編入各郡、支廳，但不設街庄。

州會、市會、街庄協議會），可徵收地方稅，且其長官均由文官擔任，取代了日本領臺以來常以警察擔任地方長官的情況。[21] 此次重劃可以說是日本領臺以來最重要的一次，從此臺灣的行政區劃漸趨穩定，非但日本治臺的後半期沒有太大變動，戰後中華民國政府亦大致上沿用此架構約五年之久（後述）。

在大正 9 年（1920）臺灣地方制度改正前，三角湧支廳之三角湧、成福兩區僅 3.175 平方公里；10 月 1 日改制後，原屬本文研究對象 *Tayal[Bngciq]* 領土的桃園廳三角湧支廳蕃地鹿母潭、紫微坑、崙尾寮、白石垵、五寮、詩朗、菜園地，被劃為臺北州海山郡蕃地鹿母潭、紫微坑、崙尾寮、白石垵、五寮、詩朗（河野道忠發行兼印刷人，1920：101；太田猛、水尾徹雄，1920：10）。[22] 之後，首先在大正 11 年（1922）1 月 13 日，原屬海山郡蕃地的大寮地、楠仔橋、鹿母潭、崙尾寮、鹿窟、紫微坑、牛角坑計 2.9579 平方公里，被劃為三峽庄大寮、竹崙字崙尾、白雞字紫微；其次於大正 13 年（1924）10 月 1 日，原屬海山郡蕃地的白石垵、大旗尾、雞罩山，又被劃為三峽庄白雞字白雞；接著在昭和 7 年（1932）1 月 13 日，原屬海山郡蕃地的圳子頭、柑仔樹腳、十八分、烏才頭、五寮、詩朗、菜園地、金敏子、東麓、東眼山、外插山、內插角（大豹）、有木、熊空山（熊空南腳）計 5.6194

---

21 惟此項改革僅限於西部五州，東部花、東二廳遲至 1937 年亦改設郡、街、庄時，其地方首長始由文官出任。

22 亦即，劃桃園廳海山堡北部 40 庄歸臺北州，其新設郡、庄之分合，皆不以舊時堡區為限，而名稱亦頗多改易；且臺北州制成立後迄至二戰結束，歷 27 年之久，未曾更易。臺北州內海山郡轄五庄：一為板橋庄（相當今板橋市地區），二為中和庄（相當今中和及永和二市地區），三為土城庄（相當今土城鄉地區），四為三峽庄（相當今三峽鎮地區），五為鶯歌庄（相當今鶯歌及樹林二鎮地區）。其中，與本文研究對象 *Tayal[Bngciq]* 相關的三峽庄係廢原三角湧區及成福區二區，合併改設臺北州海山郡三峽庄，並於昭和 15 年（1940）6 月 17 日，升格為「三峽街」。

平方公里，也被劃為三峽庄大埔字圳子頭、大埔字柑仔樹腳、大埔字十八分、十三添字烏才頭、五寮字五寮、五寮字詩朗、五寮字菜園地、東眼字金敏子、東眼字東麓、東眼字東眼、插角字外插角、插角字內插角、插角字有木、插角字熊空，經前後兩次增編後，三峽庄面積始達 11.7523 平方公里，占當時海山郡總面積 20.2952 平方公里的 57.91%（請參見圖 5 及圖 6）。

　　昭和 9 年（1934）11 月 27 日，原屬海山郡蕃地的大寮亦被劃為三峽庄竹崙字竹坑，自此三峽庄面積增為 12.4149 平方公里（三峽庄役

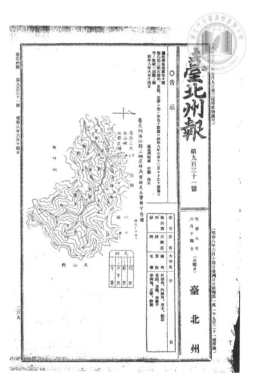

◆ 圖 5　臺北州海山郡三峽庄新大字界圖。（府報，昭和 7 年）

◆ 圖 6　臺北州海山郡三峽庄插角、東眼及五寮新字界圖新大字界圖。（臺北州報，昭和 8 年）

場編，1934；王明義總編纂，1993；並整理成表 3。經過前述的劃編，
Tayal[Bngciq] 之領土總計至少有 9.2399 平方公里被劃入三峽庄的行政區域
內，占當時海山郡總面積的 45.53％，三峽庄總面積的 74.43％（請參見圖 7、
圖 8 及圖 9）。

◆ 表 3 日治時期三峽庄（其後升格為街）地名名稱變更對照表（與 *Tayal[Bngciq]* 領土
　相關部分）

（一）大正 9 年（1920）10 月 1 日臺灣地方制度改制土地名稱變更

改制前名稱		改制後名稱	
廳堡庄	地名（土名）	州郡庄	地名（大字、小字）
桃園廳三角湧支廳蕃地	鹿母潭	臺北州海山郡蕃地	鹿母潭
桃園廳三角湧支廳蕃地	紫微坑	臺北州海山郡蕃地	紫微坑
桃園廳三角湧支廳蕃地	崙尾寮	臺北州海山郡蕃地	崙尾寮
桃園廳三角湧支廳蕃地	白石垵	臺北州海山郡蕃地	白石垵
桃園廳三角湧支廳蕃地	五寮	臺北州海山郡蕃地	五寮
桃園廳三角湧支廳蕃地	詩朗	臺北州海山郡蕃地	詩朗
桃園廳三角湧支廳蕃地	菜園地	臺北州海山郡蕃地	

（二）大正 11 年（1922）1 月 13 日土地名稱變更

改制前名稱		改制後名稱	
州郡庄	地名（土名）	州郡庄	地名（大字、小字）
臺北州海山郡蕃地	大寮地、楠仔橋、鹿母潭	臺北州海山郡三峽庄	大寮
臺北州海山郡蕃地	崙尾寮	臺北州海山郡三峽庄	竹崙字崙尾
臺北州海山郡三峽庄	鹿窟、紫微坑、牛角坑	臺北州海山郡三峽庄	白雞字紫微

（三）大正 13 年（1924）10 月 1 日土地名稱變更

<table>
<tr><th colspan="2">改制前名稱</th><th colspan="2">改制後名稱</th></tr>
<tr><td>州郡庄</td><td>地名（土名）</td><td>州郡庄</td><td>地名（大字、小字）</td></tr>
<tr><td>臺北州海山郡蕃地</td><td>白石垵、大旗尾、雞罩山</td><td>臺北州海山郡三峽庄</td><td>白雞字白雞</td></tr>
</table>

（四）昭和 7 年（1932）1 月 13 日土地名稱變更

<table>
<tr><th colspan="2">改制前名稱</th><th colspan="2">改制後名稱</th></tr>
<tr><td>州郡庄</td><td>地名（土名）</td><td>州郡庄</td><td>地名
（大字、小字）</td></tr>
<tr><td>臺北州海山郡蕃地</td><td>圳子頭</td><td>臺北州海山郡三峽庄</td><td>大埔字圳子頭</td></tr>
<tr><td>臺北州海山郡蕃地</td><td>柑仔樹腳</td><td>臺北州海山郡三峽庄</td><td>大埔字柑仔樹腳</td></tr>
<tr><td>臺北州海山郡蕃地</td><td>十八分</td><td>臺北州海山郡三峽庄</td><td>大埔字十八分</td></tr>
<tr><td>臺北州海山郡蕃地</td><td>烏才頭</td><td>臺北州海山郡三峽庄</td><td>十三添字烏才頭</td></tr>
<tr><td>臺北州海山郡蕃地</td><td>五寮</td><td>臺北州海山郡三峽庄</td><td>五寮字五寮</td></tr>
<tr><td>臺北州海山郡蕃地</td><td>詩朗</td><td>臺北州海山郡三峽庄</td><td>五寮字詩朗</td></tr>
<tr><td>臺北州海山郡蕃地</td><td>菜園地</td><td>臺北州海山郡三峽庄</td><td>五寮字菜園地</td></tr>
<tr><td>臺北州海山郡蕃地</td><td>金敏子</td><td>臺北州海山郡三峽庄</td><td>東眼字金敏子</td></tr>
<tr><td>臺北州海山郡蕃地</td><td>東麓</td><td>臺北州海山郡三峽庄</td><td>東眼字東麓</td></tr>
<tr><td>臺北州海山郡蕃地</td><td>東眼山</td><td>臺北州海山郡三峽庄</td><td>東眼字東眼</td></tr>
<tr><td>臺北州海山郡蕃地</td><td>外插山</td><td>臺北州海山郡三峽庄</td><td>插角字外插角</td></tr>
<tr><td>臺北州海山郡蕃地</td><td>內插角（大豹）</td><td>臺北州海山郡三峽庄</td><td>插角字內插角</td></tr>
<tr><td>臺北州海山郡蕃地</td><td>有木</td><td>臺北州海山郡三峽庄</td><td>插角字有木</td></tr>
<tr><td>臺北州海山郡蕃地</td><td>熊空山（熊空南腳）</td><td>臺北州海山郡三峽庄</td><td>插角字熊空</td></tr>
</table>

（五）昭和 9（1934）年 11 月 27 日土地名稱變更

改制前名稱		改制後名稱	
州郡庄	地名（土名）	州郡庄	地名（大字、小字）
臺北州海山郡蕃地	大寮	臺北州海山郡三峽庄	竹崙字竹坑

資料來源：本表主要係參照三峽庄役場編，1934，《三峽庄誌》。臺北州海山郡三峽庄：編者；王明義總編纂，1993，《三峽鎮志》。臺北：三峽鎮公所。

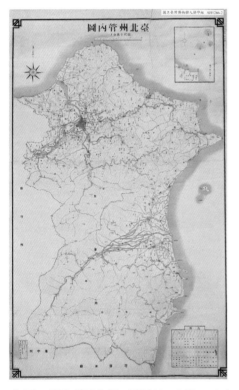

◆ 圖 7　臺北州管內圖。原屬 *Tayal [Bngciq]* 領土的臺北州海山郡蕃地大寮地、楠仔橋、鹿母潭、崙尾寮、鹿窟、紫微坑、牛角坑、白石垵、大旗尾、雞罩山，被劃入三峽庄。（國立臺灣博物館主編，2007。本圖由國立臺灣歷史博物館提供）

◆ 圖 8　三峽庄地圖。圖中三峽庄大字大埔、十三添、白雞、大寮、竹崙、插角、五寮、東眼，屬 *Tayal[Bngciq]* 領土。（三峽庄役場編，1934）

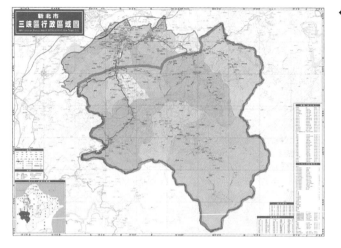

◆ 圖 9 *Tayal[Bngciq]* 領土略圖。*Tayal [Bngciq]* 的領土範圍（圖中粗線範圍內）至少含括今三峽鎮大埔里、嘉添里、添福里、竹崙里、安坑里、金圳里、五寮里、插角里以及有木里，與「地圖 1 大豹群（社）傳統領域地圖」大致相符。（新北市政府編印，2014）

　　由於本文論述的焦點在於戰後初期臺灣行政區域調整的過程中，原住民族領土未被劃為（或劃入）「山地鄉」有關「空間政治」及今後「轉型正義／空間正義」問題的討論，因此有關「十八世紀清國對於生番的區劃與隔離」（柯志明，2001：41-52）、「十九世紀臺灣番地的相關問題」（王慧芬，2000；張隆志，2001、2004：69-75）、「漢移民在臺灣北部沿山地區土地開墾的過程和所牽涉的族群關係與致使該地區的社會經濟變遷」（伊能嘉矩，1904；李文良，1996、1999、2001；林欣宜，1999；吳學明，1986、2000；胡家瑜、林欣宜，2003；黃卓權，2004：150-172；溫振華，2000；溫振華、戴寶村，1999），以及「日治時期的理蕃和對於蕃地的政策」（小島由道、安原信三，1915；伊能嘉矩，1918；岩城龜彥，1935；原田倭，1932；桂長平編，1938；臺灣總督府警務局，1933；豬口安喜，1921）等課題，暫不探究。但亦須強調作為原住民族領土並對其擁有領土權的「番地／蕃地」，是在抵抗、衝突、轉變、適應等多重關係中，在 1875 年至 1915 年間，被「納

入」（incorporation）大清帝國與大日本帝國的領土和國家疆界之中的。

　　張隆志的研究概述了這段歷程，他指出，「番界」是建立於 18 世紀漢人拓墾臺灣土地的歷史過程，並作為清國邊疆封禁政策的首要人文地理特徵。自清光緒元年（1875）沈葆楨奏請開山撫番以來，原本作為消極性防堵的「番界」封禁政策廢除，代以由官民合作的晚清隘墾制與劉銘傳時期的隘勇制。晚清國家將臺灣番地領土化的過程，先是由臺灣洋務運動興起，導致臺灣行政區劃的調整（譬如臺北府乃至臺灣省的設置）；接著是隨著以淮軍為主力的官方勢力，在北、中、南部番地的開築道路，加諸番地資本主義化過程中的武力討伐衝突，乃至土地清賦事業的推動，進一步將臺灣北部沿山邊區社會與東部後山平原逐漸將大清帝國視為疆域的番地，納入其實際控制範圍之內。至於日本殖民統治政權是在國家統治與「殖產興業」的前提下，將臺灣蕃地領土化的過程，它除了承襲晚清「開山撫番」的歷史與制度成果，進而將作為清國「後山」的東臺灣平原，成為日本（內地）財團資本家與農業移民的新闢移墾地外；對於北臺灣蕃地，則是透過律令、行政與警察行政等手段，將之「無主化」與「官有化」，並且在「只有蕃地，而無蕃人」的經濟前提下，透過以通電鐵絲網及山砲構成的「隘勇線」，對於原住民族的領土進行大規模圍堵與武力征服，遂行其調查與掠奪蕃地山林資源的目的。這一領土化過程在「理蕃總督」佐久間左馬太於 1910 年展開的「理蕃事業五年計畫」軍事討伐中達到顛峰。

　　總結臺灣總督府對臺灣蕃地所推行的三大事業——臺灣林野調查事業、臺灣官有林野調查事業以及森林計畫事業，可以將之視為自清國晚期推動「開山撫番」政策以來，國家滲透、控制臺灣原住民族領土的具體成果，更是開發掠奪臺灣原住民族山林資源長期歷史過程的完成（張隆志，2001：4、

8-9）。[23] 而林淑雅（2007）的研究亦指出，歷史上臺灣原住民族土地定位的變遷，也就是原住民族地位的變遷。當然，這個變遷是從國家的角度決定或宣稱的。國家將原住民族視為敵對者，且保持距離避免接觸時，原住民族土地就是「界外」；國家覬覦原住民族土地與自然資源的經濟利益時，就必須將隔離原住民族的「邊界」稱為國境內的「行政界」，將原住民族稱為臣民或叛亂中的臣民或非人，原住民族土地就是「國家領土」或「國有地」。

綜上所述，疆域的變化事實上也從一個重要的面向反映了歷史進程。自大清帝國於臺灣原漢交界處豎立石碑、構築土牛溝、設置屯兵，以及其後臺灣總督府對蕃地推進隘勇線，並於 1920 年重新調整臺灣的行政區劃，將原住民族視為自己領土的蕃地，以「未置街庄蕃地」的名義編入各州廳的做法，從殖民統治者的角度觀之，固然是其行政空間的拓展，惟對原住民族而言卻是對其生存發展空間的限縮與領土權的制壓。

（二）日本的遺產、民國的接收及其範圍調整

1. 戰後初期臺灣縣市區域的劃定

第二次世界大戰後臺灣的行政區劃，可別為「一省時期」、「一省一直轄市時期」、「一省二直轄市時期」。一省時期又可分為「八縣九市階段」和「十六縣五市階段」；一省二直轄市時期又可分為「三市階段」和「五市

---

23 對於三大事業實施的情況可參考：臺灣總督府民政部殖產局編，1917，《臺灣林野調查事業報告》（臺灣總督府民政部殖產局出版第一六二號）。臺北：臺灣總督府民政部殖產局；臺灣總督府內務局編，1926，《臺灣官有林野整理事業報告書》。臺北：臺灣總督府內務局編；臺灣總督府殖產局編，1937，《森林計畫事業報告書》。臺北：臺灣總督府殖產局。其中，後二者與「蕃地」的關係較為密切。

階段」。而本文以「戰後初期」研究範圍，屬於上述的一省時期（自 1945 年 10 月 25 日中國戰區臺灣省對日受降典禮結束開始，至 1967 年 7 月 1 日臺北市正式由臺灣省的省轄市改制為直轄市前為止）。開羅會議後，中國「收復」臺灣已成定局，戰後接收臺灣的各項準備工作正式啟動。1944 年 4 月 17 日，經蔣介石批准，涉臺工作機構——國防最高委員會中央設計局臺灣調查委員會正式成立，陳儀任主任委員。從臺灣調查委員會成立到臺灣「光復」，在一年多的時間裡，該會主要作了三項工作：一是收集臺灣有關資料，二是培訓接收人員，三是起草《臺灣接管計畫綱要》。[24] 1944 年 5 月底，臺灣調查委員會擬就《臺灣接管計畫綱要草案》初稿，後經多次修正，於 1945 年 3 月呈准蔣介石核准定案。[25] 定案後的《臺灣接管計畫綱要》共分 16 項 82 條，內容涵蓋通則、內政、外交、軍事、財政、金融、工礦商業、教育文化、交通、農業、社會、糧食、司法、水利、衛生、土地等 16 個方面。該綱要之規定，與本文討論課題相關者如下（海峽兩岸出版交流中心、中國第二歷史檔案館，2005c78-79；何鳳嬌，2001：1-26）：

第一　通則

八、地方政制：以臺灣為省，接管時正式成立省政府，下設縣（市），就原有州、廳、支廳、郡、市改組之，街、庄改組為鄉鎮，保甲暫仍其舊……

---

24 1945 年初，經陳儀請求，蔣介石令黨政軍各機關定期與臺灣調查委員會舉行聯席會議，討論臺灣接管問題。陳儀認為接管過程中行政區劃、土地問題、公營事業等問題是影響全局的重大問題，故特別在委員會內成立了三個研究會（臺灣行政區域研究會、臺灣土地問題研究會、臺灣公營事業研究會），以示慎重（海峽兩岸出版交流中心、中國第二歷史檔案館，2005：79）。

25 1945 年 3 月 14 日侍秦字第一五四九三號總裁（卅四）寅元侍代電修正核定，修正幅度不大，規範行政區劃原則性規定的第 13 條未經修正。

第二　內政

十二、接管後之省政府，應由中央政府以委託行使之方式，賦以較大之權力。

十三、臺灣原有之三廳，改稱為縣，不變更其區域。原有之州（市），以人口（以十五萬左右為原則）、面積、交通及原有市、郡、支廳疆界（以合二、三郡或市或支廳，不變更原有疆界為原則）為標準，劃分為若干縣（市），縣可分為三等，街庄改組鄉鎮，其原有區域亦暫不變更。地方山川之名稱，除紀念敵人或含有尊崇敵人之意義者應予改變外，餘可照舊。……

十五、接管後，應積極推行地方自治。

十八、對於蕃族，應依據建國大綱第四條之原則扶植之，始能自決自治。[26]……

第十六　土地

七十九、敵國人民私有之土地，應於接管臺灣後，調查其是否非法取得，分別收歸國有，或發還臺籍原業主。

八十二、日本佔領時代之官有、公有及其應行歸公之土地，應於接管臺灣後，一律收歸國有，依照我國土地政策及法令分別處理。

在《臺灣接管計畫綱要》尚未正式奉核之前，臺灣調查委員會「為研究

---

26 《國民政府建國大綱》是孫文於 1924 年 4 月 12 日手書，簡稱《建國大綱》。係中華民國成立後，孫文針對國家建設所提出的規劃方案。大綱中以三民主義作為人民應有之「權」，以五權憲法作為政府施政的「能」。《建國大綱》並將建設國家的程序分為三個階段：軍政時期、訓政時期與憲政時期。全文計有 25 條，其中第 4 條為：「其三為民族。故對於國內之弱小民族，政府當扶植之，使之能自決自治。對於國外之侵略強權，政府當抵禦之；並同時修改各國條約，以恢復我國國際平等、國家獨立。」

臺灣收復後行政區域之劃分」（何鳳嬌編，2001：26-27），於 1945 年 2 月設行政區域研究會。[27] 該會在同年月 27 日至 4 月 20 日間共舉行四次會議，根據歷次會議紀錄及報告書（海峽兩岸出版交流中心、中國第二歷史檔案館，2005a：68-87；何鳳嬌編，2001：27-50）：在第 1 次會議上，該會會員林忠提出會前擬好的將臺灣劃作三十縣和一個市的一張劃分草圖提出討論；會員李萬居對此：「甚表贊同」；主席（召集人）夏聲濤：「亦以為三十縣是理想的」。另會員孫克寬建議：「蕃族在臺灣相當重要，應否另設區劃，或在縣以下設何種組織來管理，問題並不簡單，所以請先分配研究題目」；夏聲濤回應：「蕃界的問題，本人以為蕃地的名稱不應存在，可在縣以下設區治理」。第 2 次會議各項議案經討論後作出以下決議：「臺灣不設行政督察專員制度」、「臺灣現有十二市一律暫行保留，直轄於省政府。縣數決定二十至三十，由謝南光、林忠兩同志詳擬劃分，提下次會議討論」、「鄉鎮區劃照現行街庄區域，庄改為鄉，街改為鎮」、「臺灣保甲制度應予廢止」。第 3 次會議議決省政府設四廳五處一局，照中央現制施行合署辦公，分層負責，縣設五科二室，臺北市設局，其餘各市設科；以及省設省參議會、市設市參議會、縣設縣參議會，不冠「臨時」二字，各級參議會為議決機關，實行民選；另保甲取消，鄉鎮照現行組織條例實施。第 4 次會議修正通過將呈請臺灣調查委員會核辦的報告書。

　　前已述及，臺灣調查委員會臺灣行政區域研究會之任務在研究臺灣各級行政區域應如何劃分，以及各級機關（行政機關與民意機關）應如何組織，

---

27 依據《臺灣調查委員會行政區域研究會簡則》第 5 條，該會之任務如下：「一、提出並討論有關行政區域之各項問題。二、擬定行政區域之具體方案」。

以作成具體建議，作為將來接收臺灣時設施之參考。而《臺灣行政區域研究會報告書》關於行政區域之初步結論如下（何鳳嬌，2001：39-50）：對於「（一）行政督察專員制度，臺灣是否需要？」問題，主張「臺灣無設置行政督察專員的必要」；對於「（二）鄉鎮區域依現行街庄區域抑重新劃分？」問題，主張「即就現有街庄區域改為鄉鎮。街改為鎮，庄改為鄉，不必重新劃分」；對於「（三）臺灣現行保甲制度是否保留？抑照國內的保甲制度加以改組？」問題，主張「廢除保甲制度」；對於「（四）縣市區域如何劃分？」問題，主張「吾人研討此一問題時，當注意兩項原則：即（一）在可能範圍內，不變更原有之郡界，使將來無劃界之麻煩與紛擾。（二）在可能範圍內，維持每縣以十五萬左右人口為原則之規定，不使縣與縣之間人口相差太大。本此原則，吾人決定將臺灣劃為三十縣……。臺灣現有之十二個市，吾人均主張依舊保留，作為直隸於省之單位」。

　　1945 年 8 月 15 日，日本被迫宣布接受《波茨坦宣言》，宣布無條件投降。日本投降後，國民政府作為中華民國中央政府開始實施「收復」臺灣的工作。8 月 27 日，國民政府任命陳儀為臺灣行政長官兼臺灣警備總司令。[28]10

---

28 日本宣布無條件投降後，按照《臺灣接管計畫綱要》，國民政府應立即成立臺灣省政府，組織人員赴臺。惟陳儀向蔣介石建議，既然臺灣省最高行政機關比內地各省省政府擁有更大的權力，可用「行政長官公署」，以示與「省政府」有所區別。1945 年 8 月 27 日，國民政府任命陳儀為臺灣行政長官兼臺灣警備總司令。9 月 1 日，行政長官公署和警備總司令部在重慶設立臨時辦事處，正式開始辦公。10 日，國民政府頒布《臺灣省行政長官公署組織大綱》；20 日，公布《臺灣省行政長官公署組織條例》。10 月 24 日，陳儀率長官公署官員飛抵臺灣，並宣布於交接日起正式辦公。長官公署與省政府的區別，主要有兩點：一是長官公署比省政府權力更大，如在發行單行法規方面比省政府寬，並可指揮中央政府駐臺機構；二是長官公署採「長官制」，兼任警備總司令，集文武於一身，權限超出行政系統之外，而省政府採委員制，省主席的動議要省府委員會通過才能落實（海峽兩岸出版交流中心、中國第二歷史檔案館，2005b：148-149）。

月25日上午，中國戰區臺灣省對日受降典禮在臺北市公會堂舉行。受降典禮結束，陳儀即席發表廣播講話，並代表中國政府宣告：「從今天起，臺灣及澎湖列島已正式重入中國版圖，所有一切土地、人民、政事，皆已置於中華民國國民政府主權之下，這種具有歷史意義的事實，本人特報告給中國全體同胞及全世界周知。」受降典禮後，接收工作即全面展開（海峽兩岸出版交流中心、中國第二歷史檔案館，2005b：84-88）。

　　日治時期，臺灣的行政區域原分臺北、新竹、臺中、臺南、高雄五州及花蓮港、臺東、澎湖三廳，州下有市與郡，廳下有支廳與市，市內分區，郡與支廳內，均分街庄。戰後初期，中央設計局臺灣調查委員會對縣市行政區劃曾訂定《臺灣省各縣市行政區域劃分計畫綱要草案》，擬將臺灣劃為二十四縣、七省轄市、四縣轄市。而臺灣省行政長官公署則以「為謀利用原有體制，便於接管及推行新政令」為由，將五州三廳改為臺北、新竹、臺中、臺南、高雄、臺東、花蓮、澎湖八縣，[29] 原屬五州之十一市改為臺北、基隆、新竹、臺中、彰化、臺南、嘉義、高雄、屏東等九省轄市及宜蘭（屬臺北縣）、

---

29 為促使行政院早日核准行政區劃案，陳儀於 1946 年 4 月 8 日再次呈報，陳述臺省行政區域就原有州廳設置八縣之原因，以及縣政府組織實際需要情形：其一，「為謀銜前啟後，發揮高度之行政效能，初步計劃，確有依據實情酌權通處理之必要」；其二，「本省各縣既依歷史、地理、經濟各項條件劃定區域，大縣面積雖大，而交通便利，距離無形縮短，管理尚便，……，實施以來運用頗見靈活」；其三，「本省各縣物產豐富，農業工業亦具有科學化基礎。為求集中人力財力，以期與事業之需要相配合，試將原有州廳改設八縣，俾能齊一步調，共謀發展」；其四，「本省淪陷已久，雖同為收復區而情形則與各省迥異，原有州廳組織龐大，……。現光復伊始，諸待興革，故對縣政府編制員額亦不得不稍予擴大，俾能適應實際需要，使原有業務仍得繼續維持，新辦事業，亦可順利推展」（臺灣省行政長官公署檔案，1946v）

花蓮（屬花蓮縣）兩縣轄市（何鳳嬌，2001：351）。[30]

　　前已述及，本文研究對象 Tayal[Bngciq] 的領土在日本統治後期先被劃歸為臺北州海山郡未設街庄蕃地，後來更被逐次劃入三峽庄的行政區域內，而喪失「蕃地」的特殊地位。戰後，中華民國政府並未依據《臺灣接管計畫綱要》第 18 條：「對於蕃族，應依據建國大綱第四條之原則扶植之，始能自決自治」之規定，將其劃為獨立的「山地鄉」或併入鄰近「山地鄉」，而是劃歸由三峽庄改制而成的三峽鎮。[31]

　　究其緣由，1945 年 10 月 25 日上午，中國戰區臺灣省對日受降典禮在臺北市公會堂舉行。受降典禮結束後，11 月 5 日，成立各州、廳接管委員會，臺北州接管委員會主任委員由連震東出任。8 日，臺北州接管委員會開始辦理接收。20 日，海山郡完成接收。另為避免於接收期間行政脫節，除改臺北、基隆二市為省轄市外，其他仍沿襲日人舊制，以暫維政務。直至該年底，鑑諸行政漸入軌道，臺灣省行政長官公署於 12 月 31 日發表文告，擬改臺北州為臺北縣，改郡為區，改街、庄為鎮、鄉；而保甲之制，則依自然

---

30 1945 年 12 月 6 日公布的《臺灣省省轄市組織暫行規程》第 1 條規定：「本省根據修正市組織法第四條之規定，設置臺北、臺中、臺南、基隆、新竹、高雄、嘉義、彰化、屏東九省轄市，其區域依其現有之區域。」同年月 21 日公布施行的《臺灣省縣政府組織規程》第 2 條規定：「縣為地方自治單位，其區域之制定變更、及縣之廢置分合名稱，由行政長官公署核定，報內政部轉呈國民政府備案。」第 3 條規定：「全省分設臺北、臺中、臺南、新竹、高雄、花蓮、臺東、澎湖八縣，其區域另定之。」（臺灣省行政長官公署檔案，1945c，1945d）。

31 獨立為一鄉（或鎮）之例，如臺北縣內湖鄉擬增設南港鎮一案，公署以「既據查明確有設鎮之必要」，於 1946 年 5 月 25 日以指令准其照辦（臺灣省行政長官公署檔案，1946m）；公署更於 7 月 13 日致電各縣政府，要求「鄉鎮之廢置分合或區域之變更，應先繪具詳細圖説，連同面積、戶口暨所轄村里統計表，呈署核定。」（臺灣省行政長官公署檔案，1946l）併入鄰近鄉（或鎮）之例，如臺南縣政府呈請將新化區山上鄉潭頂、大社兩村併入新市鄉，左鎮鄉石子崎村併入山上鄉一案，公署以「既據查明屬實」，於同年月 30 日以指令准其照辦（臺灣省行政長官公署檔案，1946u）。

形勢、社會關係，改設為村、里（在鄉為村、在鎮為里）。1946年1月，臺北縣政府正式成立，並依據省頒《臺灣省縣轄市組織規程》、《臺灣省各縣政府區署組織規程》、《臺灣省鄉鎮組織規程》（臺灣省行政長官公署檔案，1946w、1946x、1946y、1946z、1946f），改基隆、七星、宜蘭、淡水、海山、文山、羅東、蘇澳、新莊九郡為區；改街、莊為鄉鎮。海山區署於同年1月26日成立，轄四鎮二鄉（板橋鎮、三峽鎮、鶯歌鎮、樹林鎮、土城鄉、中和鄉）。三峽鎮公所係於1月27日成立，轄20里。1947年1月16日，臺北縣治遷海山區之板橋鎮。是月，撤銷海山區署，原轄六鄉鎮，改由縣政府直轄（臺灣省行政長官公署檔案，1947）。

　　至1947年6月省府成立之初，於省府委員會第3次會議，即有改正臺灣省地方行政區域案的提出。[32] 經審查後，於第23次會議議決，以「本案牽涉甚多，影響重大，再行研討，暫維現狀」。該案雖未付諸實施，但由此引起各方重視，紛紛建議，而行政區域調整，遂成臺灣省政治上重要問題。1949年，因臺灣省積極推行地方自治，於年度施政計畫大綱中，曾將「調整行政區域」一項列入，省府民政廳乃根據這項規定，擬具《臺灣省各縣市行政區域調整方案》，報經省府轉送臺灣省地方自治研究委員會研討修正，復經省參議會審議後，併將該四案呈報行政院核示。經詳慎研究，行政院以省參議會修正案，係「根據該省民政廳草案及地方自治研究會修正案審議修正而成，實為集合省府實際行政經驗及多數學者專家研究意見，暨該省最高

---

32 當時，調整臺灣省行政區域的理由有三：一、為解決各縣面積大小懸殊，人口多寡不等，財政負擔不均等問題，俾便據之以實施地方自治，平衡各地發展。二、為合理調整省轄各市之財政經濟，以及改善縣以下分區設署，層級增多，影響行政效率，且限制地方自治發展的現狀。三、為有助於地方自治的實施（不著撰人，1961：1-2）。

民意之結晶，較為合理可行」，決定選定該案酌予修正實施。亦即除關於臺北、臺中、高雄三縣治，仍照省民政廳意見，應分別暫設於板橋、豐原、鳳山三地外，餘悉照省參議會大會之修正案，由行政院於 1950 年 8 月 16 日第 145 次院會通過《臺灣省各縣市行政區域調整方案》（請參照圖 10）。[33] 此

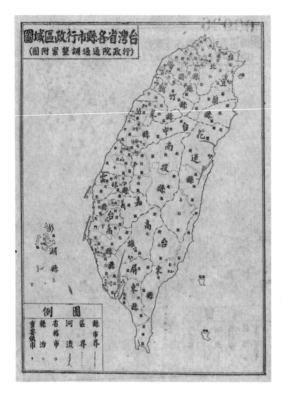

◆圖 10　臺灣省各縣市行政區域圖
（行政院通過調整案附圖）。
Tayal[Bngciq] 領土被劃入臺北
縣海山區三峽鎮嘉添里、圳頭
里、金敏里、插角里。（內政部
編，1950）

---

33 行政院核定《臺灣省各縣市行政區域調整方案》所採取的原則有三：一、採中縣制：人口多在 30 萬以上，50 萬以下。因大縣制人口數多，對於自治經費雖易籌措，惟區域太大，政令不易推行。小縣制區域小，人口少，經費難籌。而中縣制，人口及區域財富均屬適中，具有大縣制與小縣制之優點，而無大縣制與小縣制之缺點。二、採析縣辦法：即一縣或併鄰市劃為二縣或三縣，不牽涉其他縣市區域，所有行政區域的調整，以各縣市原鄉鎮區為單位，使不致支離破碎。劃界既易，對於地方財產之移轉，亦甚適當。三、參酌實際情形：該案係參酌有關文獻及各方意見，並就各縣市自然環境與地方實際情形而劃分，較為合理（不著撰人，1961：2）。

案核定後，省府即遵照調整，所有新成立縣市政府，均於 1950 年 10 月 25 日以前，次第成立。

　　該方案將全省劃分為臺北、基隆、臺中、臺南、高雄等 5 省轄市，及臺北、宜蘭、桃園、新竹、苗栗、彰化、臺中、南投、臺南、嘉義、雲林、高雄、屏東、臺東、花蓮、澎湖等 16 縣。惟臺東、花蓮、澎湖 3 縣及臺北、基隆、臺中、臺南、高雄 5 省轄市，行政區域照舊；而各縣市之區域調整後，仍以原有縣轄區及省轄市之界線為界線；另各省轄市改併為縣後，其原設之區在市街地段者，合併為縣轄市，在市郊地段者，依照社會情形，改為鄉鎮，其區域照舊。又依據《臺灣省各縣市行政區域調整方案》第 11 條訂定的《臺灣省各縣市行政區域調整方案實施辦法》規定：本方案所稱之區，依區署為裁併時之各縣所轄之區（第 2 條）；所稱之界線，即日治時代之州郡市界線（第 3 條）；山地區署由各縣政府視實際情形酌定裁留（第 10 條第 2 項）（內政部，1950：1-2、32-41；不著撰人，1961：1-3）。必須特別說明的是，1946 年 6 月 24 日，依據戶口清查結果，三峽鎮轄區劃定為 20 里，並呈報臺北縣政府。其後，各里行政區域歷經數次調整變更，當中：(1)1952 年 1 月 1 日，鎮內行政區域調整增設 4 里，成為 24 里；其中，由嘉添里劃分出添福里，圳頭里劃分出五寮里，插角里劃出金敏里，與 *Tayal[Bngciq]* 領土相關。(2)1978 年 3 月 26 日，再次調整鎮內行政區域，全鎮檢併為 22 里；其中，原大埔、二鬮里及圳頭里之一部分合併為大埔里，原金敏里與原圳頭里一部合併為金圳里，亦與 *Tayal[Bngciq]* 領土相關。

2.「山地鄉村」的籌設與區域劃定

戰後初期，對於臺灣原住民族的整體狀況，官方曾提出如下的看法：

> 高山族為本省最早的民族，其中包括泰耶爾、茲歐、不奴、耶美、
> 薩塞特、阿美等七族，共有134,836人，都分布在臺北、新竹、臺中、
> 臺南、高雄、臺東、花蓮等七縣的山地，他們的生活習慣多與平地
> 人民不同，幾乎還保持原始社會的狀態，過去日本政府因為把他們
> 看作劣等民族，所以特加歧視，最初想用高壓手段來消滅他們，後
> 來覺得不易消滅，乃改用警察力量來控制他們，並且劃定地界禁止
> 自由出入。光復以後，我政府一本國父民族主義的遺教，予以平等
> 待遇和特別的扶助，並由本處綜理山地行政事宜。（臺灣省行政長
> 官公署民政處編，1946：12-13）

可以得知，臺灣省行政長官公署係承襲日治時期採取七族說的民族分類法，
並統稱原住民族為「高山族」，當時總人口13萬餘人，分布在除了澎湖縣
以外的本省七縣之內，並主張要革除日治時期的歧視政策，給予原住民族
「平等待遇和特別的扶助」以及開始推行「山地行政」。[34] 另外，亦採取不
同的做法以管理原住民族：

---

34 鑑於原住民族地區的特殊情形，為使施政能夠切實有效，公署事先曾進行研究和考察。1946 年 1
月間，民政處會同警務、教育、農林、交通、財政各處及宣傳委員會，組織「山地施政研究委員
會」，先後集會六次以研討有關原住民族的施政問題；同年 2 月間，又會同組織「山地施政考察
團」，分三組前往原住民族地區實地考察，並先後於 6、7、9 月間派員考察原住民族地區實際情
形，及於 9 月初召集有關各縣民政局科長與「山地行政」主辦人員，召開「全省山地行政檢討會
議」，以收集思廣益之效（臺灣省行政長官公署民政處編，1946：15）。

過去日本統治本省高山族的機構迭有變遷，最後則為警務局的理蕃課。光復以後，本處為綜理全省山地行政起見，初由第一科設置山地行政股，嗣因工作日益繁重，乃於 35 年 7 月 1 日將股擴充成立第三科，此外並飭有關各縣於民政局科內指定熟悉山地情形之幹練人員，專辦山地行政事務，及將原有頭目制度的番社改為自治性質的鄉村，以為山地行政之基層單位，現全省山地共有 30 鄉 162 村，鄉設鄉公所，村設村辦公處，其組織與平地之鄉公所及村辦公處大同小異，惟山地鄉公所為了適應事實上的需要，乃特別增設指導員聯絡指導之責，又因山地行政幹部異常缺乏，除於 35 年 7 月初派本省訓練團第一期民政系畢業學員八人為山地鄉公所股主任外，並於同年 8 月間調訓山地行政人員 71 人預計 11 月間訓練完畢後即可分發山地服務，為鼓勵有志青年服務山地起見，復於原有薪津外另照薪額加給百分之 20 至 50 的獎勵金以示優待。（臺灣省行政長官公署民政處編，1946：13）

亦即，首先是建立原住民族行政體制。與日治時期將「蕃政」置於警察行政不同，是將「山地行政事務」歸諸民政業務，於公署民政處下設專責單位（由「股」到「科」）；[35] 其次，是在全省山地成立具有自治性質的鄉村機構（30 鄉、162 村）；其三，為因應事實上需要，除特別增設「指導員」外，又派

---

35 1946 年 7 月 11 日，公署以訓令指示警務處及各縣政府（臺北、澎湖除外），據臺北縣政府呈請令飭警務處接管山地行政機關房屋財產移交該縣山地鄉公所接收備用一案，應予照准；並轉飭山地警務接收人員迅將山地警察機構以外財產列冊移交山地鄉村公所接收（臺灣省行政長官公署檔案，1946：1946ag）。

任省訓團畢業學員至山地鄉公所服務，並調訓山地行政人員以提升其素質，更給予加給以鼓勵有志青年服務原住民族地區。上述各項措施中，「山地鄉村」的籌設與區域劃定，與本文的討論有關。

「山地鄉村」的籌設與區域劃定是推行「山地行政」的基礎。前已述及，1945 年 3 月呈准蔣介石核准定案的《臺灣接管計畫綱要》中雖規定：「八、地方政制：以臺灣為省，接管時正式成立省政府，下設縣（市），就原有州、廳、支廳、郡、市改組之，街、庄改組為鄉鎮，保甲暫仍其舊。」以及「十八、對於蕃族，應依據建國大綱第四條之原則扶植之，始能自決自治。」但是，屬於原住民族領土的「蕃地」應如何區劃，則並未論及。爰同年 12 月 5 日，臺東廳接管委員會請示臺灣行政長官公署民政處：「轄內之高山族同胞，除已遷至平地居住者，應編入鄉鎮之編組外，其一部分散居高山，向由理蕃警察管理者，今後應如何編組，尚無明文規定，應請詳示」；民政處覆以「高山族同胞之編組暫仍照舊，候新辦法公布後再行編劃」（臺灣省行政長官公署檔案，1945b）。

1946 年 1 月 18 日，制定公布《臺灣省鄉鎮組織規程》規定，第一條「鄉鎮為法人，承縣政府之指揮監督，辦理鄉鎮之自治事務。」第二條「鄉鎮之編制，鄉以下為村，鎮以下為里；村里以二百戶為原則，不得少於一百戶、多於三百戶。」第三條「鄉鎮區域之劃分暫依原有庄街範圍為區域（即庄為鄉、街為鎮），如有必須變更時，由縣政府視自然形勢及人口、經濟、文化、交通等狀況酌予擬訂，繪具圖說，呈請行政長官公署核准施行。」第四條「鄉鎮之廢置分合或名稱之變更，由縣政府呈請行政長官公署核定之。」（臺灣省行政長官公署檔案，1946：1946w、1946x）。次（19）日，民政處以民甲

字第 353 號代電,通令全省各縣市分別造具「高山族居住地區之應設鄉設村地點、人口與房屋、學校、警察等之設施及地方情形」送請查核。結果,除澎湖縣「轄下並無高山族居住地區」外,其餘各縣擬於高山族居住地區籌設鄉村自治機構的情形整理如表 4。[36]

◆ 表 4 臺灣省各縣高山族地區設鄉村公所一覽表

設鄉數		設村數	戶數	人口數	備考
臺北	3	15	1,378	7,294	
新竹	4	18	3,086	15,930	
臺中	3	19	2,164	13,501	
臺南	1	5	328	1,870	
高雄	8	59	6,094	32,949	
臺東	5	21	2,248	11,487	
花蓮	3	17	2,368	14,698	
合計	27	154	17,666	97,426	

資料來源:臺灣省行政長官公署檔案,1946e。

---

36 各縣擬於高山族居住地區籌設鄉村自治機構的情形,請參考臺灣省行政長官公署檔案 1946q,1946s,1946t,1946i、1946k,1946p,1946a,1946af,1946ae,1946g、1946r,1946e,1946aa,1946j,1946n,1946o,1946d,1946c,1946ad,1946b,1946h,1946ac,1946ab。

由於新設立之山地鄉公所及山地村辦公處等經費，係由省統籌，按月由縣具領轉發。因此，民政處於 4 月 25 日特代電各縣政府（澎湖縣除外），檢發「山地鄉公所編制概算表」、「山地村辦公處編制概算表」、「山地鄉村瘧疾防治所編制概算表」及「山地鄉村公所一覽表」，希望將該縣設置鄉公所及村辦公處地點與面積、人口等項繪具圖說，限期呈報（臺灣省行政長官公署檔案，1946e、1946aa）。然而，5 月以後各縣呈報的鄉、村數目卻與民政處規劃頗有出入。例如，高雄縣經核定設置山地鄉公所 8 所、村辦公處59 處，雖迭經民政處電飭遵照編併具報；惟所送山地設鄉圖說，仍列 11 鄉（臺灣省行政長官公署檔案，1946ab）。再如，臺東縣呈請准予設置 5 鄉、32 村，民政處覆以「各縣山地設置鄉村數額表，係按照各縣山地實際情形，並配合全省山地行政經費，統籌擬訂，該縣新設山地鄉村公所，以不得超過五鄉、二十一村為原則。希迅妥為編併，遵照前電報核，勿延為要」（臺灣省行政長官公署檔案，1946b）。經過民政處與各縣之間數度磋商，原先民政處規劃於全省新設山地鄉村數為 27 鄉、154 村，最後於 1946 年 5 月確定增加為30 鄉、162 村（附表 2）。[37] 至於，各縣山地行政機構及各鄉公所編制調整，係依臺灣省行政長官公署公布之《臺灣省山地鄉村組織規程》（刊登卅五年8 月 12 日秋字第卅七期公報），後因不適用，而於 1949 年 10 月 4 日由臺灣省政府修正公布（省級機關檔案，1949b、1949a）。

---

[37] 1947 年 6 月提出的《臺灣省政府施政報告》中指出：「山地鄉村機構，於去年 4 月間成立，本年度為管理上便利起見，行政區域略予調整，計臺北縣增設一村，臺東縣增設二村，現全省山地共為卅鄉，一六五村，……」（海峽兩岸出版交流中心、中國第二歷史檔案館，2005a：244）。另關於「山地鄉村名稱表」、「臺灣省各縣山地鄉各村新舊名對照表」，請分別參照臺灣省民政廳（1948：62-64）以及臺灣省政府民政廳（1983）。

在山地鄉、村區域的規劃階段，民政處雖曾要求各縣調查統計山地鄉村面積大小及人口分布情形，惟囿於法規及經費，並未能按照各族群實際領土進行鄉域的劃分。[38] 以本文研究對象 *Tayal[Bngciq]* 而言，其後裔 *Losin Watan* 等 102 人雖於 1947 年 6 月 8 日向臺灣省政府民政廳遞出陳情書，「請求遷回大豹社原址居住」；*Losin Watan* 更於 1950 年臺灣省參議會第一屆第九次大會，以參議員身分提案建議政府重新調整山地鄉村行政區域；惟省府覆文如下：

> 查山地各鄉行政區域自劃定後推行政令尚見順利，至於村之區域或因人口過多，或以交通關係，本年三月間業已合理調整，計增加二十二村，連原有一六九村，共為一九一村。際此戡亂時期，山地社會似應安定為主，目前山地鄉區域擬予暫維現狀。（臺灣省諮議會檔案，1950）

---

38 1945 年 12 月 6 日公布的《臺灣省省轄市組織暫行規程》第 12 條規定：「本省為便利推行政令，依照臺灣原有郡或支廳之區域設置區署，為縣政府之輔助機關，區署名稱，以沿用臺灣原有郡或支廳之名稱為原則。」第 13 條規定：「區署之廢置分合，名稱及區域之變更，由縣政府擬具意見報請行政長官公署核定」（臺灣省行政長官公署檔案，1945a）；區署之下，則依據 1946 年 1 月 19 日頒行之《臺灣省鄉鎮組織規程》。至於其實際情況如下：「現省轄市多已擴大區域，縣轄市俟有相當發展後，即可改由省轄，又郡及支廳均改為區，街庄分別改為鄉鎮，全省初有 52 區，264 鄉鎮，嗣因縣政府所在地區署裁撤及高山設鄉，現在計有 46 區及 293 鄉鎮，鄉鎮之下本應續編保甲，但因過去日本統治時代的保甲為本省同胞所深惡痛絕，且經前臺灣總督府勉順民意予以廢止，故為免使人民發生不良印象起見，乃於鄉下分村，鎮下分里，又市之下亦設區，區稱區公所，區之下再分為里，村以 100 至 200 戶為範圍，里以 150 至 300 戶為範圍，村里之內均復編鄰，鄰以 6 至 15 戶為範圍，現全省各市共有 65 區，各縣市共有 6,305 村里及 77,259 鄰」（臺灣省行政長官公署民政處編，1946：3-4）。

不但使得 *Tayal[Bngciq]* 後裔們「復歸祖先墳墓之地」的悲願無以達成，而將其領土劃為獨立的「山地鄉」或併入鄰近「山地鄉」之意圖亦在「戡亂時期」的說辭口實下化為泡影。[39] 惟臺灣省行政長官公署長官陳儀於 1947 年 1 月 18 日答覆《和平日報》臺灣版記者沈嫄璋提問：「憲法規定人民不分男女、種族⋯⋯一律平等，本省之婦女及少數民族之高山同胞，因經濟及文化比較落後，應如何提高其文化水準，增進其經濟能力，而輔導其參加憲政，此點未知省當局有否計及？」時，仍說：

> 現在高山族區域內，日本占領時代之各種壓迫設施，業已全部廢除。高山同胞已經完全解放，享受平等待遇。教育方面，已將原有蕃童教育所一律改為國民學校，與平地教育同樣辦理。地方自治，已選舉鄉民代表，設立民意機關，提高其自治能力。此後只要逐步進展，高山同胞之智力體力財力，必能充分發展，達到參加憲政之目的。（海峽兩岸出版交流中心、中國第二歷史檔案館，2005a：234-236）。

---

39 另有一例，當時新竹縣南庄鄉 *Saisyat*（賽夏族）人張慶昌等陳情另獨立一山地鄉，主張：「自光復後，本鄉山地編入平地行政區域，合併於南庄鄉，視同平地人民之待遇，甚覺不合理之政策。原來高山人民言語、風俗、習慣以及生活狀態與平地人民相異，視同平地人民同等待遇，屬實可憐。因此，政治變動，吾等高山人民生活日趨低下，不能安定，墜落深淵之慘。屢次選派山民代表懇請鈞府設法積極搶救，迄今三年之久，未得接受，山民福利建設諒想經於畫餅。究竟本鄉山民應如何處置？鑑及南庄鄉現在財政枯竭，平地行政尚難維持，對於山地之設施更難依靠。山民議論不息，願欲脫離南庄鄉另獨立一山地鄉。」惟亦未獲政府同意（臺灣省諮議會檔案，1949，摘文標點符號為作者所加；另可參考省級機關檔案，1950b，1950a）。同時被劃入南庄鄉域者，尚有 *Tayal[Sykaru']Cyubus*（鹿場社）的領土。

陳儀的答覆顯然與原住民族當時所接受的實際待遇未符，畢竟 *Tayal[Bngciq]* 後裔們「復歸祖先墳墓之地」的民族意願並未能得到應有的尊重。

五、國際人權法中的原住民族領土權

（一）《聯合國原住民族權利宣言》與原住民族領土權

1.《聯合國原住民族權利宣言》的通過及其相關內容

先是殖民主義者以「無主地」和「發現」理論為依據，大肆掠奪原住民族的土地和自然資源；後為現代國家建立之後，採用軍事征服、非法拓墾、強制性遷離和安置、法律欺詐以及國家政府的非法徵用等手段和方式，侵吞原住民族的土地和自然資源，致使原住民族處於失去立足之地的艱難險境。長期以來，世界各地域的原住民族為要求自己的土地權利，進行了堅持不懈的鬥爭。原住民族不斷要求國家承認自己的土地權利，因為土地對自己社會文化的存續至關重要（廖敏文，2009：399-400）。終於，2007 年 9 月 13 日聯合國大會通過《聯合國原住民族權利宣言》，該宣言是迄今為止最為全面的原住民族權利聲明，它對原住民族集體人權的強調，在國際人權法上達到了前所未有的程度。此宣言的通過明確地表明了國際社會將致力於

保護原住民的個人權利和原住民族的集體權利。[40] 而宣言中與本文所討論的
「領土、土地和自然資源」相關的條文摘錄如下（請詳見聯合國正式文件，
2007）：[41]

第 10 條

不得強迫原住民族遷離其土地或領土。如果未事先獲得有關原住民族的自由
知情同意和商定公正和公平的賠償，並在可能時提供返回的選擇，則不得進

---

40 聯合國「經濟暨社會理事會」（Economic and Social Council, ECOSOC）所屬的「人權委員會」
（Commission on Human Rights, CHR）為各國政府代表所組成，其下設有「防止歧視暨保護少數
族群委員會」（The Sub-Commission, Racism & Discrimination Against Minorities, Indigenous Peoples
and Migrants），是專家、原住民族非政府組織及各國代表對話的論壇。1970 年時，該委員會基
於關注全球少數族群及各地原住民族遭受歧視的問題，開始進行廣泛的研究。其後，根據該研究
之建議，「防止歧視暨保護少數族群委員會」於 1982 年，成立「原住民族工作小組」（Working
Group on Indigenous Peoples, WGIP）。WGIP 由五名專家組成，主要任務在制訂有關原住民族權
利的國際標準、審查有關促進和保護原住民族人權的發展情況，以及推動全球原住民族與政府
對話。WGIP 於 1982 年召開第一次會議，1985 年決定草擬《聯合國原住民族權利宣言草案》，
1993 年第 11 次會期中，就《聯合國原住民族權利宣言草案》的條文達成決議。聯合國又將
1995 年至 2004 年訂為「國際原住民族十年」（The International Decade of the World's Indigenous
Peoples）。而積極建構共識以尋求通過《聯合國原住民族權利宣言草案》，則是第一個「國際
原住民族十年」的重要發展目標之一。歷經 20 多年的努力，《聯合國原住民族權利宣言》（United
Nations Declaration on the Rights of Indigenous Peoples）終於在 2007 年 9 月 13 日第 61 屆聯合國大
會中，以 143 國贊成、4 國反對（澳大利亞、加拿大、紐西蘭、美國）、11 國棄權及 34 國缺席
的投票結果獲得通過。其中，美、加、澳、紐四國是以《聯合國原住民族權利宣言草案》之條文
內容過於空泛、恐危及國家政治與領土完整性、整個版本尚未取得共識、難以執行、對自決權的
定義有給予原住民族高於國家立法及行政之上的否決權之虞、部分內容已違反其國內行之有年的
機制等多項理由，投下反對票。
41 另宣言前言部分亦有兩段內容與本文之討論相關：「關注原住民族在歷史上因殖民統治和自己土
地、領土和資源被剝奪等原因，受到不公正的對待，致使他們尤其無法按自己的需要和利益行使
其發展權」；「深信由原住民族掌管對他們自己和對他們的土地、領土和資源產生影響的發展，
將使他們能夠保持和加強他們的機構、文化和傳統，並根據自己的願望和需要促進自身發展」；
第 8 條第 2 款 (b) 則規定各國應提供有效機制，以防止和糾正任何旨在或實際上剝奪他們土地、
領土或資源的行動。

行遷離。

第 25 條

原住民族有權保持和加強他們同他們傳統上擁有或以其他方式占有和使用的土地、領土、水域、近海和其他資源之間的獨特精神連繫，並在這方面繼續承擔他們對後代的責任。

第 26 條

1. 原住民族對他們傳統上擁有、占有或以其他方式使用或獲得的土地、領土和資源（lands, territories and resources）擁有權利。
2. 原住民族有權擁有、使用、開發和控制因他們傳統上擁有或其他傳統上的占有或使用而持有的，以及他們以其他方式獲得的土地、領土和資源。
3. 各國應在法律上承認和保護這些土地、領土和資源。這種承認應適當尊重有關原住民族的習俗、傳統和土地所有權制度。

第 27 條

各國應與有關的原住民族一起，在適當承認原住民族的法律、傳統、習俗和土地所有權制度的情況下，制定和採用公平、獨立、公正、公開和透明的程式，以確認和裁定原住民族對其土地、領土和資源，包括對他們傳統上擁有或以其他方式占有或使用的土地、領土和資源的權利。原住民族應有權參與這一程序。

第 28 條

1. 原住民族傳統上擁有或以其他方式占有或使用的土地、領土和資源，未事先獲得他們自由知情同意而被沒收、拿走、占有、使用或損壞的，有權獲得補償，方式可包括歸還原物，或在不可能這樣做時，獲得公正、公平、合理的賠償。

2. 除非有關的原住民族另外自由同意，賠償方式應為相同品質、大小和法律地位的土地、領土和資源，或金錢賠償，或其他適當補償。

第 29 條

1. 原住民族有權養護和保護其土地或領土和資源的環境和生產能力。各國應不加歧視地制定和執行援助原住民族進行這種養護和保護的方案。

2. 各國應採取有效措施，確保未事先獲得原住民族的自由知情同意，不得在其土地或領土上存放或處置危險物質。

3. 各國還應採取有效措施，根據需要，確保由受此種危險物質影響的原住民族制定和執行的旨在監測、保持和恢復原住民族健康的方案得到適當執行。

第 30 條

1. 不得在原住民族的土地或領土上進行軍事活動，除非是基於相關公共利益有理由這樣做，或經有關的原住民族自由同意，或應其要求這樣做。

2. 各國在使用原住民族的土地或領土進行軍事活動前，應通過適當程序，特別是通過其代表機構，與有關的原住民族進行有效協商。

第 32 條

1. 原住民族有權確定和制定開發或利用其土地或領土和其他資源的優先重點和戰略。

2. 各國在批准任何影響到原住民族土地或領土和其他資源的專案，特別是開發、利用或開採礦物、水或其他資源的專案前，應本著誠意，通過有關的原住民族自己的代表機構，與原住民族協商和合作，徵得他們的自由知情同意。

3. 各國應提供有效機制，為任何此類活動提供公正和公平的補償，並應採取適當措施，減少環境、經濟、社會、文化或精神方面的不利影響。

　　簡言之，原住民族領土、土地及資源權包括：第 10 條、不得強迫原住民族遷離其領土或土地；第 25 條、原住民族有權維持與其領域、土地、水域、沿海的精神以及物質關係；第 26 條、原住民族有權擁有、發展、控制使用其領域以及土地；第 27 條、原住民族對於領土以及資源被徵收、占領、使用、或是污染，有權要求補償；第 28 條、原住民族對於其環境，有權要求維護、恢復以及保獲；第 29 條、原住民族有權養護和保護其領土或土地和資源的環境和生產能力；第 30 條、原則上，不得在原住民族的領土或土地上進行軍事活動；第 32 條、原住民族有權確定和制定開發或利用其領土或土地和其他資源的優先重點和戰略。[42]《聯合國原住民族權利宣言》確認了原住民族土地權利，並用八個條款的篇幅對該權利的內容作了全面規定，包括原住

---

42 原住民族土地權（land title）和原住民族土地權利（land rights）是兩個互相關聯的概念，前者指原住民族對土地的所有權或產權；後者指原住民族對自己土地主張所有權或產權的權利。土地權利及其相關資源權利對原住民族至關重要，因為這些構成了我們經濟生活的基礎，是我們精神、文化和社會特徵的泉源。

民族對自己歷來擁有、占有或以其他方式使用或獲得的領土、土地和自然資源的所有權、使用權、保護權、參與管理權、知情同意權和獲得公正、合理和公平補償權。

2. 《聯合國原住民族權利宣言》下的土地權

2020 年 9 月 14 日至 10 月 2 日，聯合國人權理事會召開第 45 屆會議，列案討論「促進和保護所有人權——公民權利、政治權利、經濟、社會及文化權利，包括發展權」。原住民族權利專家機制根據人權理事會第 33/25 號決議進行「《聯合國原住民族權利宣言》下的土地權：聚焦人權」研究並於會上提出研究報告（聯合國，2020）。《聯合國原住民族權利宣言》是唯一一份專門聚焦於領土、土地和資源對原住民族全面意義的國際人權法律文書，借鑑了聯合國人權文書和國際勞工組織《1989 年原住民族和部落人民公約》（第 169 號）。《宣言》明確承認原住民族對其領土、土地和資源的權利，旨在解決長期以來持續至今的非法和不公正剝奪問題。本研究旨在促進理解《宣言》所載權利（特別是第 25-28 條），並由此產生的國家義務以及落實這些權利的國家實踐。

由此報告可以得知各區域對原住民族土地權利的保護程度各不相同，一些國家制定了精細但往往過於複雜的手段來授予原住民族土地保有權，另一些國家則根本不承認原住民族，更不用說他們的土地權；還有一些國家繼續迫害原住民族。執行差距仍然很大，不承認土地權利助長了許多區域持續的暴力。追求永續發展目標，包括其中一些與土地權利有關的目標，給各國提供了一個機會來確保原住民族對其土地、領土和資源的控制。

該報告最後附有專家機制關於原住民族土地權的第 13 號建議（聯合國，2020），其中與本文討論課題相關之內容如下：

關於原住民族土地權的第 13 號意見

1. 各國應承認原住民族就是原住民族。各國還應根據《聯合國原住民族權利宣言》承認原住民族對其土地、領土和資源的權利，以及如區域和國際人權機構所表述的這一權利的發展。此外，各國有義務落實其他相關權利，包括生命權和尊嚴生活權。……

3. 各國應通過與原住民族協商，確保授予他們的土地保有權類型（所有權、用益權或兩者的變體）符合有關原住民族的需求、生活方式、習俗、傳統和土地保有權制度，並得到尊重和確保。

4. 各國應與原住民族協商，建立必要的立法和行政措施以及適當和有效的機制，為土著土地、領土和資源的所有權、使用和產權登記提供便利，包括原住民族因過去遷移而占有的土地。各國應廢除所有意圖將剝奪原住民族土地合法化或具有此類促進作用的法律，包括殖民時期通過的法律。……

6. 各國應運用《宣言》中的各項權利改革國家、區域和地方法律，承認原住民族自己的習俗、傳統和土地保有制度，特別是他們對土地、領土和資源的集體所有權。

7. 各國應確保原住民族有權保持和加強他們與他們所擁有的和不再擁有的、但過去歸他們所有或使用的土地、領土和資源，包括水域和海洋的精神連繫。……

11. 各國應與有關原住民族一起，在適當考慮原住民族法律、傳統、習俗和土地保有制度的情況下，建立並實施一個公平、獨立、公正、公開和透

明的計畫，以承認和裁定原住民族對其土地、領土和資源的權利，包括對其傳統上擁有或以其他方式占有或使用的土地、領土和資源的權利（《宣言》第 27 條）。

12. 各國應確保不情願失去所持土地的原住民族，或其土地未經其自由、事先和知情同意就被沒收、徵用、佔用或損壞的原住民族，有權獲得原物歸還，如果無法原物歸還，則有權獲得其他適當補償，同時銘記賠償不應僅限於經濟給予，還應採取類似替代土地的形式（《宣言》第 28 條）。

　　綜言之，由於土地權利對原住民族的意義在於：首先，土地不僅是一種經濟資產，甚至還是一種主要經濟資產，是我們身分和文化以及我們與祖先和後代關係的決定性因素。領土、土地和資源是通過部落成員、而不是通過自由市場獲得，因此土地不是商品。其次，原住民族有自己的習俗、傳統和土地保有制度，國家應該給予尊重。另外，原住民族有權作為集體和個人，與所有其他人民和個人一樣，平等享有國際人權文書保障的所有人權和基本自由。尊重原住民族的自決權和習慣土地保有制度，就必須承認我們對土地、領土和資源的集體所有權，而這通常是通過標界、劃界、測繪和授權來實現。國家必須歸還原住民族未經自由、事先和知情同意而被剝奪的土地，如果不可能實際歸還原住民族土地，就必須提供公正、公平和合理的賠償。賠償不應僅限於經濟給予，還應採取類似替代土地的形式，品質、大小和法律地位相同，或者，如果相關原住民族自由同意，採取其他形式的賠償或補償。畢竟，如果財產沒有實際劃定和確定，僅僅抽象地承認或從法律上承認原住民族領土、土地或資源，在實踐中毫無意義。

六、肯認 *Tayal[Bngciq]* 領土權、落實空間／轉型正義

（一）臺灣政府對於保障原住民族領土、土地及資源權的施政措施

　　2000 年總統大選前的 1999 年 9 月 10 日，總統候選人陳水扁與臺灣 11 族原住民族代表在蘭嶼簽署《原住民族與臺灣政府新的夥伴關係》文件，內容項目包括：1. 承認臺灣原住民族之自然主權；2. 推動原住民族自治；3. 與臺灣原住民族締結土地條約；4. 恢復原住民族部落及山川傳統名稱；5. 恢復部落及民族傳統領域土地；6. 恢復傳統自然資源之使用、促進民族自主發展；7. 原住民族國會議員回歸民族代表（中華民國總統陳水扁、臺灣各原住民族代表，2002）。2000 年臺灣政權首度政黨輪替，2002 年 10 月 19 日陳水扁總統與臺灣原住民 12 族代表締結盟約，再次確認競選前所簽署的《原住民族與臺灣政府新的夥伴關係》，並為繼續落實執行共同努力。《原住民族與臺灣政府新的夥伴關係再肯認協定》中，除了選前的七項內容，再增列 12 條落實方案（請參見圖 11），包括：

◆ 圖 11 《原住民族與臺灣政府新的夥伴關係再肯認協定》。（作者自藏）

一、協助原住民各族關於其生態智慧、土地倫理等傳統知識的重建。

二、透過各種教育管道（包括社會教育），使臺灣人民認識並尊重原住民文化對臺灣永續發展的重要性。

三、持續推動以原住民各族（或部落、社群）為主體的傳統領域調查。

四、依在地原住民族所認定的傳統領域調查結果，陸續恢復部落及山川傳統名稱。

五、以不干預原住民各族（或部落、社群）自主性為前提，依其意願提供資源協助建立自治實體。

六、原住民族（或部落、社群）自治實體成立之後，政府應與之協商，以土地條約或其他可行方式逐步恢復傳統領域土地。

七、政府應依原住民族自治實體成立進程，針對國家公園、林管區、各式保護區、風景特定區，協商發展合宜的共管制度，並進行技術移轉與人才培育，以促進民族自主發展，裨益臺灣生態之永續。

八、強化原住民族在國家永續發展、國土保育方面的決策參與。

九、全面檢討調整原住民族地區現有的自然資源管理機制，在地原住民族對自然資源擁有優先權利；停止不當的造林計畫、裁併退輔會森保處等不合宜機構；建立水源保護區回饋制度，成立山林守護基金，運用在原住民族山林守護工作上。

十、透過原住民族集體智慧產權制度之建立，在有關其傳統知識、包括動植礦物等物質的運用上，維護其權益；鼓勵並確保原住民族以永續方式運用傳統知識獲益。

十一、修法落實前述原住民族發展計畫；修憲廢除山地平地原住民的歧視性劃分，以民族（或部落、社群）為基礎取代以個人身分為基礎的原住

民族政策架構。

十二、政府應提供資源，由原住民族、民間及學界代表組成公正的監督單位，以原住民族「能力建構」（capacity building）為指標，對政府（包括立法部門）施政、原住民族自主能力及社會認知，進行年度檢驗，並提出報告書。

　　為落實陳水扁總統的競選承諾，行政院於 2001 年度起將調查恢復原住民傳統領域列入施政方針。2002 年，行政院原住民族委員會開始委託學界進行「原住民族傳統土地與傳統領域調查研究計畫」，該研究計畫係採取推動部落地圖繪製（indigenous mapping）的方法來進行，以作圖程序為軸心，召喚部落成員對傳統領域、傳統自然資源利用與管理的知識，以及傳統的社會制度等回憶，藉著操作過程的共同體驗與對話，建構社群與地方的認同，形成追尋部落發展願景的機制（如張長義、伊凡諾幹，2002）。[43] 同年，

---

43 本調查研究目的在於：「（一）培訓原住民族部落土地之調查紀錄人才；共 30 個部落，各族群皆能有一團隊形成，持續推廣運用。（二）輔導該團隊瞭解或使用 GIS 及 GPS 技術，運用部落地圖繪製等方法，以自主性地持續進行傳統領域知識之重建及確認。（三）運用部落地圖繪製方法，以喚起部落傳承及維護土地文化的意願及自主力量，啟動討論部落永續發展願景的機制。（四）繪製 30 個部落的傳統領域數值化地圖、相關個案成果研討及經驗分享。（五）邀訓自然資源保育相關單位人員，瞭解有關原住民族傳統領域及部落地圖的知識。」調查研究範圍為：「（一）原住民傳統領域以日據時期以後臺灣本島之公有土地，應包括下列各類土地：1. 原住民舊部落及其周邊耕墾游獵之土地。2. 原住民祖先耕作、聚居、遊獵之土地。3. 政府徵收、徵用作為其他機關管理而目前已放棄荒置或未使用之土地。4. 原住民使用河川浮覆地。（二）上開土地目前分屬行政院農業委員會林務局、行政院退除役官兵輔導委員會、經濟部臺灣糖業股份有限公司、財政部國有財產局、內政部營建署新生地開發局及各公地機關管理之土地。」調查研究項目在於：「（一）調查研究 30 個部落原住民傳統土地與傳統領域。（二）確定原住民傳統土地與傳統領域之土地位置、範圍。（三）完成原住民傳統土地與傳統領域範圍之地理資訊系統建置（應包括道路、水路、行政區界、林班別、山頂等資料，且其圖形資料能與行政院原住民族委員會所有之 Arc View 系統相容）。（四）繪製社群或部落活動地圖，並利用地理資訊系統軟體繪製各部落領域立體模型圖」（張長義、伊凡諾幹等，2002：Ⅰ-2、Ⅰ-3）。

該會亦開始推動「原住民族傳統山川名稱調查研究」（劉炯錫、康培德，2003）。[44] 其後，更陸續推動「臺灣原住民族自治規劃研究」等與原住民族領域、土地及自然資源相關之調查研究計畫（高德義，2004）。2006 年 9 月，當時的行政院長蘇貞昌以「事權統一」為由，裁示以行政院原住民族委員會為原住民族土地主管機關。

　　2005 年 2 月 5 日，總統制定公布《原住民族基本法》。與本文相關的條文計有：第 2 條「五、原住民族土地：係指原住民族傳統領域土地及既有原住民保留地。」第 20 條「（第一項）政府承認原住民族土地及自然資源權利。（第二項）政府為辦理原住民族土地之調查及處理，應設置原住民族土地調查及處理委員會；其組織及相關事務，另以法律定之。（第三項）原住民族或原住民所有、使用之土地、海域，其回復、取得、處分、計畫、管理及利用等事項，另以法律定之。」第 21 條「（第一項）政府或私人於原住民族土地或部落及其周邊一定範圍內之公有土地從事土地開發、資源利用、生態保育及學術研究，應諮商並取得原住民族或部落同意或參與，原住民得分享相關利益。（第二項）政府或法令限制原住民族利用前項土地及自然資源時，應與原住民族、部落或原住民諮商，並取得其同意；受限制所生之損失，應由該主管機關寬列預算補償之。（第三項）前二項營利所得，應提撥一定比例納入原住民族綜合發展基金，作為回饋或補償經費。（第四項）前三項有關原住民族土地或部落及其周邊一定範圍內之公有土地之劃設、諮商及取得

---

44 惟計畫執行單位卻於結案報告中指出：「在各部落氏族的傳統領域或生活圈內的部落氏族地圖尚未建立前，仍不宜執行。因此建議政府應儘速協助各部落氏族建立其部落氏族地圖，釐清歷史與族群關係，舉行部落氏族內及跨部落氏族間的公開討論與協調，並促進族群和解。同時，制訂法令與簡化行政作業，使原住民山川地名的恢復能早日實現」（劉炯錫、康培德，2003：1）。

原住民族或部落之同意或參與方式、受限制所生損失之補償辦法，由中央原住民族主管機關另定之。」第 22 條「政府於原住民族地區劃設國家公園、國家級風景特定區、林業區、生態保育區、遊樂區及其他資源治理機關時，應徵得當地原住民族同意，並與原住民族建立共同管理機制；其辦法，由中央目的事業主管機關會同中央原住民族主管機關定之。」第 23 條「政府應尊重原住民族選擇生活方式、習俗、服飾、社會經濟組織型態、資源利用方式、土地擁有利用與管理模式之權利。」[45]

對於上述發展，林淑雅（2007）的研究指出，臺灣原住民族土地、原住民族地位的整個變遷過程可以概括為從國際法領域轉換為國內法領域。原住民族從獨立的政治實體，轉變為國家之內的特殊社群，特殊社群地位瓦解之後，則僅存原住民個人面對國家各種「扶助」政策。原住民族土地則從原住民族領土，轉變為國家之內特殊社群的集體用地，再轉變為私有財產權，「剩餘」的則成為國有地……。原住民族土地是一種主權與財產權交錯之下的概念；原住民族土地制度也呈現出政治、經濟、法律、保險、福利、社會組織、生態保育等多重面向意義……。過去國家以「無主地先占」、「征服」或「條約」等方式取得原住民族土地，要不是不合法地忽略原住民族主權，就是並

---

45 依據《原住民族基本法》該制定的相關子法，如與「原住民族土地調查及處理委員會」、「原住民族或原住民所有、使用之土地、海域，其回復、取得、處分、計畫、管理及利用等事項」相關者，迄今仍闕如，未完成立法。而 2017 年 2 月 18 日訂定發布的《原住民族土地或部落範圍土地劃設辦法》，亦引發相當大的爭議。民進黨立法委員蘇巧慧曾投書媒體指出，要劃設原住民族的傳統領域，必須先完成包括明定傳統領域定義的《原住民族土地及海域法》、調查及處理原住民土地的《原住民族土地調查及處理委員會組織條例》以及明定原住民對土地的使用等權利的《原住民族自治法》三項基本的法制配套；她同時認為現行法律還沒有對原住民傳統領域作出定義，而在缺乏這些法制配套下，原民會就公告劃設辦法，並將劃設範圍限縮為公有土地，至為不妥，也有違法之虞（蘇巧慧，2017）。

未消滅原住民族主權，甚至是恰恰證明原住民族主權的存在。所以，今天國家要合法且正當的行使領土主權（或說補救國家領土主權瑕疵），就必須爭取原住民族同意、與原住民族進行主權分享。作者則主張依循上述《聯合國原住民族權利宣言》所肯認的原住民族土地權利，要求國家歸還臺灣各原住民族自己歷來擁有、佔有或以其他方式使用或獲得的領土、土地和自然資源；對於歸還確有困難者，則給予公正、合理和公平補償。

2009 年 12 月 3 日，最高法院針對司馬庫斯部落風倒櫸木事件宣示最高法院九十八年度臺上字第七二一〇號刑事判決，判決原（第二審）判決撤銷，發回臺灣高等法院之主文內容。判決理由論及：「原住民族之傳統習俗，有其歷史淵源與文化特色，為促進各族群間公平、永續發展，允以多元主義之觀點、文化相對之角度，以建立共存共榮之族群關係，尤其在原住民族傳統領域土地內，依其傳統習俗之行為，在合理之範圍，予以適當之尊重，以保障原住民族之基本權利。」雖最高法院判決本案發回臺灣高等法院，原因係在於要求高等法院就法律適用為適當涵攝，而留下高等法院仍可堅持其法律見解的空間存在；惟值得吾人關注的是，最高法院在此宣示「在原住民族傳統領域土地內，依其傳統習俗之行為，在合理之範圍，予以適當之尊重，以保障原住民族之基本權利」的原則（最高法院，2009）。

2014 年 1 月 29 日，《原住民族委員會組織法》制定公布（其後行政院發布自同年 3 月 26 日施行）。該法第 1 條規定「行政院為統合原住民族政策，保障原住民族權益，辦理原住民族業務，特設原住民族委員會」，第 2 條規定掌理包括「六、原住民族土地、海域、自然資源及傳統生物多樣性知識之調查、規劃、協調、保護、利用、管理，原住民族傳統領域之研究、調查、諮商、規劃、協調、公告、權益回復及糾紛處理。」等事項。

（二）原住民族自治行政區域的劃分與原住民族領土權

1.「民族自治」、「領域自治」與行政區劃

原住民族自治權意指根據國家憲法規定的自治制度和政治安排，原住民族自我掌握、控制和管理內部或地方事務的權利，是原住民族自決權的內部自決權利的最低標準要求，而原住民族在國家一級的政治權利和參與國家決策程序的權利是原住民族自決權的內部自決權利之最高標準要求，兩者在國際人權法論述中均被歸於「內部自決」的範疇，兩者既有關聯又有區別（廖敏文，2009：358）。

為符合國際潮流，尊重或回應各原住民族之自治意願，保障原住民族之平等地位及自主發展，實行原住民族自治，自 2003 年 5 月 16 日起迄今，已有由立法委員提請公決的九種版本《原住民族自治法草案》，以及由行政院函請立法院審議的三種版本《原住民族自治區法草案》，依據《中華民國憲法》第 5 條，《中華民國憲法增修條文》第 10 條第 11 項、第 12 項前段規定之精神，以及《原住民族基本法》第 4 條，先後在立法院提出。[46]

經詳細比較各草案版本可以得知[47]，行政院的版本一貫主張原住民族得

---

46 《聯合國原住民族權利宣言》第 3 條：「原住民族享有自決權。基於這一權利，他們可自由決定自己的政治地位，自由謀求自身的經濟、社會和文化發展。」同第 4 條：「原住民族行使其自決權時，在涉及其內部和地方事務的事項上，以及在如何籌集經費以行使自治職能的問題上，享有自主權或自治權。」我國《憲法》第 5 條規定：「中華民國各民族一律平等。」《中華民國憲法增修條文》第 10 條第 11 項規定：「國家肯定多元文化，並積極維護發展原住民族語言及文化。」同條第 12 項前段規定：「國家應依民族意願，保障原住民族之地位及政治參與，並對其教育文化、交通水利、衛生醫療、經濟土地及社會福利事業予以保障扶助並促其發展，其辦法另以法律定之。」《原住民族基本法》第 4 條規定：「政府應依民族意願，保障原住民族之平等地位及自主發展，實行原住民族自治；其相關事項，另以法律定之。」

47 各草案版本內容請搜尋參閱《立法院法律提案系統資料庫》。

按其族別，單獨或聯合設立自治區；自治區行政區域之範圍，應參酌各族之分布區域、歷史、文化、民族關係及地理鄰接等因素劃定之；自治區行政區域範圍之劃設、變更及廢止，另以法律定之。而各立法委員的版本：(1) 在自治區行政區域之範圍上，是主張以原住民族傳統領域（即現行「原住民族地區」的 55 個山地及平地原住民族鄉鎮市）為主。[48] (2) 在自治區行政區域之劃定原則上，主張應參酌各族傳統領域、民族關係、分布區域、歷史文化、地理環境、經濟條件、交通行政及地理鄰接等因素劃定之；除基於特殊理由外，自治區之行政區劃應以同一民族為限。(3) 在自治區行政區域之劃分、調整上，主張由中央主管機關、各民族代表及自治籌備團體共同規劃。(4) 在自治行政區之設置、廢止、變更及改名上，主張由中央原住民族主管機關與相關中央行政機關、地方自治團體共同會商後，另以辦法規定之，並送立法院備查。(5) 對於爭議之處理，主張於籌備階段由各相關自治籌備團體協商解決，協商不成時由中央民族政府協調之。再申論之，上述各種版本，係以「領域自治」（或稱區域自治、屬地的自治）為主，「都市原住民自治區或未依第一項劃定自治行政區域之自治區」則屬「無領域自治」（亦稱屬人的自治）（如楊仁福、廖國棟等 19 人版本）；作者主張實施兼採上述兩種型態的原住民族自治，亦即各原住民族自治體均有其一定的自治行政區域，

---

48 2002 年 4 月 16 日，行政院依據《原住民族工作權保障法》第 5 條規定，核定 55 個原住民鄉（鎮、市）為「原住民地區」。《原住民族基本法》（2005 年 2 月 5 日制定公布施行）第 2 條第 1 項第 3 款再規定：「原住民族地區：係指原住民族傳統居住，具有原住民族歷史淵源及文化特色，經中央原住民族主管機關報請行政院核定之地區」（行政院原住民族委員會編印，2008：15）。而《森林法》第 15 條第 4 項規定：「森林位於原住民族傳統領域土地者，原住民族得依其生活慣俗需要，採取森林產物，其採取之區域、種類、時期、無償、有償及其他應遵行事項之管理規則，由中央主管機關會同中央原住民族主管機關訂之。」是中華民國內法中首度將「原住民族傳統領域」一詞作為法律用語的法規。

且未設籍於自治區之自治民族成員，亦應依該自治區法規享有一定的權利並負擔一定的義務。關於各原住民族自治區行政區域之範圍，主張以大正 9 年（1920）臺灣總督府重新調整行政區劃時的「未置街庄蕃地」七百二十四蕃社（參照圖 12 ）為基礎，增劃原屬蕃地但後來因行政區域調整而陸續被劃入街庄區域內者（如 Tayal[Bngciq]），並由中央原住民族主管機關與相關中央行政機關、地方自治團體以及原住民族自治籌備團體會同協商後劃之，以保障原住民族領土權。

迄今為止，學界對於原住民族自治區行政區域劃設的相關討論，仍顯薄弱。[49] 具開創性且較為重要者，有高德義〈原住民族行政區劃問題初探〉（施正鋒、楊永年主編，2005：99-121）以及浦忠勝〈原住民族自治與行政區域重劃〉（2005：145-165）。

首先，高德義論文係在分析、檢討現行原住民族行政區域劃分相關問題，並提出若干未來努力方向。他指出早期原住民行政區域劃分，大致係考量地理天然形勢與行政便利等因素，並為配合一般化政策加以劃分，並未考量族群人口分布、歷史文化、財政自給自足性、經濟效益性、均衡性、地區共同發展與前瞻性及政治性等因素，因此現今面臨「意識形態及教化、漢化色彩濃厚」、「分而弱之的政治企圖」、「『去族群』及不平等的區劃政策」、「層級低下，組織一般化」、「規模太小，資源缺乏，地方自治流於形式」等問題。但是，由本文研究可知，戰後初期有關「山地鄉村」的籌設與區域劃定，民政處確曾要求各縣調查統計山地鄉村面積大小及人口分布情

---

49 近年較為相關的研究論文有：施勝文，2013，《劃界的政治：山地治理下的傳統領域，1895-2005》。東海大學社會學研究所博士論文；以及蕭世暉，2016，《Rgrgyax lahuy- 解殖山林：大霸尖山視野下泰雅族人的空間重構》。國立臺灣師範大學地理學系博士論文。

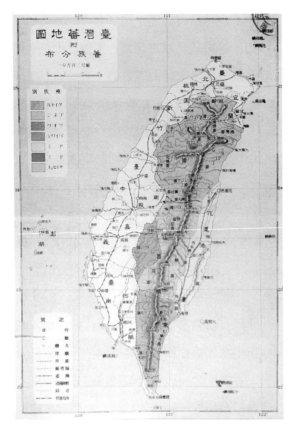

◆圖 12 臺灣蕃地圖附蕃族分
布。（臺灣總督府民政部
蕃務本署編纂，1913）

形；惟囿於當時法規及經費，終致未能按照各族群實際傳統領域進行鄉域的
劃分。另外，近年於立法院提出的《行政區劃法草案》中，不論行政院版本
或立法委員版本，都基於「原住民族自治蘊涵著尊重各原住民族之傳統與意
願，並考量原住民族之特殊性及創設性」的理由，於條文中明定：「原住民
族自治區行政區域範圍之劃設、變更及廢止，另以法律定之」；惟高德義論
文認為《行政區劃法》係有關行政區劃之根本性法律，允宜將原住民族行政
區域劃分相關之實質及程序問題明確規範其中。由於合理劃分原住民族行政

區域有助於原住民族自治政策的落實，以及原住民族地區之發展，屬於原住民族自治權限之範疇，因此有關自治區行政區域之劃分、調整，在立法技術上，作者主張由中央主管原住民族事務機關、各民族代表及自治籌備團體共同規劃；若於《行政區劃法》中規範，由於該法將行政區劃之中央主管機關定為內政部，有悖《聯合國原住民族權利宣言》第 26 條第 2 項：「原住民族有權擁有、使用、開發和控制因他們傳統上擁有或其他傳統上的占有或使用而持有的，以及他們以其他方式獲得的土地、領土和資源」之規定以及原住民族自治之精神。

其次，浦忠勝論文主要在於探討原住民族自治區之劃設，並以領域自治（區域自治）為討論範圍，指出原住民鄉（鎮、市）的行政區劃，並不是以「民族自治」的理念來加以劃設，因此不利於「民族自治」的實施。又說，理論上來說，原住民族自治區域即原住民族主權之施行領域，亦即所謂原住民族傳統領域，其範圍和《原住民族基本法》及《森林法》規定之「原住民族傳統領域土地」相同；接著認為由於臺灣地狹人稠，完全依據原住民族傳統領域來區劃自治區域有其困難之處，因此如何在人口比鄰錯雜的土地上，區劃出足以兼顧各方需求，且能夠讓原住民族接受的行政區劃，是相當艱鉅的挑戰。針對上述論點作者認為，正由於原住民族自治體的行政區域範圍涉及原住民族主權的行使，原住民族主權無以讓渡；因此，原住民族自治體的行政區域範圍，至少應含括大正 9 年（1920）臺灣總督府重新調整行政區劃時的「未置街庄蕃地」724 蕃社，以及原屬蕃地但後來因行政區域調整而陸續被劃入街庄區域內者，譬如 *Tayal[Bngciq]* 被劃編為三峽庄行政區域內，以及戰後初期被劃入苗栗縣南庄鄉的 *Saisyat*（賽夏族）與 *Tayal[Sykaru']Cyubus*（鹿場社）的領土。

2.「共治型的原住民族自治」與原住民族領土權

　　關於原住民族自治，曾建元（2005）在其〈原住民族及其自治在憲法中的定位〉一文中，主張未來新憲法對於原住民族自治地位的建構，應納入：「（一）追隨國際人權發展趨勢，把原住民族問題回歸到集體人權問題；（二）承認各個原住民族的少數民族及權利主體地位，再依此檢討《中華民國憲法》的制度設計；（三）就自然主權之觀點，賦予各原住民族自治權與法人格，協助設立組織，作為各原住民族自治事務之管轄機關，並以民族代表制在立法院保障其議席、使立法院原住民族委員會擁有少數否決權；（四）再依各民族傳統生活區域重新檢討原住民鄉行政區劃，建立以鄉級為主的原住民族自治區。」同時認為原住民族自治實體與原住民族自治區可以分屬不同的概念範疇，前者係以同一原住民族之事務管轄為其中心，兼與國家共管國家公園、林管區、各式保護區、風景特定區，後者則以土地管轄為中心建構，可併入現行之地方自治體制思考。至於區別原住民族自治實體與原住民自治區的實益，在於必須慮及臺灣幅員狹小，但原住民族傳統領域土地占地遼闊且人口數量少的現實情況，為避免造成行政資源浪費，並符合全球治理時代人民對於國家整體公共行政效能的高度要求，所以認為原住民族自治區只需由現有之原住民鄉改制即可，其自治權限乃大於一般鄉鎮，而非有必要，其上則不必再設縣級之自治區，由縣市監督其自治即可。其主張與上述原住民族自治各草案版本相較，不僅在自治區的設立原則上、自治區行政區域之範圍上或自治區行政區域之劃定原則上，均有所不同；相信亦將與《中華民國憲法增修條文》第 10 條第 12 項前段以及《原住民族基本法》第 4 條中所稱

之「民族意願」不符。但是，值得注意的是，上述「原住民族自治實體與原住民族自治區可以分屬不同的概念範疇」的觀點，似乎為近來行政院原住民族委員會重擬《原住民族自治區法草案》（原則上採取「共治型的原住民族自治」架構）提供了學理上的基礎。

2008 年總統大選期間，馬蕭競選團隊所發布的「馬蕭原住民政策」（馬英九，2008），其政策主張係依據尊重差異、公平正義、推廣自治、自主發展四項原則訂定，其中第一項為「試辦原住民族自治區，分階段實現自治願景」，而其具體說明如下：

面對原住民族自治的願望，政府應以穩健可行的政策推動，不應隨意承諾，讓原住民族一再失望。我們認為應依《原住民族基本法》之精神，加速制定《原住民族自治法》或《行政區劃分法》以及相關配套法令，在條件成熟地區，先行試辦有實質內容（賦予人事、財政等權限）的原住民族自治，包括設立原住民族議會，議決有關全體原住民族自治事項。透過經驗累積，發展成功範例，進而逐步推廣原住民族自治區。

2008 年 5 月 20 日，馬英九就任中華民國第 12 任總統。2009 年 5 月 18 日，立法院第 7 屆第三會期內政委員會第 26 次全體委員會議邀請行政院原住民族委員會主任委員章仁香就「原住民族基礎建設方案」列席報告，並備質詢。會中以「執政黨已輪替，政策不同」為由，決議通過請該會儘速將《原住民族自治區法草案》等三項法案撤回，並新擬草案送立法院審議。2009 年 9

月 28 日，立法院第 7 屆第 4 會期內政委員會第 2 次全體委員會議邀請行政院原住民族委員會主任委員孫大川率同所屬列席報告業務概況，並備質詢。主委於說明推動原住民族自治立法工作情形時，表示該會已依上述立法院決議辦理 9 次新草案討論會議，並預定於第 7 屆第 4 會期研提新草案審議。孰料，2010 年 5 月間，新草案擬採「共治型的原住民族自治」的訊息被揭露，引起原住民族社會各界譁然，撻伐聲浪四起。

由於無法忍受中華民國政府長期漠視原住民族自治意願，原住民族自治推動聯盟總召集人瓦歷斯・貝林（前行政院原住民族委員會主任委員及前立法委員）以及原住民族籍立法委員高金素梅、林正二等人，於同年月 17 日上午率原住民族代表數十人赴監察院陳情，控訴行政院及行政院原住民族委員會行政怠惰，非但未能落實執行《原住民族基本法》，保障原住民族相關權益；反之，嚴重地背離各原住民族的「民族意願」，計畫採行窄化原住民族自治權限的所謂「共治型的原住民族自治」，爰要求監察院調查。監察院值日委員錢林慧君在受理陳情後表示，監察院向來重視原住民族權益之保障，對保障原住民族權益，也認為責無旁貸，有關行政機關是否涉及違失，監察院將深入了解，詳加調查。[50]

作者同意自治和共治是在民族平等的多民族國家實施的族際政治方略。惟自治保護的是民族的獨立性與差異性，共治體現的是對獨立性和差異性的協調與規範。而共治是以自治的存在為前提，沒有自治，就沒有共治。惟若行政院原住民族委員會在執政者的政治意圖及壓力下，企圖用共治話語打壓

---

50 請搜尋參閱立法院議事系統資料庫；以及原住民族自治推動聯盟，2010，〈陳訴書〉。祖靈之邦網站，5 月 17 日。http://www.abohome.org.tw/index.php?option=com_content&view= article&id=47 50:990517&catid=95:2010-05-14-06-42-11&Itemid=290，取用日期：2021 年 3 月 15 日。

原住民族自治要求，否定或削弱原住民族的集體權利，甚至以共治之名行剝奪原住民族自治權利之實的觀念和行為，都違背了自治和共治話語的本質和初衷，將使二者喪失立論的基礎和積極的意義（王建娥，2010：208-209）。

2020 年 11 月 4 日、12 月 2 日，原住民族委員會主任委員夷將‧拔路兒（Icyang‧Parod）兩度前往立法院，分別就「原住民族自治法及部落公法人設置辦法原住民族土地及海域法立法進度」（夷將‧拔路兒，2020a）以及「蔡總統四年前（105 年 8 月 1 日）道歉並承諾：『部落公法人制度，我們已經推動上路……，我們會加快腳步，將原住民族最重視的原住民族自治法、原住民族土地及海域法等法案，送請立法院審議。』迄今政府具體落實承諾的法案內容與立法時程」（夷將‧拔路兒，2020b）進行專案報告，可視為近年與原住民族領土權、土地權以及自治權、行政區劃密切相關的國家作為。由專案報告可以得知：

首先，是關於《原住民族自治法》。原住民族委員會自 2000 年起草原住民族自治制度之相關法案，並分別曾於 2003 年、2007 年、2008 年、2010 年及 2014 年經行政院會通過原住民族自治制度相關法案草案，送請立法院審議。該會認為，20 年來上開各版法案主要是因為制度衝擊過大、朝野難有共識以及原民社會意見分歧，以致未能完成立法。

其次，是關於《原住民族土地及海域法》。原住民族委員會於 2006 年擬妥初版《原住民族土地及海域法草案》，以單一專法規範原住民族土地（含原住民保留地及原住民族傳統領域土地）回復、取得、處分、計畫、管理及利用事宜。該草案自《原住民族基本法》公布後 15 年迄今，四進四出立法院審議，均因「屆期不續審」及「政黨輪替」等原因未獲實質討論。該會認

為，《原住民族基本法》第 20 條之規定，並未局限制定《原住民族土地及海域法》或一部原住民族土地之專法，爰未來針對原住民族土地及海域之回復、取得、處分、計畫、管理及利用等事項，將各以專責法律處理，透過分流立法的政策方向，落實保障原住民族土地權益。[51]

惟總統蔡英文既然於其《2016 總統大選蔡英文原住民族政策主張》（蔡英文，2015），基於尊重原住民族為臺灣的原來主人地位，以及為達成保障原住民族權利的目標，提出的具體政策主張中有：「二、肯認原住民族主權，憲法專章保障原住民族權利」、「三、承認原住民族自主及自決權利，落實推動原住民族自治」以及「四、尊重原住民族與其土地的獨特關係，立法保障原住民族土地權」，中華民國政府仍應積極推動立法，落實蔡總統政治承諾。[52]

---

51 2016 年 8 月 1 日，總統蔡英文代表政府向原住民族道歉後，原住民族委員會宣稱「以更務實之政策思維，積極推動原住民族土地權益法制」，自 2017 年起研議以分流立法之政策方向推動原住民族土地之相關法案，如修正《山坡地保育利用條例》第 37 條規定、修正公布《原住民保留地禁伐補償條例》（原名稱為《原住民保留地禁伐補償及造林回饋條例》）、研擬《原住民保留地開發管理辦法》提升位階。

52 《2016 總統大選蔡英文原住民族政策主張》（蔡英文，2015）中，具體政策主張「三、承認原住民族自主及自決權利，落實推動原住民族自治」的內容：「承認原住民族的特殊地位，原住民族和國家是準國與國的主權新夥伴關係。政府依《聯合國原住民族權利宣言》、《中華民國憲法增修條文》及《原住民族基本法》，制定《原住民族自治法》，尊重原住民族之自治意願，保障其平等地位及自主發展，實行原住民族自治。各民族自治團體及部落具公法人地位；劃定自治區行政區域範圍；自治區政府享有完整自主和自治權及可獲配中央統籌分配稅款；中央原住民族主管機關應設置原住民族自治發展基金，協助原住民族自治籌備及發展；自治區行政區域範圍內之公有土地，應依相關法律移由自治區政府管理。」明確宣示未來將採取原住民族「自治」而非原漢「共治」。

（三）蔡英文政府的轉型正義工程與原住民族領土權

《2016 總統大選蔡英文原住民族政策主張》（蔡英文，2015）的「壹、背景與理念」第一項「原住民族是臺灣原來的主人」中揭櫫：

> 臺灣原住民族是這塊土地與沿海的原始擁有者，享有獨特的文化、語言、社會與政治制度。當漢民族及其他族群陸續抵達臺灣之前，原住民族已在這塊土地上奮鬥數千年，原住民族先於國家而存在的主權、人權與自由，應獲得尊重與承認。

「參、具體主張」的第一項即「總統代表政府向原住民族道歉，積極實現轉型正義」，內容如下：

> 為實現社會正義、司法正義、歷史正義、土地正義和分配正義等轉型正義，由國家設置調查和解委員會，對歷代統治者所掌控而加諸原住民族的國家暴力歷史進行再梳理與詮釋、發掘真相，藉以釋放被壓抑與噤聲的歷史記憶，建立具各族群共識的「共享歷史」，達致「真相追尋」、「族群承認」，以及「國民和解」的目的；並對原住民族因而流失的土地、語言、文化、征戰傷亡等給予適當賠償；任何調查結果產生前，由總統代表政府為四百多年來原住民族所遭遇的剝削向原住民族道歉。

2016 年總統蔡英文上任後，開始履行選前的原住民族政策主張，8 月 1 日「原住民族日」，以總統的身分代表中華民國政府，首次就 400 年來臺灣

原住民族承受的苦痛和不公平待遇，正式向臺灣原住民族道歉。當天，蔡總統核定《總統府原住民族歷史正義與轉型正義委員會設置要點》（簡稱府原轉會設置要點），[53] 並親自擔任召集人，與各族代表共同面對歷史課題、對等協商後續政策方向。經過半年的籌備，於同年 12 月 27 日召開府原轉會第一次委員會議預備會議，正式開始運作（總統府，2020：20、30）。

　　2017 年 3 月 20 日，總統蔡英文主持府原轉會召開第一次委員會議，致詞說明府原轉會的目標，就是要「釐清歷史真相、促進社會溝通、提出政策建議」，讓臺灣社會走向和解。討論事項案由三：「本會委員林淑雅等九人為有關本會應就「原住民族傳統領域」的概念與法律定位作成共識決議，使《原住民族基本法》相關子法訂定的政策方向臻於明確，並用以與主流社會、原住民族社會進行溝通一案，請討論。」（總統府，2017；請參照「圖 13 案號：13 總統府原住民族歷史正義與轉型正義委員會第 1 次委員會議提案單」），[54] 與「原住民族領土權」密切相關。提案人林淑雅於提案說明強調：

53　《總統府原住民族歷史正義與轉型正義委員會設置要點》（2016 年 8 月 1 日總統蔡英文核定），第一點明訂：「為落實原住民族基本法，推動歷史正義與轉型正義，並且建立原住民族自治之基礎，特設置總統府原住民族歷史正義與轉型正義委員會（以下簡稱本會），協調及推動相關事務，以作為政府與原住民族各族間對等協商之平台。」而該會任務如下：「（一）蒐集、彙整並揭露歷來因外來政權或移民所導致原住民族與原住民權利受侵害、剝奪之歷史真相。（二）對原住民族與原住民受侵害、剝奪之權利，規劃回復、賠償或補償之行政、立法或其他措施。（三）全面檢視對原住民族造成歧視或違反原住民族基本法之法律與政策，提出修改之建議。（四）積極落實聯合國原住民族權利宣言與各項相關之國際人權公約。（五）其他與原住民族歷史正義與轉型正義有關事項之資訊蒐集、意見彙整與協商討論」（總統府原住民族歷史正義與轉型正義委員會，2016）。

54　惟討論事項三的案由，於本次會議紀錄修正為：「本會委員林淑雅等九人為有關本會應就「『原住民族傳統領域』的概念與法律定位作成共識決議，使《原住民族基本法》相關子法訂定的政策方向臻於明確，並用以與主流社會、原住民族社會進行溝通』及謝宗修（Buya・Batu）等十人為「《原住民族土地或部落範圍土地劃設辦法》能儘速展開執行」等二案，併請討論。」（總統府，2017）

一、原住民族傳統領域是原住民族集體權內涵與集體權行使的重要基礎，也是原住民族歷史正義與轉型正義無可迴避的環節。

二、《原住民族土地或部落範圍土地劃設辦法》於日前由原住民族委員會公布並送立法院審查，其中將原住民族傳統領域定義局限於公有土地的條文，有違反《原住民族基本法》的疑義，並引起原住民族社會強烈不滿。

三、原住民族傳統領域的概念與法律定位，影響眾多《原住民族基本法》相關子法的訂定，也影響國家其他法律的修正方向，本委員會對此予以釐清的任務具有迫切性。（總統府，2017）

並提出建議處理方式：「一、本委員會儘速就「原住民族傳統領域」的概念與法律定位作成共識決議。二、本委員會認為必要時，應指定主題小組協助補充原住民族傳統領域概念研究。三、於本委員會作成共識決議前，《原住民族土地或部落範圍土地劃設辦法》應暫不施行」（總統府，2017）。

經委員充分發言討論後，[55] 府原轉會召集人總統蔡英文裁示：

一、原住民族對於傳統領域的理解，是事實的陳述，也是自然主權的概念，這是完整的空間範圍，而不是所有權的概念。從歷史正義的角度來說，傳統領域是先存在的事實，國家法律上公有、私有土地的區分，則是後

---

55 魯凱族台邦・撒沙勒委員的發言內容見解獨到、發人深省：「（前略），個人認為傳統領域就是原住民族的固有疆域，具有高度的文化和歷史性，國家應該尊重原住民族，表述自己固有疆域的方式，包括口述歷史、歌謠及吟唱等，並且學習他國的做法，將這些應用在法制當中。最近有一位我們執政團隊的成員，認為這個原住民的口述歷史不能作為原住民土地權主張的說法，本人表示非常不能認同，因為加拿大的尼斯加自治區在 2000 年取得自治權的時候，也是透過口述歷史的方式爭取到兩千平方公里的土地作為自治的重要基礎。所以未來建議行政部門，看待原住民傳統領域跟國家領土的關係的時候，能夠參考加拿大或是像紐西蘭等國的例子，從主權對主權、類主權的這個角度來看，透過國家與原住民的簽約、協商、談判歸還或補償，為轉型正義建立最佳的典範」（總統府，2017）。

面才發生的事，兩者有所區別。政府有責任帶領主流社會尊重、理解這個歷史事實。

二、透過《原基法》第 21 條的規定，傳統領域被賦予「諮商同意權」的法律意義。在這個情況下，要考慮法律的授權是不是夠明確，也必須考慮現實上的社會衝擊。推動轉型正義是為了促進族群間的和解，而不是要製造對立。

三、目前《原住民族土地或部落範圍土地劃設辦法》已經進入立法院的審議程序，原轉會尊重立法院的自主性，但會將原轉會所有委員的發言紀錄完整轉送立法院，提供立法委員參考。

四、原轉會未來的任務，會針對「原住民族土地及海域法」的立法方向，持續進行討論，經過充分的溝通和理解，用法律的位階，完整確認原住民族土地的處理方式。

五、這次的議題突顯了釐清傳統領域歷史真相的必要性。原轉會底下的土地小組，有必要持續蒐集、整理史料，讓傳統領域在歷史上的概念、定義、範圍，可以隨著更多真相的揭露而持續對話。

六、法制層面的推動有階段性，政府會一步一步來。相信藉著原轉會的努力，原住民族土地的歷史，一定會漸漸被社會大眾認識。土地議題的處理，也一定會找到更完善的模式。（總統府，2017）

上述裁示，雖承認原住民族傳統領域是「完整的空間範圍」，但同時認為它「不是所有權的概念」。2017 年 2 月 18 日，經原住民族委員會訂定發布，並送立法院審議的《原住民族土地或部落範圍土地劃設辦法》，則以「尊重立法院的自主性」為由，未採取由原住民族委員會主動撤回及公告廢止劃設辦法的作法。且經過充分的溝通和理解後，始用「法律的位階」，完整確認

原住民族土地的處理方式。至於，傳統領域歷史真相的釐清，則交由原轉會底下的土地小組進行後續的研究。

有關 *Tayal[Bngciq]* 的領土權，身為後裔的 *Iban Nokan*（即本文作者），曾於 2017 年 3 月 30 日的行政院原住民族基本法推動會第 5 次會議提案討論。[56] 案由：「建請將 *Tayal[Bngciq]*（泰雅族大豹社群）傳統領域土地，先劃入泰雅族傳統領域範圍，於《原住民族自治法》完成立法並成立泰雅族自治區後，再劃入該自治區行政區域範圍。」（請參照圖 14）本提案於行政院長林全主持的推動會會議上決定：「伊凡諾幹（*Iban Nokan*）委員所提第 16 案（大豹社劃入泰雅族傳統領域範圍）送請總統府原轉會土地小組處理之建議，請原民會送請原轉會參考」（原住民族委員會，2017）。惟由府原轉會設置要點第 8 點卻規定：「本會所做成之行政、立法或其他措施之規劃建議，以行政院原住民族基本法推動會作為後續工作推動之議事與協調單位，該會並應於本會召開會議時派員報告工作進度」（總統府，2016）觀之，府原轉會與院原推會實有權責不清、互相推諉之疑慮。[57]

---

56 另 2019 年 6 月 5 日，*Iban Nokan* 出席原住民族委員會主辦之「泰雅族大豹社紀念碑建碑研商會議」，從「戰爭記憶、認同政治與族群和解」的觀點發言，建議以 *Tayal[Bngciq]* 傳統領域（至少含括新北市三峽區今大埔里、嘉添里、添福里、竹崙里、安坑里、金川里、五寮里、插角里及有木里）及其後裔現今主要定居地（桃園市復興區霞雲里、三民里、義盛里、羅浮里）為範圍，依據《文化資產保存法》第 4 條第 2 項：「前條所定各類別文化資產得經審查後以系統性或複合型之型式指定或登錄。如涉及不同主管機關管轄者，其文化資產保存之策劃及共同事項之處理，由文化部或農委會會同有關機關決定之。」規定，以「*Tayal[Bngciq]*（泰雅族大豹社群）抗日戰爭紀念園區」為名申請指定或登錄為「系統性或複合型文化資產」。

57 《行政院原住民族基本法推動會設置要點》（2016 年 8 月 30 日）第 1 點：「行政院（以下簡稱本院）為審議、協調及推動原住民族基本法（以下簡稱本法）相關事務，特依本法第三條規定，設行政院原住民族基本法推動會（以下簡稱本會）。」第 2 點：「本會任務如下：（一）本法有關民族自治、民族教育、語言文化、衛生福利、就業、經濟建設、自然資源、傳統領域土地等事項之規劃、審議、協調及推動。（二）本法相關法規擬訂之協調及監督。（三）其他本法相關事務之協調及推動。」

案號：13

總統府原住民族歷史正義與轉型正義委員會
第 1 次委員會議提案單

提案人	林淑雅	提案日期	106.2.28

案由	本委員會應就「原住民族傳統領域」的概念與法律定位作成共識決議，使原住民族基本法相關子法訂定的政策方向臻於明確，並用以與主流社會、原住民族社會進行溝通。
說明	一、原住民族傳統領域是原住民族集體權內涵與集體權行使的重要基礎，也是原住民族歷史正義與轉型正義無可迴避的環節。 二、「原住民族土地或部落範圍土地劃設辦法」於日前由原住民族委員會公布並送立法院審查，其中將原住民族傳統領域定義侷限於公有土地的條文，有違反原住民族基本法的疑義，並引起原住民族社會強烈不滿。 三、原住民族傳統領域的概念與法律定位，影響眾多原住民族基本法相關子法的訂定，也影響國家其他法律的修正方向，本委員會對此予以釐清的任務具有迫切性。
建議處理方式	一、本委員會儘速就「原住民族傳統領域」的概念與法律定位作成共識決議。 二、本委員會認為必要時，應指定主題小組協助補充原住民族傳統領域概念研究。 三、於本委員會作成共識決議前，「原住民族土地或部落範圍土地劃設辦法」應暫不施行。
附件	書面補充資料將於會議前提出
提案人簽名	林淑雅	連署人簽名	歐蜜・偉浪 Omi Wilang 台邦・撒沙勒 馬千里 Mateli Sawawan Uma Talavan 萬淑娟 'Eleng Tjaljimaraw 吳新光 voe-uyongna 潘經偉 陳金萬

◆ 圖 13　案號：13 總統府原住民族歷史正義與轉型正義委員會第 1 次委員會議提案單。（總統府，2017）

行政院原住民族基本法推動會第 5 次會議
提案表

案號		提案委員	Iban Nokan
案由		建請將 Tayal[Mng'ciq]（泰雅族大豹社群）傳統領域土地，先劃入泰雅族傳統領域範圍，於《原住民族自治法》完成立法並成立泰雅族自治區後，再劃入該自治區行政區域範圍。	
說明		一、《原住民族基本法》第 20 條第 1 項規定：「政府承認原住民族土地及自然資源權利。」同法第 2 條用詞定義規定：「原住民族土地：係指原住民族傳統領域土地及既有原住民保留地。	
		二、《聯合國原住民族權利宣言》肯認原住民族土地權利，要求國家歸還各原住民族自己歷來擁有、佔有或以其他方式使用或獲得的領土、土地和自然資源；對於歸還確有困難者，則給予公正、合理和公平補償。而總統蔡英文原住民族政策主張「四、尊重原住民族與其土地的獨特關係，立法保障原住民族土地權」中，亦承諾「政府應依法成立原住民族土地調查及處理委員會完成調查原住民族傳統領域、海域，並盡速立法回復原住民族傳統領域權。」	
		三、近年於立法院提出的《行政區劃法草案》中，不論行政院的版本或立法委員的版本，都基於「原住民族自治蘊涵著尊重各原住民族之傳統與意願，並考量原住民族之特殊性及創設性」的理由，於條文中明定：「原住民族自治區行政區域範圍之劃設、變更及廢止，另以法律定之」。由於合理劃分原住民行政區域有助原住民族自治政策的落實，以及原住民族地區之發展，係屬於原住民族自治權限之範疇，加諸原住民族自治體的行政區域範圍涉及原住民族主權的行使，原住民族主權無以讓渡，因此有關各原住民族自治體行政區域之劃分、調整，應由中央主管原住民族事務機關及各該民族自治籌備團體共同規劃。而原住民族自治體行政區域之範圍至少應含括 1920（大正 9）年臺灣總督府重新調整行政區劃時的「未置街庄蕃地」七百二十四蕃社，以及原屬蕃地但後來因行政區域調整而陸續被劃入街庄區域內者。	
		四、鑑諸 Tayal[Mng'ciq]（泰雅族大豹社群）其傳統領域在日本統治後期，先是被劃歸為臺北州海山郡未設街庄蕃地，後來被逐次劃歸為三峽庄的行政區域內，而喪失「蕃地」的特殊地位；戰後，更被劃歸由三峽庄改制而成的	

	三峽鎮（即今之新北市三峽區），而未劃為獨立的「山地鄉」或併入鄰近「山地鄉」；為符應《聯合國原住民族權利宣言》與總統蔡英文所承諾之保障原住民族領土權以及原住民族自治之規定與精神，並落實歷史正義與轉型正義原則，具體建議：將 Tayal[Mng'ciq]（泰雅族大豹社群）的傳統領域土地，先劃入泰雅族傳統領域範圍，於《原住民族自治法》完成立法並成立泰雅族自治區後，再劃入該自治區行政區域範圍。 五、提案人所撰「由"蕃地"到"山地鄉"─戰後初期臺灣行政區域調整下的空間政治與原住民族領土權」，請列為本案附件。
辦法	如案由
主管單位擬議處理意見	
決議	

◆圖14 行政院原住民族基本法推動會第5次會議提案表。(作者自藏)

2021 年 1 月 16 日，「Atayal 桃園市泰雅族大豹群族裔協會」舉行成立大會（請參照圖 15），期許有助於 Tayal[Bngciq] 領土權、空間正義、轉型正義的爭取與推動。

（四）「原住民族地區」與「客家文化重點發展區」的競合關係

《原住民族基本法》（2005 年 2 月 5 日制定公布；2018 年 6 月 20 日修正公布）第 2 條第 3 款規定：「原住民族地區：係指原住民傳統居住，具有原住民族歷史淵源及文化特色，

◆圖 15　Atayal 桃園市泰雅族大豹群族裔協會成立大會活動邀請函。（作者自藏）

經中央原住民族主管機關報請行政院核定之地區。」《客家文化重點發展區鄉（鎮、市、區）公告作業要點》（2010 年 4 月 21 日訂定、2017 年 2 月 20 日修正）（客家委員會，2017），則規定客家委員會為加強客家語言、文化與文化產業之傳承及發揚，特依據《客家基本法》第 6 條第 1 項規定，訂定本要點（第一點）。而所稱客家文化重點發展區，係指經該會公告客家人口達三分之一以上之鄉（鎮、市、區）（第二點）（請參照表 5）。2018 年 1 月 31 日，《客家基本法》修正公布全文 21 條。其中，第 4 條規定：「（第

一項）客家人口達三分之一以上之鄉（鎮、市、區），應以客語為通行語之一，並由客家委員會將其列為客家文化重點發展區，加強客家語言、文化與文化產業之傳承及發揚。（第二項）直轄市、縣（市）、鄉（鎮、市、區）於本法中華民國一百零六年十二月二十九日修正之條文施行時，客家人口達二分之一以上者，應以客語為主要通行語，但其同時為原住民族地區者，則與原住民族地方通行語同時為通行語」。

　　北臺灣的「客家文化重點發展區」中，新竹縣關西鎮以及苗栗縣南庄鄉、獅潭鄉、泰安鄉同屬於「原住民族地區」，而桃園市大溪區以及新竹縣橫山鄉與苗栗縣卓蘭鎮、大湖鄉等與「原住民族地區」鄰壤。對於前者，王保鍵（2015）稱之為「客原複合行政區」，以族群理論為分析概念，採深度訪談及焦點座談會為方法，解析「客家文化重點發展區」與「原住民族地區」兩者間之競合關係，嘗試釐清並建構主要的政策問題。研究發現：

1. 泰安鄉得列入客家文化重點發展區，係因客家委員會以「多重認定」之寬鬆標準調查推估客家人口數所致。

2. 客家人與原住民通婚所生子女，縱使日常生活使用語言為客語，因原住民身分可享有較佳社會福利之「制度誘因」，傾向於主動申請登記為原住民。

3. 客家委員會之政策工具恐將驅動泰安鄉客家人口成長及經濟資源向客家傾斜，並觸發原住民保留地政策之再思考。

　　對於後者，雖未劃入「原住民族地區」範圍，但其一部分地區從臺灣行政區劃的歷史觀之，確定屬於原住民族領土，國家亦應基於空間正義／轉型正義的原則，將其歸還、劃入「原住民族地區」。

◆表5　客家文化重點發展區鄉（鎮、市、區）一覽表（中華民國 106 年 2 月 24 日客會綜字第 1060002892 號公告發布）

直轄市、縣（市）	鄉（鎮、市、區）	小計
桃園市	中壢區、楊梅區、龍潭區、平鎮區、新屋區、觀音區、大園區、大溪區	8
新竹縣	竹北市、竹東鎮、新埔鎮、關西鎮、湖口鄉、新豐鄉、芎林鄉、橫山鄉、北埔鄉、寶山鄉、峨眉鄉	11
新竹市	東區、香山區	2
苗栗縣	苗栗市、竹南鎮、頭份市、卓蘭鎮、大湖鄉、公館鄉、銅鑼鄉、南庄鄉、頭屋鄉、三義鄉、西湖鄉、造橋鄉、三灣鄉、獅潭鄉、泰安鄉、通霄鎮、苑裡鎮、後龍鎮	18
臺中市	東勢區、新社區、石岡區、和平區、豐原區	5
南投縣	國姓鄉、水里鄉	2
雲林縣	崙背鄉	1
高雄市	美濃區、六龜區、杉林區、甲仙區	4

直轄市、縣（市）	鄉（鎮、市、區）	小計
屏東縣	長治鄉、麟洛鄉、高樹鄉、萬巒鄉、內埔鄉、竹田鄉、新埤鄉、佳冬鄉	8
花蓮縣	鳳林鎮、玉里鎮、吉安鄉、瑞穗鄉、富里鄉、壽豐鄉、花蓮市、光復鄉	8
臺東縣	關山鎮、鹿野鄉、池上鄉	3
合計	11 個直轄市、縣（市）、70 個鄉（鎮、市、區）	

資料來源：客家委員會，2017。

七、結語

　　首先，全球三億七千多萬原住民族世代生活的土地上擁有豐富的自然資源，然而經濟發展和全球化進程卻使原住民族對其領土、土地和自然資源的享有受到了影響。領土、土地和自然資源對於原住民族有著特殊的重要意義。因為原住民族與其領土、土地和自然資源有著不可分割的歷史淵源和精神關聯，當這些資源被侵害時，原住民族不僅會喪失生計、遭受貧困、疾病，語言、文化、宗教、信仰等特徵都可能受到威脅。在當代國際人權法關於原住民族權利的法律框架內，原住民族不僅要求對其領土、土地和自然資源享有所有權和使用權，對於被占領和破壞的領土、土地和自然資源，則要求歸還或享有從國家政府獲得賠償的權利。因此，這一問題實際上是原住民族問題中最核心、最實質、也是最複雜的問題。

　　其次，原住民傳統領域（traditional territory）意指原住民部落現在以及過去生活的土地範圍，是部落維繫生存的命脈所在，也同時是原住民族生活

智慧的實踐場所。自清國於臺灣原漢交界處豎立石碑、設立土牛溝、設置屯兵，以及其後臺灣總督府對蕃地推進隘勇線，並於 1920 年重新調整行政區劃，將原住民族視為其領土的蕃地，以「未置街庄蕃地」的名義編入各州廳的做法，從殖民統治者的角度觀之，固然是其疆域、領土及行政空間的拓展；惟對原住民族而言卻是對其生存活動場域的限縮，以及原住民族主權與領土權的制壓。1945 年中華民國政府接收臺灣，依據〈臺灣接管計劃綱要〉，對於臺灣的行政區域再次進行調整。為推行「山地行政」，籌設與區劃「山地鄉村」，〈臺灣接管計畫綱要〉中雖有「對於蕃族，應依據建國大綱第四條之原則扶植之，始能自決自治」的規定；但是，屬於原住民族傳統領域的「蕃地」應如何區劃，則並未論及。而臺灣調查委員會行政區域研究會於 1945 年 3 月 15 日決議設置 30 縣、12 市，庄改為鄉、街改為鎮；並於「蕃地」內編組「山地鄉（村）」，設立自治機構。經過民政處與各縣之間數度磋商，原先民政處規劃於全省新設山地鄉村數為 27 鄉、154 村，最後於 1946 年 5 月確定增加為 30 鄉、162 村。在山地鄉、村區域的規劃階段，民政處雖曾要求各縣調查統計山地鄉村面積大小及人口分布情形，惟囿於當時法規及經費，並未能按照各族群實際傳統領域進行鄉域的劃分。以本文研究對象 Tayal[Bngciq] 為例，其領土在日本統治後期，先是被劃歸為臺北州海山郡未設街庄蕃地，後來被逐次劃歸為三峽庄的行政區域內，而喪失「蕃地」的特殊地位。戰後，更被劃歸由三峽庄改制而成的三峽鎮（今新北市三峽區），而未劃為獨立的「山地鄉」或併入鄰近「山地鄉」。

作者主張應依循《聯合國原住民族權利宣言》所確認的原住民族土地權利，要求國家歸還臺灣各原住民族自己歷來擁有、占有或以其他方式使用或獲得的領土、土地和自然資源；對於歸還確有困難者，則給予公正、合理和

公平補償。由於合理劃分原住民族行政區域有助於原住民族自治政策的落實，以及原住民族地區之發展，係屬於原住民族自治權限之範疇，加諸原住民族自治體的行政區域範圍涉及原住民族主權的行使，原住民族主權無以讓渡，因此有關自治區行政區域之劃分、調整，應由中央主管原住民族事務機關、各民族代表及自治籌備團體共同規劃；若於《行政區劃法》中規範，由於該法將行政區劃之中央主管機關定為內政部，有悖《聯合國原住民族權利宣言》保障原住民族領土權以及原住民族自治之規定與精神。而且其範圍至少應含括大正9年（1920）臺灣總督府重新調整行政區劃時的「未置街庄蕃地」七百二十四蕃社，以及原屬蕃地但後來因行政區域調整而陸續被劃入街庄區域內者，例如 Tayal[Bngciq] 被劃入新北市三峽區以及 Saisyat（賽夏族）與 Tayal[Sykaru']Cyubus（鹿場社）被劃入苗栗縣南庄鄉行政區域的領土，始能符應《聯合國原住民族權利宣言》的規定，以及空間正義／轉型正義的原則。

總統府原住民族歷史正義與轉型正義委員自 2016 年 12 月 27 日召開第一次委員會議預備會議，正式開始運作迄今，業已召開 16 次委員會議，歷次會議雖都由總統蔡英文親自主持，惟成效仍未彰顯；尤其與原住民族領土權（一般稱傳統領域權）相關的空間正義／轉型正義，更應積極推動，以符原住民族人期待。

參考書目

Anthony D. Smith（安東尼‧D. 史密斯）著、王娟譯，2018[1991]，《民族認同》，收錄於《人文與社會譯叢》。南京：譯林。

Carolyn Gallaher（卡洛琳‧加拉爾）、Carl T. Dahlman（卡爾‧T 達爾曼）、Alison Mountz（愛麗森‧芒茨）、Mary Gilmartin（瑪麗‧吉爾馬丁）、Peter Shirlow（彼得‧舍洛）著、王愛松譯，2013[2009]，《政治地理學核心概念》，收錄於《世界城市研究精品譯叢》。南京：江蘇教育出版社。

Edward H. House（愛德華‧豪士）著、陳政三譯著，2008[1875]。《征臺紀事：牡丹社事件始末》。臺北：臺灣書房。

Edward W. Soja（愛德華‧索雅）著、顏亮一、王丹青、謝碩元譯，2019[2010]，《空間正義》（Seeking Spatial Justice）。臺北：開學文化。

Henri Lefebvre（亨利‧列斐伏爾）著、李春譯，2015[2000]，《空間與政治（第二版）》（Espace et Politique）（上海校都市文化 E- 研究院規劃叢書都市文化研究譯叢）。上海：上海人民出版社。

Joan Nogué i Font（胡安‧諾格）著、徐鶴林、朱倫譯，2009[1998]，《民族主義與領土》收錄於《民族學人類學譯叢》。北京：中央民族大學出版社。

Iris Marion Young（艾莉斯‧楊）著、陳雅馨譯，2017[1990]，《正義與差異政治》。臺北：商周。

Stuart Elden（斯圖爾特‧埃爾登）著、冬初陽譯，2017[2013]，《領土論》。長春：時代文藝。

三峽庄役場編，1934，《三峽庄誌》。臺北州海山郡三峽庄：三峽庄役場。國立臺灣圖書館日治時期圖書影像系統 http://stfb.ntl.edu.tw/cgi-bin/gs32/gsweb.cgi?o=dbook&s=id=%22jpli2010-bk-sxt_0747_79_1934%22.&searchmode=basic，取用日期：2022 年 5 月 3 日。

小島由道、安原信三編，1983[1915]，《臨時臺灣舊慣調查會第一部番族慣習調查報告書第一卷》，據複刻版。臺北：南天書局。

不著撰人，1961，〈第四章 行政區域劃分〉。頁 1-3，收錄於民眾日報資料室編，《臺省地治十年輯要》（民眾日報創刊十週年紀念出版）。基隆：民眾日報社。

中華民國總統陳水扁、臺灣各原住民族代表，2002，《原住民族與臺灣政府新夥伴關係再肯認協定》。國立政治大學臺灣研究中心全球資訊網，10 月 19 日。http://www.tsc.nccu.edu.tw/doc/961026-2.pdf，取用日期：2021 年 3 月 15 日。

內政部編，1950，《臺灣省各縣市行政區域調整案經過概述》。臺北：內政部。國史館藏，數位典藏號：014-010402-0117。

太田猛、水尾徹雄，1920，《改正行政區劃便覽》。臺南：趣味雜誌社。

王保鍵，2015，〈客家文化重點發展區與原住民行政區競合下之族群關係：以苗栗縣泰安鄉為例〉。《文官制度季刊》7(1)：71-94。

王建娥，2010，〈族際政治視野中的自治、共治和多元文化主義〉。頁 203-217，收錄於陳建樾、周競紅主編，《族際政治在多民族國家的理論與實踐》（中國社會科學院重點學科·民族學人類學系列）。北京：社會科學文獻。

王慧芬，2000，《清代臺灣的番界政策》。國立臺灣大學歷史學系碩士論文。

王學新，2012，〈日治時期桃園地區之製腦業與蕃地拓殖（1895-1920）〉。《臺灣文獻》63(1)：57-100。

王明義總編纂，1993，《三峽鎮志》。北縣：三峽鎮公所。

田燁，2010，《新中國民族地區行政區劃研究》。收錄於《中央民族大學國家 "985" 工程·民族理論與政策研究中心博士文叢》。北京：中央民族大學出版社。

行政院新聞傳播處，2016，〈原住民族政策推動全面展開〉。行政院網站，7 月 29 日。https://www.ey.gov.tw/Page/9277F759E41CCD91/736a91b6-5e48-4ad0-bc25-f5d6eee8cb92，取用日期：2021 年 3 月 1 日。

許結，2006，《中國文化史論綱》。南京：江蘇教育出版社。

伊能嘉矩，1973 [1904]，《臺灣蕃政志》。據複刻版。臺北：祥生。

＿＿＿＿，1989[1918]，《理蕃誌稿：第一編·第二編》。據複刻版。東京：青史社。

伊凡諾幹，2000，〈殖產興業、集團移住與文化生成：以 *Tayal[bng'ciq]* 與 *Tayal[msbtunux]* 土地所有的變化為例〉。論文發表於「懷念族老馬紹·莫那：廖守臣老師紀念學術研討會」，花蓮縣原住民健康暨文化研究會、慈濟大學人類學研究

所、行政院原住民委員會、花蓮縣政府原住民行政局、財團法人國家文化藝術基金會主辦，9月9日。

_____，2010，〈由「蕃地」到「山地鄉」：戰後初期臺灣行政區域調整下的空間政治與原住民族領土權〉。論文發表於「新區劃‧新思維：2010年地方自治新局的開創與展望學術研討會」，東海大學政治學系主辦，6月18日。

何鳳嬌編，2001，《臺灣省參議會資料彙編：行政區域規劃》（臺灣史料叢書）。北縣：國史館。

李文良，1999，《中心與周緣：臺北盆地東南緣淺山地區的社會經濟變遷》（臺北縣文化叢書）。北縣：臺北縣立文化中心。

_____，1996，《日治時期臺灣林野整理事業之研究：以桃園大溪地區為中心》修訂版。國立臺灣大學歷史學系碩士論文。

_____，2001，《帝國的山林：日治時期臺灣的山林政策史研究》。國立臺灣大學歷史學系博士論文。

周振鶴，2001，〈行政區劃史研究的基本概念與學術用語芻議〉，《復旦學報（社會科學版）》，3：31-36。http://www.iqh.net.cn/users/uploadfiles/2008219/200821921559_78909.pdf，取用日期：2021年4月8日。

_____，2009，《體國經野之道：中國行政區劃沿革》。上海：上海書店。

岩城龜彥，1936 [1935]，《臺灣の蕃地開發と蕃人》。臺北：臺灣總督府警務局理蕃課內理蕃の友發行所 [再版]。

林欣宜，1999，《樟腦產業下的地方社會與國家：以南庄地區為例》。國立臺灣大學歷史學系碩士論文。

林淑雅，2007，《解／重構臺灣原住民族土地政策》。國立臺灣大學法律學系博士論文。

林瑞昌等，2005，〈臺北縣海山區三峽鎮大豹社原社復歸陳情書（日文及譯文）〉。頁99-103，收錄於樂信‧瓦旦、林茂成、范燕秋、瓦歷斯‧諾幹撰稿，《泰雅先知：樂信‧瓦旦故事集》。桃園：桃園縣政府文化局。

河野道忠發行兼印刷人，1920，《臺灣地方制度要覽》。臺北：臺灣日日新報社。

吳學明，1986，《金廣福墾隘與新竹東南山區的開發（一八三四～一八九五）》（國立臺灣師範大學歷史研究所專刊14）。臺北：國立臺灣師範大學歷史學研究所。

＿＿＿＿＿，2000，《金廣福墾隘研究（二冊）》（研究叢書 4）。新竹：新竹縣立文化中心。

連橫，2008，《臺灣通史》。北京：九州。

客家委員會，2017，〈客家文化重點發展區鄉（鎮、市、區）公告作業要點〉。《客家委員會》，2 月 20 日。https://www.hakka.gov.tw/Content/Content?NodeID=63&PageID =20927，取用日期：2021 年 9 月 30 日。

施正鋒、楊永年主編，2005，《行政區域重劃與遷都》，收錄於《國展會叢書》，第 7 冊。臺北：國家展望文教基金會。

施勝文，2013，《劃界的政治：山地治理下的傳統領域，1895-2005》。東海大學社會學系博士論文。

柯志明，2001，《番頭家：清代臺灣族群政治與熟番地權》（中央研究院社會學研究所專書第三號）。臺北：中央研究院社會學研究所。

胡家瑜、林欣宜，2003，〈關於南庄地區開發與賽夏族群邊界的一些問題：異時性與異文化資料的再檢視〉。論文發表於「人類學與歷史研究的結合：以臺灣南島民族研究為例學術研討會」，中央研究院民族學研究所主辦，3 月 14-15 日。

洪建榮，2013，〈空間文化意象的重塑：二十世紀前期外來殖民勢力擴張下的三峽大豹社域〉。《輔仁歷史學報》31：261–324。

＿＿＿＿＿，2019，〈從隱身的泰雅到主體性的再現：二十世紀以來桃園地區方志書寫中的大豹社群〉。《臺灣文獻》70(2)：85-116。

原田 倭編，1989 [1932]，《理蕃誌稿：第四編》，據複刻版。東京：青史社。

原住民族自治推動聯盟，2010，〈陳訴書〉。《祖靈之邦網站》，5 月 17 日。http://www.abohome.org.tw/index.php?option=com_content&view=article&id= 4750:990517&catid=95:2010-05-14-06-42-11&Itemid=290，取用日期：2021 年 3 月 15 日。

原住民族委員會，2017，〈行政院原住民族基本法推動會第 5 次會議紀錄〉。《原住民族委員會網站》，3 月 30 日。https://www.cip.gov.tw/zh-tw/news/data-list/DEC180D5E E8044EF/0C3331F0EBD318C276AB0F182CADC4C4-info.html，取用日期：2021 年 9 月 26 日。

原住民族委員會主任委員夷將‧拔路兒 Icyang‧Parod，2020a，〈原住民族自治法及部落公法人設置辦法原住民族土地及海域法立法進度專案報告〉。立法院國會圖書館，

11 月 4 日。 https://lis.ly.gov.tw/lydbmeetr/uploadn/109/1091104/01.pdf，取用日期：2021 年 9 月 30 日。

_____，2020b，〈蔡總統四年前（105 年 8 月 1 日）道歉並承諾：『部落公法人制度，我們已經推動上路 ---，我們會加快腳步，將原住民族最重視的原住民族自治法、原住民族土地及海域法等法案，送請立法院審議。』迄今政府具體落實承諾的法案內容與立法時程專題報告〉。立法院國會圖書館，12 月 2 日。https://lis.ly.gov.tw/lydbmeetr/uploadn/109/1091202/02.pdf，取用日期：2021 年 9 月 30 日。

桂長平編，1989 [1938]，《理蕃誌稿：第五編》。據複刻版。東京：青史社。

浦忠勝，2005，〈原住民族自治與行政區域重劃〉。頁 145-165，收錄於施正鋒、楊永年主編，《行政區域重劃與遷都》（國展會叢書 007）。臺北：國家展望文教基金會。

馬英九，2008，〈馬蕭原住民政策〉。財團法人國家政策研究基金會全球資訊網，4 月 25 日。http://www.npf.org.tw/post/11/4122，取用日期：2021 年 6 月 15 日。

高俊宏，2012，《拉流斗霸：尋找大豹社事件與餘族》，新北：遠足文化。

_____，2017，《橫斷記：臺灣山林戰爭、帝國與影像》，新北：遠足文化。

高俊宏提供，2021 年 1 月 16 日，〈大豹群（社）傳統領域地圖〉。

高德義，2004，《原住民族自治制度之研究與規劃：排灣族、魯凱族及雅美族》（原民會叢書 2）。臺北：行政院原住民族委員會。

_____，2005，〈原住民族行政區劃問題初探〉。頁 99-121，收錄於施正鋒、楊永年主編，《行政區域重劃與遷都》（國展會叢書 007）。臺北：國家展望文教基金會。

海峽兩岸出版交流中心、中國第二歷史檔案館編，2005a，〈中央設計局臺灣調查委員會臺灣行政區域研究會會議紀錄及報告書（1945 年 2 月 27 日 -1945 年 4 月 20 日）〉。頁 68-87，收錄於《臺灣光復檔案・文獻史料》。北京：九州。

_____，2005b，〈陳儀與與臺灣省行政長官公署〉。頁 148-163，收錄於《臺灣光復檔案・文獻史料》。北京：九州。

_____，2005b，〈臺灣調查委員會的成立與工作〉。頁 78-81，收錄於《臺灣光復檔案・文獻史料》。北京：九州。

國立臺灣博物館主編，2007，《地圖臺灣：四百年來相關臺灣地圖》。臺北：南天書局。

國家發展委員會檔案管理局，1947，〈據山地人民等陳情書請求遷回大豹社原址

居住等情希查明報憑核辦由〉，8 月 13 日，新北市檔案管理局藏，檔號：
　　A376410000A/0036/117.9/7/1/001。

張長義計畫主持、伊凡諾幹等協同主持，2002，《原住民族傳統土地與傳統領域調查研
　　究報告》。行政院原住民族委員會委託研究計畫。

張隆志，2001，〈國家、區域與殖民現代性的建構：以十九世紀臺灣「番地」問題為例〉。
　　發表於「國家與東臺灣區域發展史研討會」，中央研究院臺灣史研究所籌備處主辦，
　　12 月 13-14 日。

_____，2004，〈帝國邊陲與殖民統治：十九世紀臺灣的番地問題〉。《歷史月刊》199
　　（2004 年 8 月號）：69-75。

富田柳堤繪，1896，〈生熟兩蕃互不親愛圖〉。《風俗畫報臨時增刊第百二十九號：臺
　　灣蕃俗圖繪》，封面。

曾建元，2005，〈原住民族及其自治在憲法中的定位〉。大紀元，https://www.
　　epochtimes.com/b5/5/1/22/n790562.htm，取用日期：2021 年 6 月 15 日。

最高法院，2009，〈最高法院 98 年臺上字第 7210 號刑事判決〉。司法院法學資料檢索
　　系統，12 月 3 日。https://law.judicial.gov.tw/FJUD/ qryresult.aspx?q=984ef2c3017a104d
　　a1cf263b9694e72b&akw=98 年度臺上字第 7210 號，取用日期：2021 年 6 月 11 日。

聯合國，2001，防止歧視和保護原住民族和少數：原住民族及其與土地的關係，《聯合
　　國正式文件》（文件編號：E/CN.4/Sub.2/2001/21），6 月 11 日。https://documents-
　　dds-ny.un.org/doc/UNDOC/GEN/G01/141/79/pdf/G011417 9.pdf?OpenElement，取用日
　　期：2021 年 6 月 15 日。

_____，2007，〈聯合國土著人民權利宣言〉，《聯合國正式檔》（檔編號：A/
　　RES/61/295），9 月 13 日。https://documents-dds-ny.un.org/doc/UNDOC/GEN/
　　N06/512/06/pdf/N0651206.pdf?OpenElement，取用日期：2021 年 6 月 15 日。（本文
　　內「土著人民」均改為「原住民族」）

_____，2020，《《聯合國原住民族權利宣言》下的土地權：聚焦人權 原住民族權利
　　專家機制的研究報告》，《聯合國正式檔》（檔編號：A/HRC/45/38），9 月 14
　　日 至 10 月 2 日。https://documents-dds-ny.un.org/doc/UNDOC/GEN/G20/181/60/pdf/
　　G2018160.pdf?OpenElement，取用日期：2021 年 6 月 15 日。

黃卓權，2004，〈清代桃竹苗地區內山開墾史的族群關係〉。頁150-172，收錄於周錦宏總編輯，《2003再現百年客家風雲系列活動：客家先賢淡水同知李慎彝與內山開發研討會論文集》。苗栗：苗栗縣文化局。

新北市政府編印，2014年4月，〈新北市三峽區行政區域圖〉（比例尺1：32,000）。新北：新北市政府。

溫振華，2000，《清代新店地區社會經濟之變遷》（臺北縣文化叢書）。北縣：臺北縣政府文化局。

溫振華、戴寶村，1999初版二刷，《淡水河流域變遷史》（臺北縣文化叢書）。北縣：臺北縣立文化中心。

廖敏文，2009，《為了一個和而不同的世界：〈聯合國土著民族權利宣言〉研究》。北京：中國政法大學出版社。

臺北州編，1933，《臺北州報 昭和八年》。臺北州。國立臺灣圖書館日治時期圖書影像系統，http://stfb.ntl.edu.tw/cgi-bin/gs32/gsweb.cgi?o=dbook&s=id=%22jpli2009-bk-sxt_0752_36_1933%22.&searchmode=basic，取用日期：2022年5月30日。

臺灣省民政廳編，1948，《臺灣民政 第二輯》。臺北：編者。

_____，1983，《臺灣省各縣山地鄉各村新舊名對照表》。南投縣中興新村：編者。

臺灣省行政長官公署民政處編，1946，《臺灣一年來之民政》（新臺灣建設叢書之二）。臺北：臺灣省行政長官公署宣傳委員會。

臺灣省行政長官公署檔案，1945a，〈市政府編制員額表通令施行案〉，《省轄市組織規程（351）》，12月22日—12月24日，國史館臺灣文獻館藏，典藏號：00301210091001。

_____，1945b，〈臺東接管委員會劃分鄉鎮等計劃核復案〉，《全省各縣市行政區劃》，12月11日—12月14日，國史館臺灣文獻館藏，典藏號：00315800005001。

_____，1945c，〈臺灣省省轄市組織暫行規程及編制表函送案〉，12月22日—12月26日），《縣市組織綱要》，國史館臺灣文獻館藏，典藏號：00301200026004。

_____，1945d，〈縣府組織規程函送案〉，12月31日—1月02日，《財政機關節》，國史館臺灣文獻館藏，典藏號：00301220002002

_____，1946a，〈澎湖縣無高山族地區呈報案〉，《高山地區籌設鄉村機構》，1月30日—2月8日，國史館臺灣文獻館藏，典藏號：00311730007007。

_____，1946b，〈臺東縣山地區設立鄉村呈請案〉，《高山地區籌設鄉村機構》，5月
16 日— 5 月 18 日，國史館臺灣文獻館藏，典藏號：00311730007020。

_____，1946c，〈山地副鄉長及自治指導員遴選案〉，《高山地區籌設鄉村機構》，5
月 16 日— 5 月 17 日），國史館臺灣文獻館藏，典藏號：00311730007018。

_____，1946d，〈各縣市政府山地鄉村編制概算表請呈報案〉，《高山地區籌設鄉村機
構》，5 月 17 日— 5 月 17 日，國史館臺灣文獻館藏，典藏號：00311730007017。

_____，1946e，〈各縣市政府新設山地鄉公所等經費情形說明案〉，《高山地區
籌設鄉村機構》，4 月 24 日— 4 月 25 日，國史館臺灣文獻館藏，典藏號：
00311730007012。

_____，1946f，〈各縣府區署組織規程等抄發案〉，《省轄市區公所、縣轄市市民
代表會組織規程等》，8 月 20 日— 8 月 21 日，國史館臺灣文獻館藏，典藏號：
00301210029005。

_____，1946g，〈花蓮縣山地設鄉村地點等表呈送案〉，《高山地區籌設鄉村機構》，
2 月 19 日— 5 月 15 日，國史館臺灣文獻館藏，典藏號：00311730007010。

_____，1946h，〈花蓮縣民政科內增設山地行政股案〉，《高山地區籌設鄉村機構》，
5 月 11 日— 5 月 20 日，國史館臺灣文獻館藏，典藏號：00311730007021。

_____，1946i，〈高雄縣山地鄉村面積人口調查統計表呈送案〉，《高山地區籌設鄉村
機構》，5 月 15 日—5 月 25 日，國史館臺灣文獻館藏，典藏號：00311730007004。

_____，1946j，〈高雄縣高山鄉鎮歲出總預算表呈送案〉，《高山地區籌設鄉村機構》，
4 月 5 日—4 月 27 日，國史館臺灣文獻館藏，典藏號：00311730007014。

_____，1946k，〈高雄縣增設鄉村呈請案〉，《高山地區籌設鄉村機構》，5 月 18 日
— 5 月 24 日，南投市：國史館臺灣文獻館藏，典藏號：00311730007005。

_____，1946l，〈鄉鎮區域變更辦理方式說明案〉，《各縣市區域劃分》，7 月 9 日
— 7 月 13 日，國史館臺灣文獻館藏，典藏號：00311720009002。

_____，1946m，〈臺北縣內湖鄉擬增設南港鎮〉，《臺北縣內湖鄉擬設南港鎮
公所情形（19）》，5 月 16 日— 5 月 25 日，國史館臺灣文獻館藏，典藏號：
00301210065001。

_____，1946n，〈臺北縣高山族設鄉村地點調查表呈送案〉，《高山地區籌設鄉村機構》，
5 月 2 日 -5 月 16 日，國史館臺灣文獻館藏，典藏號：00311730007015。

_____，1946o，〈臺東縣山地鄉公所成立日期及經費呈請案〉，《高山地區籌設鄉村機構》，4 月 9 日—5 月 16 日，國史館臺灣文獻館藏，典藏號：00311730007016。

_____，1946p，〈臺東縣山地鄉村機構成立日期呈報案〉，《高山地區籌設鄉村機構》，5 月 18 日—5 月 23 日），國史館臺灣文獻館藏，典藏號：00311730007006。

_____，1946q，〈臺東縣卅五年四五月份山地鄉鎮經費預算書及請款書送核案〉，《高山地區籌設鄉村機構》，5 月 21 日—5 月 24 日，國史館臺灣文獻館藏，典藏號：00311730007001。

_____，1946r，〈臺東縣高山族鄉域計劃呈送案〉，《高山地區籌設鄉村機構》，3 月 7 日—5 月 15 日，國史館臺灣文獻館藏，典藏號：00311730007011。

_____，1946s，〈臺南縣山地農業講習所概算表呈送案〉，《高山地區籌設鄉村機構》，4 月 29 日—5 月 24 日，國史館臺灣文獻館藏，典藏號：00311730007002。

_____，1946t，〈臺南縣高山族學校預算書送核案〉，《高山地區籌設鄉村機構》，5 月 15 日—5 月 24 日，國史館臺灣文獻館藏，典藏號：00311730007003。

_____，1946u，〈臺南縣潭頂等村併入他鄉案〉，《各縣市區域劃分》，5 月 17 日—5 月 30 日，國史館臺灣文獻館藏，典藏號：00311720009005。

_____，1946v，〈臺灣省行政區域劃分案〉，3 月 30 日—4 月 4 日，《本省縣轄市組織規程及編制》，國史館臺灣文獻館藏，典藏號：00301210027008。

_____，1946w，〈臺灣省鄉鎮組織規程公告案〉，《本省鄉鎮組織規程》，1 月 7 日—1 月 11 日，國史館臺灣文獻館藏，典藏號：00301210024001。

_____，1946x，〈臺灣省鄉鎮組織規程呈報案〉，《本省鄉鎮組織規程》，1 月 11 日—1 月 11 日，國史館臺灣文獻館藏，典藏號：00301210024002。

_____，1946y，〈縣轄市組織規程公布案一〉，《本省縣轄市組織規程及編制》，1 月 31 日—1 月 31 日，國史館臺灣文獻館藏，典藏號：00301210027001。

_____，1946z，〈縣轄市組織規程公布案二〉，《本省縣轄市組織規程及編制》，1 月 9 日—1 月 15 日，國史館臺灣文獻館藏，典藏號：00301210027002。

_____，1946aa，〈各縣山地鄉村面積人口統計等表發送案〉，《高山地區籌設鄉村機構》，4 月 25 日，國史館臺灣文獻館藏，典藏號：00311730007013。

_____，1946ab，〈高雄縣山地設鄉圖說呈送案〉，《高山地區籌設鄉村機構》，5 月 16 日—5 月 22 日，國史館臺灣文獻館藏，典藏號：00311730007023。

_____，1946ac，〈新竹縣尖石五峰鄉公所圖說送核案〉，《高山地區籌設鄉村機構》，5 月 13 日—5 月 22 日，國史館臺灣文獻館藏，典藏號：00311730007022。

_____，1946ad，〈臺中縣山地農業講習所及學校經費概算發給情形說明案〉，《高山地區籌設鄉村機構》，5 月 6 日—5 月 17 日，國史館臺灣文獻館藏，典藏號：00311730007019。

_____，1946ae，〈臺中縣高山區設鄉村地點呈報案〉，《高山地區籌設鄉村機構》，2 月 13 日—5 月 15 日，國史館臺灣文獻館藏，典藏號：00311730007009。

_____，1946af，〈臺東縣高山區設村里情形呈報案〉，《高山地區籌設鄉村機構》，2 月 4 日—5 月 10 日，國史館臺灣文獻館藏，典藏號：00311730007008。

_____，1946ag，〈公署駐上海通訊處未了事項移交清冊核備案〉，《交代綱總目總節》，8 月 2 日—8 月 26 日，國史館臺灣文獻館藏，典藏號：00329100010001。

_____，1947，〈臺北縣七星蘇澳海山三區署撤銷及改隸通報案〉，《剪貼公報》，2 月 4 日—2 月 4 日，國史館臺灣文獻館藏，典藏號：00301100008051。

臺灣省級機關檔案，1949a，〈修正山地鄉村組織規程案〉，《公布修正本省山地鄉村組織規程由》，9 月 17 日，國史館臺灣文獻館藏，典藏號：0040120004664001。

_____，1949b，〈電送修正臺灣省山地鄉村組織規程請備查由〉，《修正山地鄉村組織規程案》，10 月 11 日，國史館臺灣文獻館藏，典藏號：0040120004642001。

_____，1950a，〈為報苗栗縣南庄鄉東河、蓬萊、風美三山地村再請准予成立山地鄉轉請鑒核示遵由〉，《山地行政改革方案》，10 月 24 日，國史館臺灣文獻館藏，典藏號：0040710011703021。

_____，1950b，〈為轉報苗栗縣南庄鄉東河、蓬萊、風美三山地村請准予成立山地鄉〉，《山地行政改革方案》，8 月 8 日，國史館臺灣文獻館藏，典藏號：0040710011703019。

臺灣省諮議會檔案，1949，〈新竹縣南庄鄉民張慶昌等陳情設立山地鄉案及苗栗縣議會議決請臺灣省參議會轉請省政府准予南庄鄉山地另設一山地鄉〉，12 月 14 日—4 月 2 日，臺灣省諮議會藏，典藏號：0011120037006。

_____，1950，〈臺灣省參議會第一屆第九次大會參議員林瑞昌提案建議政府重新調整山地鄉村行政區域，送請省政府研究〉，7 月 1 日—8 月 5 日，：臺灣省諮議會藏，典藏號：0016120139029。

臺灣總督府（官）報，1932，〈行政區域變更〉，《昭和 7 年 1 月臺灣總督府報》，國史館臺灣文獻館藏，典藏號：0071031422a004。

臺灣總督府內務局編，1926，《臺灣官有林野整理事業報告書》。臺北：臺灣總督府內務局。

臺灣總督府民政部殖產局編，1917，《臺灣林野調查事業報告》。收錄於《臺灣總督府民政部殖產局出版第 162 號》。臺北：臺灣總督府民政部殖產局。

臺灣總督府民政部蕃務本署編纂，1913，《理蕃概要》。臺北：臺灣總督府民政部蕃務本署。

臺灣總督府殖產局編，1937，〈森林計畫事業報告書〉。《殖產局出版第 769 號》。臺北：臺灣總督府殖產局。

臺灣總督府臨時臺灣舊慣調查會原著、中央研究院民族學研究所編譯，1996，《臺灣總督府臨時臺灣舊慣調查會番族慣習調查報告書 [第一卷] 泰雅族》。臺北：中央研究院民族學研究所。

臺灣總督府警務局編，1933，《臺灣總督府警察沿革誌：第一編》。據複刻版。東京：綠蔭書房。

臺灣總督府警察本署蕃務掛製圖，1903-1908，〈內灣蘇澳間蕃地豫察圖〉（八幅）。國立臺灣大學圖書館伊能文庫典藏。

劉兆鑫，2019，《空間政治：程式公共空間的生成邏輯與治理政策》。北京：中央編譯。

劉炯錫計畫主持、康培德協同主持，2003，《原住民族傳統山川名稱調查研究第一期：花蓮縣及臺東縣期末報告書》。行政院原住民族委員會委託研究計畫。

蔡英文，2015，〈2016 總統大選蔡英文原住民族政策主張〉。《2016 小英新北市競選總部》，8 月 1 日。https://sites.google.com/site/newtaipeicampaignheadquarters/zheng-ce-tan-hua/2016zong-tong-da-xuan-cai-ying-wen-yuan-zhu-min-zu-zheng-ce-zhu-zhang， 取用日期：2021 年 2 月 17 日。

豬口安喜編，1921，《理蕃誌稿：第三編》。據複刻版。東京：青史社。

鄭安晞，2011，《日治時期蕃地隘勇線的推進與變遷》。國立政治大學民族學系博士論文。

蕭世暉，2016，《Rgrgyax Hlahuy- 解殖山林：大霸尖山視野下泰雅族人的空間重構》。國立臺灣師範大學地理學系博士論文。

總統府，2017，〈總統府原住民族歷史正義與轉型正義委員會議第 1 次委員會議資料〉。《總統府原住民族歷史正義與轉型正義委員會網站》，3 月 20 日。https://indigenous-justice.president.gov.tw/Page/62，取用日期：2021 年 9 月 10 日。

總統府，2020，《pokavole tatopodhaolaeni, okavole 'i takasokolro'o vaha 還原真相，實現正義：總統府原住民族歷史正義與轉型正義委員會三年成果專輯》。臺北：總統府。

總統府原住民族歷史正義與轉型正義委員會，2016，〈總統府原住民族歷史正義與轉型正義委員會設置要點〉。《總統府原住民族歷史正義與轉型正義委員會網站》，8 月 1 日。https://indigenous-justice.president.gov.tw/Page/21，取用日期：2021 年 9 月 15 日。

蘇巧慧，2017，〈傳統領域與自治精神〉。《自由評論網》，3 月 5 日。https://talk.ltn.com.tw/article/paper/1083307，取用日期：2021 年 1 月 10 日。

國家圖書館出版品預行編目 (CIP) 資料

qmul rhzyal Tayal? 開山打林？：逆寫北臺灣客庄形成史 /
羅烈師, 陳龍田, 梁廷毓, 劉柳書琴, 羅文君, Iban Nokan 著；
羅烈師主編 . -- 初版 . -- 新竹市：國立陽明交通大學出版社，
2022.06
　面；　公分 . -- (族群與客家系列)
ISBN 978-986-5470-38-8(平裝)

1.CST: 客家 2.CST: 聚落 3.CST: 歷史

536.211　　　　　　　　　　　　　　111008939

族群與客家系列

qmul rhzyal Tayal ？開山打林？逆寫北臺灣客庄形成史

主　　編：羅烈師
作　　者：羅烈師、陳龍田、梁廷毓、劉柳書琴、羅文君、Iban Nokan
封面設計：兒日設計
美術編輯：theBAND・變設計— ADA
責任編輯：張雅惠、程惠芳

出 版 者：國立陽明交通大學出版社
發 行 人：林奇宏
社　　長：黃明居
執行主編：程惠芳
編　　輯：陳建安
行　　銷：蕭芷芃
地　　址：新竹市大學路 1001 號
讀者服務：03-5712121 轉 50503（週一至週五上午 8:30 至下午 5:00）
傳　　真：03-5731764
官　　網：http://press.nycu.edu.tw
E - m a i l：press@nycu.edu.tw
FB 粉絲團：http://www.facebook.com/nycupress

製版印刷：中茂分色製版印刷事業股份有限公司
出版日期：111 年 6 月初版一刷
定　　價：400 元

I S B N：9789865470388
G P N：1011100779

展售門市查詢：
陽明交通大學出版社 http://press.nycu.edu.tw
三民書局（臺北市重慶南路一段 61 號）
網址：http://www.sanmin.com.tw　 電話：02-23617511
或洽政府出版品集中展售門市：
國家書店（臺北市松江路 209 號 1 樓）
網址：http://www.govbooks.com.tw　 電話：02-25180207
五南文化廣場臺中總店（臺中市臺灣大道二段 85 號）
網址：http://www.wunanbooks.com.tw

——本書通過國立陽明交通大學出版社學術審查——